中国保险前沿
2016

中华联合保险控股股份有限公司研究所　著

中国财政经济出版社

图书在版编目（CIP）数据

中国保险前沿.2016／中华联合保险控股股份有限公司研究所著.—北京：中国财政经济出版社，2015.12

ISBN 978－7－5095－6509－4

Ⅰ.①中…　Ⅱ.①中…　Ⅲ.①保险业－研究－中国　Ⅳ.①F842

中国版本图书馆CIP数据核字（2015）第296801号

责任编辑：杨　静　　　　责任校对：李　丽

封面设计：孙俪铭

中国财政经济出版社出版

URL：http：//www.cfeph.cn

E－mail：cfeph@cfeph.cn

社址：北京市海淀区阜成路甲28号　邮政编码：100142

发行处电话：88190406　财经书店电话：64033436

北京财经印刷厂印刷　各地新华书店经销

710×1000毫米　16开　13.75印张　250 000字

2015年12月第1版　2015年12月北京第1次印刷

定价：48.00元

ISBN 978－7－5095－6509－4/F·5242

（图书出现印装问题，本社负责调换）

本社质量投诉电话：010－88190744

打击盗版举报热线：010－88190492、QQ：634579818

充分发挥现代保险业的作用

（代序）

中华联合保险控股股份有限公司董事长　陈景耀　博士

保险是现代经济的重要产业和风险管理的基本手段，是现代社会文明水平、经济发达程度、社会治理能力的重要标志。现代保险业具有风险保障、财富管理、促进经济、社会治理、防灾减灾和支农托底等六大功能，具有功能强大、渗透力强，网点遍布、人员众多，契约精神、服务导向，资金灵活、调度及时，持牌经营、监管严格，资产庞大、潜力巨大等六大特性。总体上看，我国保险业仍处于发展的初级阶段，目前发展水平与现代保险服务业的要求还有较大差距，保险业发展潜力巨大。中国保险业发展主要存在发展水平不高、发挥作用不够、服务满意度不佳等问题。保险业发展存在问题的根源在于保险功能不全、为民意识不够和政府大包大揽等方面。充分发挥现代保险服务业的作用需要政府、险企和居民等社会各方积极参与和努力。

一、中国保险业发展潜力巨大

（一）中国保险业发展现状及问题

近年来，中国保险业的发展总体呈现不断向好的态势，保险业服务经济社会的能力在持续提升，但离全球保险业发展的平均水平、中国经济发展的需要、人民群众的期望和社会治理体系基石的要求，还相差甚远。截至2014年年底，全年实现保费收入2.02万亿元，保费规模全球排名第四位；但保险深度和保险密度还远低于全球平均水平。2014 年，我国保险深度（保费收入/GDP）为 3.18%，而亚洲平均为 6.1%（2009 年），全球平均为 6.34%（2012 年）；保险密度（人均保费）238.45 美元（1 479.35 元），全球平均为 652.90 美元（4 047.98 元，2012 年）；中国保险总资产占金融总资产的比重还较低，2014 年保险业总资产 10.16 万亿元，占中国金融业总资产的 5.37%，而美国为 31.92%，全球平均为 19.48%。

中国保险业发展主要存在发展水平不高、发挥作用不够、服务满意度不佳等问题。一是与全球保险业和中国金融业相比，中国保险业发展水平相对滞后。二是对照改革开放、转换政府职能、适应经济新常态的大环境，中国保险业没有充分发挥风险保障、财富管理、促进经济、社会治理、防灾减灾和支农托底等功能，甚至部分功能如支付结算和交易经纪功能，尚为空白。三是与老百姓的殷切期待相比，保险业为民服务的意识、能力、效果还有待提高。

（二）中国保险业发展潜力巨大

一是发展水平提升空间大。中国经济总量全球排名第二，但保费收入却只排全球第四；农险和车险虽然已经成为全球第二大市场，但发展层次比较粗放，两大保险市场的精细化管理水平比较低。从衡量保险业发展的保险密度、保险深度这两项最重要指标看，中国只接近或不到世界平均水平的一半，这都反映出中国保险业发展潜力巨大，保险业服务经济社会的功能应进一步提升。

二是诸多发展领域处于低水平覆盖。如在养老保险方面，我国人均长期寿险保单持有量仅为 0.1 件，远低于发达国家 1.5 件以上的平均水平。在健康险方面，全国医疗费用由商业健康险承担的比例不到 2%，许多发达国家这一比例已经超过了 30%。在我国历次巨灾中，保险赔付比例不高，如汶川地震中，中国保险赔偿占灾害损失的 0.2%，从国际平均水平看，目前保险赔偿在直接灾害损失中的占比约为 30%，发达国家这一数字甚至高达 60% ~70%。我国家庭财产保险投保率仅为 5% 左右，而发达国家投保率一般都在 80% 以上。在责任保险方面，公共责任保险的投保率不到 10%，而在发达国家，投保率一般都在 80% 以上。

三是发展速度仍可保持较快。我国保险业正处在成长期，全球金融危机以来，从2009年到2014年间，我国保费收入年均增速高达12.87%，其中2014年高达17.49%。2014年我国的人均GDP约为7 485美元，国际经验表明，在人均国民收入3 000美元至10 000美元之间是保险业高速成长期，而我国的保险业发展也印证了这一规律。展望未来，中国经济步入新常态，经济增速仍能保持在6%~7%左右，保险服务业在经济转型过程中既是经济发展新的增长点，又是服务经济转型的重要推手。

四是“新国十条”带来发展机遇。2014年8月13日，国务院发布了《关于加快发展现代保险服务业的若干意见》（以下简称“新国十条”），要求到2020年，保险深度达到5%，保险密度达到3 500元/人。“新国十条”不但规划了中国保险业的发展目标，而且还明确了指导原则和具体发展措施，丰富了保险业的理论体系，为未来一段时间中国保险业持续快速发展提供了巨大的政策红利。如果要实现2020年的发展目标，2020年保险行业当年保费收入规模将达到5.1万亿元左右，2015~2020年保费年复合增长率达16.7%左右或以上，这预示着“新国十条”将给中国保险业带来超常规发展机遇，未来6年保险业保费增长将步入快车道。

（三）中国亟须保险业跨越式大发展

一是转变政府职能的需要。一个国家，保险体系发展到何种程度，很大程度上是由政府职能定位和政府对保险业的职能定位决定的，而保险职能与政府职能在很大程度上具有互补性。中国保险业发展存在的主要问题之一是，政府并没有完全从根本上树立市场经济理念，没有将市场能做的交给市场，从而承担了过多的社会治理、社会保障、支农惠农、防灾救灾和促进经济等职能。保险业的功能和特点决定了，如果政府顺应市场经济发展规律，转变政府职能，就需要保险业跨越式快速发展，从而有能力、有实力承接好政府部分市场化职能。

二是改善民生的需要。保险业改革创新不够，为民服务能力不足，“为民”意识不够。目前保险业既不能像银行一样方便老百姓存、贷、汇、付，也不能像证券一样方便老百姓和企业融资、投资、理财，因此导致保险只能主动走出去“拉保费”，过度营销，而不是老百姓必须、主动、信任地去找保险服务。在服务民生方面，保险业发展潜力巨大。

三是促进经济的需要。保险业是风险管理专家，能有效保障经济平稳较快发展。如保险业的质量保险、责任保险能促进相关行业发展；保险业积累的巨额资金有为实体经济提供资金支持；随着我国转型发展和新型城镇化的深入发展，城镇化会形成高人口密集度和高价值集中度为特征的新风险格局，迫切需要保险业构建种类丰富、覆盖广泛、保障全面、优质高效的城镇化保险服务体系，为化解城镇化进程中的诸多风险做出贡献。

四是社会治理的需要。现代社会治理体系非常广泛，从参与主体来看，社会治理包含政府治理、社会组织治理、法人治理、居民自治等。由于历史上的原因，在中国社会治理体系中政府大包大揽，导致一方面政府背上了沉重的人力物力负担，另一方面离现代科学社会治理的要求又相差较远，当前更应注重通过法人治理和社会组织治理来进行社会治理体系创新。社会治理体系不仅要靠政府的有形之手进行治理，更要靠市场化这只无处不在的无形之手进行治理，特别是要全面发挥保险业的社会治理作用。保险服务业由于其功能强大、渗透力强等六大特性，对投保人的保障延伸至生老病死、衣食住行、海陆空天各环节各方面，可以深度融入现代经济金融体系、社会保障体系、农业保障体系、灾害救助体系等社会治理体系中，对社会发展、社会稳定、社会保障等社会治理的各个方面起到其他行业难以比拟的积极作用，因此现代保险业具有重要的社会治理功能，有潜力发展成为现代社会治理体系的基石。

例如，责任保险有利于化解社会纠纷，为不确定的受害人赔偿提供保障，管理高危行业风险，“托底”基本民生，及时化解矛盾。环境污染责任险通过保险核保核赔，倒逼排污企业防污治污，打破“企业污染，社会受害，政府埋单”的恶性循环。医疗责任险，在医疗事故发生后保障受害人及时获得足额赔付，给予患者经济补偿和心理安慰，减轻医生心理负担，化解医生执业风险和医院运营风险，减少医患矛盾。类似地，律师、公务员等责任险也起到化解执业风险、促进社会正常有序运转的作用。

五是社会保障的需要。截至 2014 年 8 月中国保险业有近四百万从业人员，有遍布城乡的机构网点，有近10万亿元总资产，商业保险公司有潜力建成巨大的社会保障网，可以为中国社会保障事业做出重大积极贡献。但目前人们对保险的认识大多停留在投保与理赔的初级层面，没有认识到承保理赔只是保险业的一个节点，只是保险业功能中很小的一个方面。较其他金融机构相比，保险机构不仅具有关注风险、渗透基层、分布广泛、资金灵活等特点，也具有反映、协调和保障社会群体利益等优势。保险机构可以快速、有效、直接地了解民情，表达民意，可以通过风险管理和风险转嫁协调不同利益群体之间关系，进而保障弱势群体，引导公众行为。

目前，养老险、健康险、农险等大险种的社会保障作用已逐渐被人们所认识。实际上保险业的社会保障功能是全方位的，即使目前一些占比不大的小险种，也具有很强的社会保障功能。如涵盖了瘟疫、自然灾害、火灾、爆炸、溺水等居民日常主要风险的民生保险，使政府财政对民生的补贴实现规范、有效、及时、准确和可持续，并起到“四两拨千斤”的作用。

六是财富管理的需要。保险业是风险管理专家，而在理财三原则安全性、流动性和收益性中，与风险管理密切相关的安全性是重中之重。为进一步提升保险业服务政府、企业和居民财富管理转型的能力，参与引领国内财富管理的发展方向，保险业在完善风险保障等基本功能的基础上，需进一步参与构建发挥非保险业保险资产管理、财富管理和财富传承功能的法律基础，提升保险业的综合金融服务能力，将保险业打造成社会财富管理的支柱之一。

七是防灾减灾的需要。中国地广人多，基本每年都会发生台风、地震、泥石流等自然灾害，严重危害了人民群众的生命财产安全，也增加了经济的运行成本。中国的巨灾特点是类型多、频次高、损失大。但目前中国防灾减灾体系过于依赖政府，存在偏重灾后救援而不是灾前防范；重视财政救灾，而不是依靠市场力量；更关注大型灾害，对发生频率更高的小型灾害缺乏关注；重视科技手段，而非经济手段减灾防灾等一系列问题。所以，在防灾减灾方面，如能广泛发挥社会和市场化力量，并辅之以有效的财政支持，逐步降低灾害救助过程中的随意性、不确定性，通过经济社会契约和市场化手段打造覆盖全国的功能完备的防灾减灾网络，进一步发挥商业保险在防灾减灾体系中的作用，培养专业化防灾减灾队伍，建立重大灾害风险预警及预估、评估、及时赔付机制，完善突发事件应急预案，在政策支持下做大巨灾保险，增强防灾减灾、灾害赔偿和灾后重建的能力，中国防灾减灾的力量和有效性将大大增强。

八是支农托底的需要。农险作为保险业的重要组成部分，发挥了分散农业经营风险、对农业风险损失进行经济补偿、促进农业经济发展、降低农业经济波动、保障农户基本利益的作用。农险是农村金融体系不可或缺的组成部分，在我国农村金融改革大局中扮演着重要角色。从 2007 年中央财政启动政策性农险补贴机制到 2014 年，我国农险保费收入从 53. 40 亿元增至 325. 78 亿元，年均增速达 29. 48%，提供的风险保障从 1 126 亿元增至 9 006 亿元，承保农户近 2 亿户次，2007 ~ 2013 年间累计向农户支付赔款 693. 22 亿元。可以说，我国农险特别是政策性农险在帮助参保农户应对农业生产中的自然风险、保障再生产能力等方面发挥了积极作用。但需要清醒地认识到，相较于发达国家农险的发展程度，我国农险工作还处于起步阶段，农险的深度和密度并没有达到应有的发展水平，还具有较大的发展空间，仍面临许多制度和技术层面的问题。保险业充分发挥支农托底作用，需要加大政策性农险覆盖范围，构建专门的法律法规规范和制度保障，完善农业灾害基础数据库。保险公司要转变保险理念，农险由保成本向保收益转变，由保种养业向保经济作物转变，由保狭义农业向保广义农业转变，由传统农险向现代农险转变。要不断创新农险产品，如开发区域指数保险、天气指数保险、经济作物保险等，通过创造性解决农民与保险公司在定损上的矛盾和不一致，有效解决传统农险产品核灾定损困难问题。

二、保险业发展存在问题的根源

（一）保险功能不全

一是支付结算、交易经纪功能缺失。老百姓跟金融打交道最多的便是支付结算，而目前中国保险业还没有这一功能，老百姓这一最基本的金融需求保险业满足不了。保险业可以顺应移动互联网时代的潮流，充分利用互联网信息资源丰富、操作方便快捷的优势，实现网上投保、网上智能核保、在线支付、发送电子保单的全电子化、全自动化流程。而电子保单的运用，可以延伸保单的功能，满足支付结算的要求，实现保险可以随时投、随时取、随时付、随时汇，有收益，还有风险保障。保险业可以成立保险产品交易所，为企业、社会投融资提供便利的同时，也赋予了保险公司交易经纪功能。有了支持付算和交易经纪功能，保险功能大为拓展，保险服务经济社会和民生的能力大大增强，这也进一步拓展了保险业的发展空间。

二是社会治理功能不够。由于在参与社会治理认识方面的偏差，国内保险公司参与社会治理的内在驱动力是公司利益而非社会责任意识，这种被动的社会治理参与方式根源于保险公司利润最大化而不是价值最大化的经营导向。实际上，由于对社会治理的认识不够，保险公司在自身是否该参与社会治理、该如何参与社会治理、治理哪些社会问题、在社会治理中扮演什么角色等方面也同样把握不准。从微观契约角度来看，保险公司对于合同相关人的责任保障也是其参与社会治理的重要体现。保险公司的主营业务属性决定了在危险事件发生时要从事一系列理赔活动。通过对合同相对人予以指导、帮助，保险公司不仅降低了风险发生概率，而且提高了整个社会的防灾救灾能力。为保证理赔的准确、及时，我国新《保险法》规定了受益人的确定、理赔的时效期限等内容，但目前保险公司向被保险人、受益人等保险参与主体解释保险合同各种责任条款、免责条款的义务都不完善，严重制约了保险参与社会治理的成效。

从当前中国各险种发展看，保险参与社会治理工作存在很多问题尚未解决。在责任保险方面，民生责任保险基本上都是政策性的，呈现出覆盖广但水平低的问题。而要将资源更有效地优化配置，更好地服务民生，则需要通过构建多层次的保障体系才能实现，而在这方面无论是政府，还是保险公司，都做得非常不够。不仅保险公司责任保险参与社会治理的效果不佳，巨灾保险参与社会治理也很不够。中国的经济社会发展很不均衡，资本、财富越来越积聚，这也加剧了风险的积聚，而目前巨灾保险尚未对这些风险进行系统、有效地覆盖。在服务小微企业融资方面，贷款保证保险和信用保险才刚起步。我国的城镇化建设、城乡一体化发展需要投入大量资金，上万亿规模的保险资金无法找到有效渠道参与进来。我国大多数保险公司在市场定位上普遍存在重城市、轻农村的问题，制约了保险公司参与县域、农村基层治理的功效。

三是促进经济等功能没有得到有效发挥。在国内经济提质增效的关键时期，保险业服务经济结构调整和转型升级还存在很大的发展空间，如“三农”和小微企业是国民经济发展中的两个薄弱环节，在保险业发挥其经济补偿和资金融通功能方面，对它们支持得还很不够。

（二）为民意识不够

一是经营理念上重规模和利润，没有做到用户至上、客户至上。银行产品一张卡或一本折就可以了，甚至只需要记一个账号；存款随存随取，有利息，还能用于转账、汇款、支付、结算、汇兑、异地存取、网上交易等，百姓方便又实惠。而买保险则完全是另一番情形，保单携带和保存都不方便；买前耗时费力，仅弄清冗长的条款就不是一件容易事，买后想取（退保）也不容易，一些长期寿险产品的提前退保损失率达50%左右。为避免退保损失，有些投保人在面临经济困难时还不得不节衣缩食继续投钱。

销售误导一直是保险业的顽疾，业务人员夸大收益、扩大保险责任范围现象严重。很多人认为这主要归责于保险业务员，可是如果产品设计得切合百姓需求，还需要业务员如此推销么？销售困难主要由于保险功能和产品设计存在问题，再加上各保险公司推出的产品本就雷同，因此不在销售上做文章很难卖出去。如果保险产品的收益率可高过或等于银行存款，产品流动性可以提高，或能为投保人提供更加个性化的产品，再加上保险产品本身的保障功能，保险产品怎么可能销售如此困难？

二是保险营销没有根本上从老百姓利益着想。保险行业是电话呼出营销最严重的少数行业之一。电话呼出销售，不顾接电话者的感受，只为自己销售产品。百姓正在开会、吃饭、娱乐或通话，突然要接个来电，一听是卖保险的，什么感觉？只顾自己利益而不顾百姓感受，是难以取信于民，更难以树立保险业良好形象的。

过度销售、销售误导，在保险行业较为普遍。一个行业，要想真正做大做强，靠过度销售或销售误导是行不通的，关键还是要靠为百姓着想、对百姓有利、提升对百姓的服务意识和服务能力。

三是客户服务不到位。银行存款、取款、支付、结算基本上都是免费的，证券业也提供免费研究、咨询服务，互联网金融更是以免费、低价服务著称。而反观保险行业，成立研究机构的已是凤毛麟角，更不要提为公众提供免费资讯。其实保险业服务社会可以做的有很多，百姓不了解保险产品，可以发布解读保险产品的报告，对比不同公司的同类保险产品，为不同需求的投保人推荐适合的产品。通过履行社会责任，可以在全社会宣传、倡导保险行业的核心价值理念，让人们对保险业认识改观。

理赔难一直是保险服务中的突出问题，我国保险业普遍存在重业务、轻服务的倾向，由于后续服务不到位导致投保人因无法提供充足有效的理赔证据而造成理赔困难的情况时有发生。除此之外，理赔周期长也是一大问题，从出险到获得理赔金保户可能要等上一个月甚至更久。保险产品的保障作用本就是其最大价值，可因保险公司服务不到位导致保户无法及时得到甚至不能得到理赔，这降低了人们对保险的认同度。

（三）政府过度管制

政府过度管制制约了保险业功能的发挥。中国社会正在经历从指令经济向市场经济的转变，即从大政府小社会（生老病死全由政府包揽）向有限政府和大社会转变，在此过程中，市场在资源配置中将逐渐发挥决定性作用，市场体系在逐步完善。在传统的社会管理领域，政府是公共服务的唯一供应主体。但在现代社会治理体系中，政府、民间基层非政府组织、企业和居民共同参与对社会治理发挥重要的作用。随着社会公民对现代公共服务需求的不断上升，政府单一提供公共服务和对社会生活领域单向治理的传统模式效率不高，服务质量有限，而且也制约了各级政府履好自身职责。一国保险体系的发育程度很大程度上是由政府职能定位和政府对保险业的职能定位决定的，大政府小社会框架直接制约了保险业功能发挥。由于政府并没有完全从根本上树立市场经济理念，没有将市场能做的交给市场，从而承担了本应由保险业承担的社会保障、社会治理、促进经济、防灾救灾和支农惠农等职能。

大政府小社会框架的转变要求国家和政府承担的责任减少，而各种社会组织、企业、公民自愿团体和个人日益发挥重大作用，政府在社会治理中的主要作用在于引导，企业、民间组织和公民社会在社会治理中发挥积极性、主动性、能动性，以形成良性互动，加强社会治理尤其需要大力发挥保险服务业的作用。

三、加快发展现代保险服务业需要各方共同努力

（一）政府部门

一是转变政府职能。中国经济向中高端迈进，打造中国升级版，必须转变政府职能，建设现代政府。同样，充分发挥现代保险服务业的作用，同样需要转变政府职能，简政放权、加强监管、放松管制，将市场能做的交给市场。保险是现代社会治理水平高低的重要标志，我们要借鉴国外治理经验，建立适合我国国情的现代社会治理体系，大力鼓励保险业参与社会治理，而不是停留在传统社会管理的老思路上。这需要注意两个问题：一是立足中国国情，兼顾中国特色，发挥保险业现代社会治理体系基石作用的同时，不忘政府的主导作用；二是继承发扬中国社会治理的已有成功经验，如正面宣传、群众路线、积极引导等。

二是带头购买商业保险。“新国十条”提出运用保险机制创新公共服务提供方式，鼓励政保合作，通过政府购买保险服务方式，在公共服务领域充分运用市场化机制，使保险成为政府改进公共服务、加强社会管理的有效工具。政府购买保险服务好处众多，利大于弊，包括有利于实现政府部门职能转变，有利于节约服务成本提高服务效率，有利于增进社会福利水平和有利于发挥保险在社会风险管理中的作用等方面。

三是提升保险业的形象和地位。保险业的负面新闻和老百姓对保险业的抱怨充斥各类媒体或渠道，从根本上损害了保险业的社会地位和社会形象，侵蚀了保险业成为社会治理体系基石的基础。保险业社会地位和社会形象不佳固然有其自身为民服务能力不足、为民意识不强等原因，更有政府大包大揽和舆论等原因。政府应加强对保险业的监管和宣传，在全社会树立懂保险、用保险、支持保险的文化氛围。

（二）保险公司

一是完善职能作用。第一，赋予保险企业支付、结算、汇兑功能，丰富保险产品内涵，提升保险企业服务投保人的能力。第二，建立保险产品交易所。目前沪、深证券交易所服务实体经济的能力远未发挥，目前一年股权融资额仅几千亿元，不及债务融资的零头，导致企业资产负债率不断提高、债务融资成本不断攀升。建议成立保险产品交易所，引入市场竞争，通过保险产品证券化促进证券市场更好地为实业服务。银行间债券市场通过创新监管方式，大大促进了中国债券市场的发展，这为保险业设立证券交易所提供了启示。通过鼓励保险业设立证券交易所，不仅可以支持保险公司更为便利地开展直接融资活动，也为其他行业的拟上市公司开辟了一条新的直接融资渠道，并且直接降低了中国资本市场的垄断程度，引导各交易所更有效地为企业提供更好的融资服务，进而降低企业融资成本和融资风险。第三，鼓励保险行业建设自身的、开放的登记托管系统、征信系统，为大金融行业的公平、公正、公开竞争提供基础设施保障。

二是树立为民意识。要转变保险业经营理念，真正树立以民为本、为民服务的理念，在经营管理的各个环节切实为老百姓着想，提高保险业信息透明度，提升保险业研究服务水平，增加免费服务的外延与内涵，让老百姓树立“有困难，想投保”的理念，保险业才可能做大做强，在为民服务的过程中，不断壮大自身、增强盈利能力、建成现代社会治理体系的基石。

三是完善产品服务。要以“新国十条”为指引，大力推动政策性农险、政策性养老险、政策性健康险、环境污染、食品安全、医疗责任、医疗意外、实习安全、校园安全等领域强制责任险的发展，通过放松管制、政府采购、财政补贴和税收优惠等手段加快发展旅行社、产品质量以及各类职业责任险、产品责任险和公众责任险。

现在保险业的服务评价一般，普遍存在“保前殷切周到，保后置之不理”的情况，业务员所有的热情都用在推销产品上，销售达成即完成任务，殊不知对保险行业来讲，保单签订才是工作的正式开始。短期保险存在续保问题，一次销售成功如果不能为客户提供满意周到的服务和赢得客户信任，就意味着将失去未来续保的销售，以及客户关系网中的潜在客户；长期险种如寿险，一份保单跨越十年、二十年，客户要不断投钱，如果服务不能让客户满意，如何能使其心甘情愿地续保？因此，从售前咨询、风险评估到承保、承保后续维护，再到出险后的查勘定损、理赔，这是一条服务链，任一环节都至关重要，因服务不到位造成的客户不满，是难以通过其他途径弥补的。要真正让民众满意顺心，就要站在客户角度思其难处，让投保理赔每一环节都便民、利民，推行保险合同标准化、通俗化、电子化，规范销售宣传，简化理赔手续，提高工作效率，快速响应客户意见，提供延伸型附加服务。

积极与地方政府、大型企业洽谈合作，签订战略合作协议，积极推动各级机构与当地政府、大型企业联系，积极参与地方风险管理、社会保障、社会治理、防灾减灾和支农惠农等工作。

（三）社会公众

一是学习保险知识。自觉学习宣传保险知识是善用保险手段的基础。

二是善用保险手段。自觉运用保险来满足教育、医疗、养老等各方面的需要，管理人生风险，提高生活质量。

三是维护保险利益。要依法、合法维护自身的保险利益，不以骗保为目的参与投保，在投保出险后不以不正当手段索取超合理赔款，共同维护保险业良好的营商环境。良好的信用环境会使投保、理赔更方便快捷，反过来有利于投保人的根本利益。

目　录

第一章　中国保险业发展环境

第一节　中国保险业发展现状[①]

受益于“新国十条”等政策红利的持续释放，资本市场稳定发展，保险业驶上了发展的快车道。2015 年 1 ~ 5 月，保费收入达到 1.2 万亿元，同比增长 19.5%，预计保险公司利润总额 1 802 亿元，同比增长 218%。净资产 15 716.23 亿元，较年初增长 18.57%。

一、上半年市场发展状况

（一）2015 年上市保险公司保费稳定增长

从历史角度观察，保险行业的保费增长往往与资本市场关联紧密，在资本市场取得较高收益率的次年，保险产品的分红收益率较高，提升产品竞争力，使得保费有较好表现：2008 年和 2010 年保险行业保费增速均有显著提升。2015 年保费增长实现开门红也印证了这一点，加上“新国十条”政策利好的不断释放，在人身险和产险领域均有相关政策落地或出台，前 5 个月单月保费增速保持在 20% 左右，有明显提速趋势，预计 2015 年与 2016 年保费均将保持较高的增速（见图 1 – 1）。

（二）车险费率市场化改革为财险市场注入活力

自 2015 年 6 月 1 日起，近 30 家产险公司获准在黑龙江、山东、广西、重庆、陕西、青岛等 6 个试点地区全面启用新版商业车险条款费率。而这 6 个试点地区年均商业车险保费约占全国的 15%。截至 6 月 10 日，试点地区各保险机构共承保机动车 444 252 辆，实现商业车险保费收入 15.6 亿元。其中续保机动车 312 571 辆，在续保业务中，消费者保费支出较去年增加的保单占比

① 作者：莫骄（1982 ~ ），中华保险研究所。

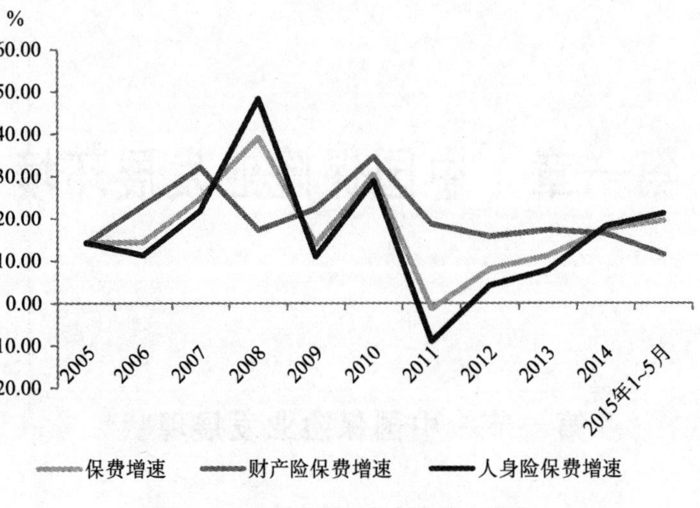

图 1－1 2005～2015 年保费收入增速

为 22.2%，保费下降的占比为 77.6%，保费持平的占比为 0.2%。由于新产品“性价比”提高，在投保交强险同时选择商业车险的机动车比率（车险保全率）明显增长，较 2014 年年底提高了 2.77 个百分点。6 个试点地区共有 36 081 辆以前从未投保或长期脱保商业车险的机动车投保了新商业车险，占改革后承保机动车的 8%，对商业车险新产品保障范围和价格水平的认可度在不断上升。

2015 年 4 月、5 月汽车销量连续两个月负增长，2015 年 1～5 月汽车销量累计同比增长 2.1%（见图 1－2），其中乘用车销量同比增 6.4%，商用车已连续五个季度负增长。2014 年以来汽车销量增幅一直处于下降通道。2015 年 1～5 月，机动车辆保险原保险保费收入 2 530.22 亿元，同比增长 12.32%，5 月增速为 9.88%，车险市场仍不容乐观。因此车险市场将变为车险保障覆盖面和车险个性化服务的竞争。随着车险费率市场化的进一步推广，车险总体费率水平下降，消费者购买车险的负担减轻，而经营车险的保险公司盈利状况并未变差；车险保障覆盖面更广，可供消费者选择的产品类型更加丰富；车险服务水平提升，个性化服务方式出现；在竞争中优势凸显的保险公司必然会不断扩大车险市场份额。

（三）人身险市场政策利好不断

寿险费率放开逐步进行。2015 年 2 月，保监会发布《万能险精算规定》，自 2 月 16 日起，万能险最低保障利率由保险公司自行决定，且万能型人身保险的评估利率上限为年复利 3.5%。保监会虽然启动了保险费率的改革，但是基本上还是规定上限，避免保险公司恶性竞争和类似于 90 年代“利差损”的重演；同时，先行启动普通人身险和万能险也体现了对于保费业务收入结构

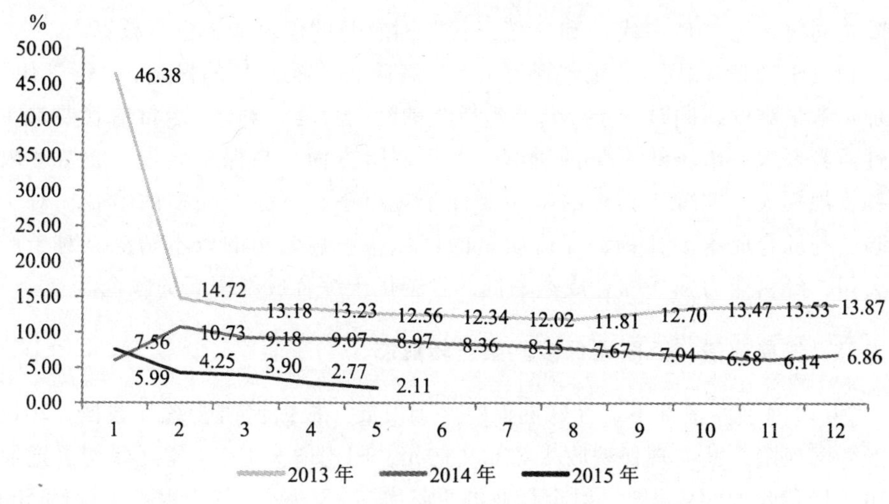

图1-2 2013~2015年各月汽车销量累计增速同比

的调整的考虑。

1. 健康险税优政策乐观估计年内落地。2015年5月6日，国务院总理李克强主持召开国务院常务会议，决定试点对购买商业健康险给予个人所得税优惠，运用更多资源更好保障民生；5月12日，财政部、国家税务总局、保监会就开展商业健康保险有关个人所得税政策试点工作联合发文《开展商业健康保险个人所得税政策试点工作的通知》；2015年6月，保监会向多家保险公司下达《个人税收优惠型健康保险业务管理暂行办法（征求意见稿）》进行意见征求。短短一个月时间，健康险政策频出，乐观估计的话，健康险税优政策有可能年内落地。

2. 养老险税延方案预计年内出台。2007年，上海作为我国老龄化问题最为严重的城市开始了个人税延型养老保险的相关课题研究；2009年，上海保监局牵头组织8家保险公司成立了试点工作专项小组，对个税递延型养老保险的产品、实施细则、系统建设、监管制度等方面，深入调研和讨论；2014年8月，国务院发布了《关于加快发展现代保险服务业的若干意见》，也被称为"新国十条"，其中明确提出将适时开展个人税收递延型商业养老保险试点。一直以来，我们国家的养老保险体系基本上较为依靠基本养老保险，企业年金和个人商业养老险比较不发达，最重要的原因是我国的基本养老保险覆盖范围比较广，另外也是相关的税延政策一直没有落实的关系。预计随着养老险税延政策的出台，养老险将有一定的增长。

（四）偿二代过渡期，有利于经营能力强的险企

2015年2月份，保监会发布了"偿二代"的17项主干监管规则，并要求

各险企同时运用“偿一代”和“偿二代”对自身的偿付能力进行核算。

相较于“偿一代”量化监管为主、对各险企一视同仁的做法，“偿二代”增加了考量维度，同时对于经营能力较强的险企较为有利。“定量监管要求 + 定性监管要求 + 市场约束”的机制，对于寿险方面，与保单数量、缴费年限挂钩；规模大、期缴产品多的险企要优于规模小、趸缴产品多的险企；对于产险，与综合成本率挂钩，经营质量的好坏将影响公司的资本情况。对于产险公司，经营能力强、综合成本率低的险企优于综合成本率高的险企。

二、发展前景：互联网保险，渠道转业态

“互联网 +”浪潮下，互联网保险蓬勃发展。根据保监会统计数据，2014年互联网保险总共实现保费收入 858. 9 亿元，同比增长 195%，互联网渠道业务占总保费收入的 4. 2%，对全行业的贡献率达 18. 9%；其中财产保险约 506 亿元、同比增长 114%。在财产保险业务中，车险业务占比 95. 59%，非车险业务占比 4. 41%。

保监会加快了互联网保险的推进步伐，2015 年 5 月底，保监会主席办公会通过了易安财产保险公司、安心财产保险公司和泰康在线财产保险公司等三家创新型保险公司的筹建申请。2015 年 6 月，众安保险首轮增资扩股方案日前已获保监会同意批复。总募集资金约为 58 亿元，增资后众安保险市值 496 亿元，而众安保险在 2014 年的保费收入不足 8 亿元，“互联网 +”效用明显。

（一）目前互联网保险主要集中于销售阶段

互联网保险，类似于互联网金融，可以从两个方向进行，一个是传统保险机构的触网，另一个是互联网机构纳入保险。

保险的核心价值链主要有四个部分，即产品设计—产品销售—定价核保—理赔服务；目前市场上更多的互联网保险其实是集中在产品销售这一链条上。在保险产品的互联网销售上，又可以分为有牌照的专业销售平台和无牌照的第三方平台。有牌照的专业销售平台主要是保险企业官网平台、拥有保险代理或保险经纪牌照的专业代理平台以及拥有兼业代理牌照的网络兼代平台。无牌照的第三方平台主要有综合性平台、电商平台以及广告平台等。

（二）互联网保险下一阶段，渠道转业态

当前的互联网保险主要集中在销售环节，利用互联网的便利性的移动快速理赔目前也有应用；而互联网保险的下一步就是利用大数据挖掘和分析，可以更加有目的的针对特定人群设计和营销产品，从而增加用户体检；利用大数据分析可以更快地确定骗保行为，从而降低保险公司风险；再随着技术

的发展，互联网保险可以发展到实现特色个性化的定制产品，例如车载智能硬件可以记录车主行车习惯，从而可以精准的对车险进行定价；智能便携式身体状况记录仪器可以记录每个人的身体状况，从而可以实现健康险的精准定价。

互联网保险目前处于最简单、最初步的阶段，但是其实互联网的大数据天然的与保险的定价本质相契合，随着技术的发展，互联网和保险的结合将在各个价值环节对保险产生影响，但是要看到，这是一个长期的过程。而且在当前主要的以销售为主的互联网保险阶段，互联网平台天然的具有引流优势，但是，在未来的互联网保险的进程中，需要有更多的专业的参与方，而在核心的产品设计上，保险公司作为经营风险的一方，对于风险定价的理解更加深刻，反而可能更有优势。财产保险的保险标的为有形或无形的“物”，属性和风险特征相对客观和易于量化，受文化、伦理道德等主观因素的影响较小；且保险期间多为短期，保险责任相对明确，产品形态相对简单，无人化、在线化的操作性更强。

在费率市场化改革的大背景下，短期内大公司主导的车险市场不会发生大的改变；与互联网的结合以及大数据的应用，将给中小保险公司提供难得的差异化竞争和弯道超车的机会；专门化、针对性的公司及产品会陆续涌现；具备数据或平台优势的第三方也将伴随车险行业共同发展。

三、发展前景：相互保险渐行渐近

相互保险是国际保险市场的重要组织形式之一，在欧美国家已经有一百多年的历史，尤其在高风险领域如农业、渔业和中低收入人群风险保障方面得到广泛应用。据国际相互合作保险组织联盟统计，2013 年全球相互保险保费收入达 1.23 万亿美元，占全球保险市场的 26.7%，覆盖人群 8.25 亿人，相互保险组织总资产超过 7.8 万亿美元。在美国和日本保险市场上，这一比例更是高达 35% 和 40%。美国最大的财产险公司 State Farm 就是相互保险公司，日本资产规模前三大寿险公司都是相互制企业。

（一）相互保险重公益而轻盈利

目前我国保险市场被股份制保险公司垄断，相互保险公司是完全不同于股份制保险公司的组织形式。两者的差异主要体现在经营目标和出资性质上。

经营目标的差异：一般来说股份制保险公司都是以盈利为目的的，保险公司向保险消费者收取保费进行投资，并承担起保险消费者遭受到的风险。通过管理、经营风险获得利润，进而将利润分配给公司所有者。而相互保险公司一般不以盈利而是以互助为目的，是有共同保险消费需求的人结合在一起，共同发起设立的保险互助组织。

出资性质的差异：股份制保险公司的出资作为公司的权益资本保障公司的正常运营，公司法严禁出资人抽逃资本金，出资人根据出资份额享有公司的投票权和剩余收益分配权。而相互保险公司发起人的出资则作为保费，发起人同时具有保险消费者和公司所有者的双重身份。当相互保险公司和保险消费者约定的事件发生并获得相应保险赔偿后，保险消费者和相互保险公司的保险关系和所有者关系同时解除。

（二）相互保险在我国的发展

在我国由于法律和监管缺位等原因，一直没有全面发展“相互保险”这一市场，目前只有2005年成立的黑龙江阳光农业相互保险公司和2013年成立的宁波慈溪保险互助社两个试点组织。阳光农业相互保险公司2014年保费收入达27.12亿元，已获准在黑龙江和广东开展农业保险、财产损失保险、责任保险、法定责任保险、信用保险和保证保险、短期健康保险和意外伤害保险等业务。宁波慈溪市龙山镇伏龙农村保险互助社早在2011年9月就已正式设立，2013年7月，原有村级互助社试点模式被提升至镇一级，试点区域从慈溪市龙山镇西门外村扩展到慈溪市龙山镇金岙村等8个村，同时在龙山镇专门设立了镇级农村保险互助联社。互助社主要开办了家庭财产保险、意外伤害保险和补充医疗保险3个险种。截至2014年7月，互助社共承保了6 051件保单，累计实现保费收入45.31万元，件均保费72元。共为试点地区居民提供风险保额27 970万元，累计已赔付41笔，赔付金额3.43万元。

四、保险资金运用

国务院第96次常务会议原则通过了《中国保险投资基金设立方案》。设立中国保险投资基金，是保险业积极主动作为，创新资金运用形式，更好地促进经济发展的有益探索。

我们认为2013～2015年，上市保险公司的总投资收益率将稳定的维持在5%左右，而不会出现2011～2012年总投资收益率大幅波动的情况。这种变化主要来自保险公司投资理念的成熟，资产配置组合固定收益化。高收益已经不是保险资管公司追求的主要目标，而追求投资收益的稳定性则是未来保险公司追求的。

（一）投资稳定才能利于保费稳定增长

投资是保险公司的主营业务之一，投资改善是经营改善的前提，相对保费，投资的改善更快，而经营的改善具有滞后性。从图1－3可以看出，投资改善的下一年，往往是保费改善的年份。2007 年投资收益 11.07%，2008 年保费增速达到 50.34%，2008 年投资收益只有 3.48%，2009 年保费增速为 -0.19%。2009 年投资收益为 5.78%，2010 年保费增速上升到 12.88%。2012 年保险总投资收益率 2.79%，因此 2013 年保费增速放缓很自然。2013 年保险公司投资收益率恢复到 5% 水平，2014 年保险公司保费收入快速增长。而 2014 年保险公司投资收益的稳定，带来了 2015 年保费收入的快速增长。

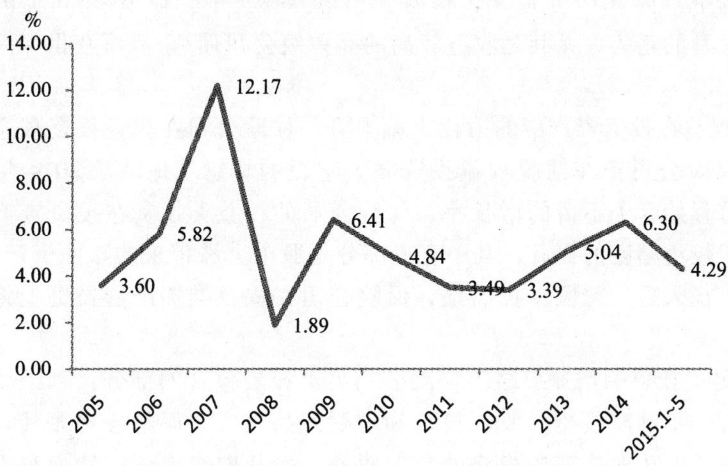

图 1-3　2005~2015 年保险资金运用收益率

（二）保险公司资产配置情况展现的新趋势

2014 年下半年开启了新一轮的牛市，但是保险公司在资产配置相对还是比较稳定的。但是相较于过去，保险公司在资产配置上还是有一些变化（见表 1-1），对保险公司的几大类主要投资资产进行梳理可见：

表 1-1　2015 年 5 月末保险资金运用情况表

项目	金额（亿元）	较年初增长（%）	占比（%）
资金运用余额	103 054.77	10.44	100
其中：			
银行存款	25 487.85	0.70	24.73
债券	35 642.4	0.12	34.59
证券投资基金	7 838.64	66.27	7.61
股票	8 715.46	55.32	8.46
长期股权投资	6 528.8	2.03	6.34
投资性房地产	792.81	1.08	0.77
其他投资	18 048.81	—	17.50

1. 定存在投资资产中的占比下降。从过去多年的统计数据看，定存与加息和降息周期呈现较强的相关性。当前经济疲弱，货币政策进入降息周期。因此定存占比下降将成为趋势，尤其是定存到期之后，保险公司可能将定存资金直接配置到债券或者另类投资。

2. 债券在投资资产中的占比略有下降。由于债券相对收益率的下降，可以看到债券在保险公司的投资资产中的占比呈现略有下降的趋势。在债券的投资结构中，从2013年以来，保险公司债券投资中企业债/公司债的占比呈现明显上升的趋势，尤其是收益较高的高评级公司债/企业债获得保险公司的青睐。

3. 权益在投资资产中的占比大幅上升。保险公司在权益投资理念上的成熟使得保险公司正在摆脱权益投资靠天吃饭的尴尬境地。从2014年7月开始，股市开始有了不俗的增长率，保险公司的权益类投资在投资资产中的占比也有了较小幅度的提升，其中有一部分是股市上涨带来的账面资产的提升。随着牛市步入后一阶段，我们预计保险公司在权益类资产的投资上将保持小幅增长。

4. 另类投资的增速放缓。保险公司另类投资包含四部分：基础设施债权计划投资、不动产投资、股权投资和理财产品投资。保险公司尤其是寿险公司具有较长的久期，需要稳定的长期收益，而基础设施债权计划和不动产投资具有较长的建设期和回收期，现金流稳定，可以与寿险公司的长期资金较好的匹配。保险公司股权投资大部分通过参股产业基金方式进行，保险公司直接进行PE投资的情况较少，主要因为保险公司直接筛选PE项目对人才、项目规模要求较高，参股产业基金更有利于利用产业基金人才优势进行大规模的资金投资。理财产品包括银行理财产品、保险资管产品、证券公司专项资产管理计划、融资类和非上市公司股权类信托。目前上市公司投资信托占比最高的为新华保险。2014年是保险公司另类投资增长最快的一年，2015年，保险公司的另类投资将维持增长，但是增速放缓。

（三）2014~2015年投资收益率将保持稳定

由于债券配置中高收益企业债和公司债占比上升和定存资产的下降，收益相对较高的股权和另类投资占比的提升，保险公司在2015年总投资收益率维持在5%以上将成为可能。除了总投资收益率的提升，保险公司投资收益总额的稳定增长还来源于资产规模的稳定增长。目前保险行业总资产规模出现较快增长，2015年5月保险行业总资产已经达到11.31万亿元。所以整体来看，2014~2015年保险公司的总投资收益将持续稳定，投资稳定为保险公司保费增长的稳定打下基础，给保险公司更多调整的时间和空间。

第二节　“新国十条”蓝图与实践[①]

2015年7月9日，国务院第54次常务会议研究部署加快发展现代保险服务业，8月10日，国务院印发《关于加快发展现代保险服务业的若干意见》，延续了党的十八届三中全会《中共中央关于全面深化改革若干重大问题的决定》，紧紧围绕使市场在资源配置中起决定性作用，加快发展现代保险服务业，是党中央国务院站在历史和时代的高度，深刻把握治国理政和市场经济规律，着眼于经济社会发展全局做出的重要战略部署，是贯彻落实十八届三中全会精神、将保险业纳入经济社会发展全局统筹谋划的重大战略举措，对于保险业改革发展和服务全局都具有里程碑意义。加快发展现代保险服务业，立足点就是服务国家治理体系和治理能力现代化。

2015年5月，习近平总书记在河南考察时，首次公开提及经济发展的“新常态”。7月29日，习近平总书记在党外人士座谈会上提出，要适应经济形势“新常态”。习总书记提出的“新常态”重大战略判断，深刻揭示了中国经济发展阶段的新变化，充分展现了中央高瞻远瞩的战略眼光和处变不惊的决策定力。中国经济告别了高歌猛进，步入新的运行轨道。进入新常态，增长速度换挡期、结构调整阵痛期、前期刺激政策消化期“三期”叠加，各种矛盾和问题相互交织。新常态有长期性，要求我们保持平常心，适应新常态。保险业要趁着政策利好密集期的东风，积极主动，开拓创新，尽力而为，为创新宏观调控思路和方式，统筹稳增长促改革调结构惠民生防风险出力，以改革开路，充分发挥市场的决定性作用，激发保险企业的活力，培育经济发展的内生动力，加快保险业的转型升级和结构优化，为更好地改善民生服务。

一、社会保障网的构建路径

（一）民生角度

1. 养老保障角度。1999年我国就迈入了老龄化社会。中国65岁及以上人口占比，2000年为6.96%，2020年将达11.92%，2050年将达25%，成为世界上老龄化最严重的国家。

目前，我国养老保险体系概况是：第一支柱广覆盖、低保障；第二支柱低覆盖；第三支柱低渗透率。我国养老保障体系存在的问题是第一支柱的基

---

① 作者：李迎春（1957～），中华联合保险控股股份有限公司。

本养老保险独大，第二、三支柱缺失和商业主体未能充分发挥作用，养老体系结构对社保养老金的过度依赖，以及人口老龄化的日趋严重，给社保养老保险造成沉重的压力，空账日益加大。由于我国的第一支柱的养老金是现收现付制，老龄化造成劳动人口的减少，而领取退休金人员的增加，这种未富先老的状况对我国的养老保险体系形成巨大压力。

截至 2013 年底，我国全部养老金有计划有组织的储备为 49 000 亿元，仅占 2013 年 GDP 的 8.6%，人均养老金水平只有 3 500 元左右，与一些发达国家养老金总资产占 GDP 80% 以上、人均养老金储备 3 万 ~6 万美元的数字相去甚远。具体到家庭金融资产，2012 年德国、日本、美国家庭金融资产结构的对比，保险金（寿险和养老金）占比分别为 36.1%、26.6%、40.6%，而我国只有 6.5%。显然，在这些国家家庭金融资产的构成中，寿险和养老金的重要性大大超过了股票和投资基金。而在家庭养老金净值中，以年金为代表的保险养老金计划也是非常重要的贡献者。商业保险在民生生活中还没发挥应有的作用。其中第一支柱社保部分结余基金为 43 000 亿元，约占我国养老金储备的 85%；第二支柱企业年金 6 035 亿元，约占 12%；而第三支柱中个人养老年金保险规模为 1 533 亿元，约占 3%。而在大部分发达国家，第二、三支柱才是国民养老金的核心部分。如在美国，养老金总资产 20 多万亿美元中，政府养老金占 12.5%；企业年金占 64.0%，个人退休账户占比 23.5%。这些数据说明商业养老保险发展潜力巨大。

中国养老保险体系的现状急需改变，由于中国养老保障体系的第一支柱——基本养老保险的缴费率偏高，不仅给企业增加了经济负担、提高了生产成本、降低了竞争力，还挤占了企业参加补充养老保险的缴费能力和空间；缴费率的偏高也意味着个人将对基本养老保险的依赖性过高，从而降低了个人参加商业养老保险的积极性。国际劳工组织制定的《社会保障最低标准公约》，提出养老金替代率最低目标为 55%。按照国际经验，养老金替代率大于 70%，即可维持退休前现有的生活水平，如果达到 60% ~70%，即可维持基本生活水平；如果低于 50%，则生活水平较退休前会有大幅下降。据中国社科院世界社保研究中心发布的《中国养老金发展报告 2012》对城镇基本养老保险替代率进行测算，数据显示，养老金替代率由 2002 年的 72.9% 下降到 2005 年的 57.7%，此后一直呈下降趋势，到 2011 年，这一数字更是降至 50.3%，已经低于国际警戒线。这需要大力发展第二、第三支柱的养老保险来提供退休人员的生活水平。必须尽快通过制度创新和市场化运作来发展和壮大企业年金和个人养老保险这两大支柱，改变养老体系对第一支柱的过重依赖，发挥养老体系的整体功能。

2. 健康保障角度。近年来我国商业健康保险发展势头良好，2013 年末实现健康险保费收入1 123.49亿元，增速为30.22%，是保险业中各类业务中增速最快。但在国家医疗保障体系中所发挥的作用还有待进一步增强，健康保险在医疗总费用筹资比例中的占比偏低。从国外经验来看，很多发达国家（如加拿大、法国、澳大利亚等）即使是以社会保险为医疗保障的主体，其商业健康保险在居民的医疗费用融资比重也能达到10%左右，而这个指标在我国目前还停留在3%左右，说明健康保险在我国的医疗保障体系中还没有很好发挥损失补偿作用。2006年，法国等国的健康保险覆盖率就接近了90%，健康保险赔付占医疗总费用的比率在12%以上，美国甚至达到了48%。整体上看，健康保险业的保险密度（人均82.56元）和保险深度（0.20%）远远低于保险业的整体情况，市场尚未得到充分开发，制约了健康保险保障功能的发挥。

商业健康保险政策利好不断。2013年9月，国务院发布《关于促进健康服务业发展的若干意见》，规划到2020年商业健康保险支出占卫生总费用的比重大幅提高；鼓励商业保险机构以出资新建、参与改制等多种形式投资医疗服务业等，这是在国务院文件中第一次对健康相关的保险提出系统的指导意见。2013年底，中国精算师协会发布我国人身险首套重疾表《中国人身保险业重大疾病经验发生率表（2006～2010）》。2014年5月，国务院发布《深化医药卫生体制改革2014年重点工作任务》，明确指出需要保险参与的内容：推进城乡居民基本医保制度整合和完善筹资机制；健全重特大疾病保障制度；推进异地就医结算管理和服务；发展商业健康保险。2014年8月13日，国务院正式发布《国务院关于加快发展现代保险服务业的若干意见》，明确商业保险是社会保障体系的重要支柱，发展多样化健康保险服务。8月27日，李克强总理召开国务院常务会议，确定深化医改要政府和市场“两手并用”。用改革的办法调动社会力量，发展商业健康保险，与基本医保形成合力，有助于提高群众医疗保障水平、满足多层次健康需求，推进健康服务业发展、扩大就业，促进经济结构调整和民生改善。

商业健康保险是医疗保障体系的重要支柱。我国医疗保障体系是以基本医疗保险和城乡医疗救助为主体，其他多种形式的补充医疗保险和商业健康保险为补充的多样化的医疗保障体系。基本医疗保险包括城镇职工基本医疗保险（覆盖城镇就业人口）、城镇居民基本医疗保险（覆盖城镇非就业人口）、新型农村合作医疗保险（覆盖农村人口）、城乡居民大病保险（覆盖城镇居民和新农合）。基本医疗保险是通过国家、雇主、集体、家庭和个人责任明确、合理分担的多渠道筹资，实现社会互助共济和费用分担，满足城乡居民的基本医疗保障需求。城乡医疗救助主要由政府财政提供资金，为不满足进入基本医疗保险体系的条件或者无能力以及进入后个人无法持续承担共付费用的城乡贫困人口提供帮助，使他们能够享有基本医疗保障。补充医疗保险主要是指商业健康保险和其他形式补充医疗保险，旨在满足基本医疗保障之外多样化的医疗保险需求。商业健康保险通过参与经办城镇居民医疗保险、新农合、城乡居民大病保险等，提高了群众的医疗保障水平。

（二）支持产业发展角度

1. 通过发展信用保险，支持产业发展。我国出口信用保险渗透率较低。2013 年，我国出口信用保险渗透率为 17.96%，已经超过全球的平均水平，但跟发达国家相比还有很大距离。在 2009 年，英国的信用保险对贸易的渗透率就达到了 45%，英国的政策性出口信用保险支持的出口额不到商业保险的三分之一。目前世界主要贸易大国的出口信用保险投保比例分别是法国 60%、英国 45%、日本 50%。从全球范围内来看，全球贸易额的 12% ~15% 是在出口信用保险的支持下完成的。伯尼尔协会（国际信用和投资保险人协会）成员国的平均水平为 20%。在发达国家，出口信用保险已经覆盖农产品出口企业的 20% 以上。李克强总理正在鼓励通信、铁路、电站等大型成套设备出口，让中国装备享誉全球，保险行业在高铁技术、高铁建设方面可以提供信用支持。

2. 通过发展保证保险，为中小企业提供资金发展的金融支持。信用付款方式不仅能刺激买方的购买能力，增强买方的资产流动性，同时提高卖方的市场竞争力。特别是 2012 年以来，由于经济放缓和外贸疲软，中小企业客户对保险公司提供保证保险服务的期望尤为迫切。统计数据显示，中国企业每年因信用管理缺陷造成的财务费用、管理费用和销售费用，平均占销售收入的 14%，而西方企业相应值约为 3%。各种行业的企业都存在对信用保险的需求。一般来说，行业如果是买方市场、竞争激烈，更会让保证保险的需求增长，企业就会采用赊销，也就是先供货后收款的方式促进销售，才会投保信用险以转嫁买方不付款的风险。保险公司可以帮助中小企业融资，扩大销售，愿意走赊销，增加产品的市场竞争力。

3. 加快发展农业保险，真正做到支农惠农。2013 年，我国农业保险深度为 0.54%，这一比例远低于同为农业大国的美国的水平（约为 7.47%），与日本、加拿大、法国等农业大国也有不小的差距，甚至不如农业保险政策比较健全的印度（约为 2%）。农业保险密度仅为 48.71 元，与发达国家差距很大。我国是一个自然灾害频发的国家，因台风、旱灾、水灾、病害等自然灾害带来的损失巨大，每年都有 0.4 亿 ~0.5 亿公顷农作物受灾，约占总播种面积的 30% 以上；自然灾害给我国农业生产造成了巨大的直接经济损失，据统计，自 2000 年以来，每年我国农业生产灾害损失均在 2 000 亿元左右，农业生产风险暴露水平居高不下，给正常的农业生产经营带来极大的不便，也增加了农业保险的业务风险。2007 年 7 月 1 日，我国的《农民专业合作社法》正式实施，我国农民专业合作社发展步伐加快，合作社的数量快速增长，入社农户明显增加。截至 2012 年底，我国有家庭农场 87.7 万个，占全国承包耕地面积的 13.4%；农民专业合作社达 68.9 万家，县级以上示范社达 10 万多家，实有成员达 5 300 多万户；各类产业化经营组织超过 30 万个，带动农户户均增收 2 800 多元；农业社会化服务体系初步形成，全国公益性监管服务机构 15.2 万个，经营性专业服务组织超过 100 万个。要健全农业保险服务体系，鼓励开展多种形式的互助合作保险，支持农业的升级和农业生产集约化经营。

（三）风险管理角度

保险业通过政府引导、市场运作，正确发挥政府与市场作用，让保险成为改进公共服务、加强社会管理的有效工具，参与提升国家治理体系与治理能力现代化，为保险业服务“五大体系”，塑造“三大格局”拓展了内涵与外延。行业意愿上升为国家意志，在公共服务领域引入保险机制，通过政府采购商业保险服务，运用市场化手段高效配置资源，降低交易成本，发挥杠杆效应，提高保障水平，中华保险做好政府职能转变的“接手”和“助手”，国家五个现代化建设中有现代保险服务业的一席之地。

1. 积极开展巨灾保险的实践。“新国十条”提出“以商业保险为平台，建立多层次分担的巨灾保险制度”，作为四川巨灾保险的先行样本，成都农房保险在青白江、崇州、双流、金堂和新津五个区县先行试点，保险责任范围涵盖地震巨灾风险及暴雨、洪水、火灾等 15 种一般风险。2013 年，成都农房保险保费收入 1 437.5 万元，为 35 万农户近 5 795.17 万平方米农村居民住房提供风险保障 158 亿元。当年赔款支出 290 余万元，直接受益农户 2 000 余户，服务能力经受住了“7·9”暴雨洪灾侵袭考验。2014 年，乘着“新国十条”的政策东风，农房保险不断向纵深推进，覆盖范围由成都单级扩展到全省多点。目前，成都农房保险已进入第二个年头，在 2015 年 7 月强降雨理赔中，一手抓防汛抢险不放松，一手抓农房承保扩面不懈怠，累计接报案 810 件，结案 503 件，赔付金额 65 万元。“4·20”震中芦山农房保险正在谋划雅安全市统筹文章，还有达州宣汉、阿坝汶川、绵阳北川等 10 个区县农房保险已经进入或即将进入签单阶段。汶川公众责任险作为四川“5·12”灾后重建地区、民族三州地区的首个县域巨灾保险项目已经起保。

2. 保险业通过参与医保、大病保险经办，推广发展文化保险、物流保险、科技保险，以及各类责任保险，参与社会治理。利用商业保险市场化手段提高灾害救助参与度，充分参与社会保障体系建设，运用保险工具、保险资金，转换社会风险，在自然灾害、安全责任事故风险处置、保护环境中发挥保险的作用。做好事前风险预防、事中风险控制、事后理赔服务，为中国经济增效提质和和谐社会建设做出重大积极贡献。保险公司当好风险管理专家，审时度势开办"群众愿意买、政府愿意推、保险公司能经营"的新产品新服务，丰富健全"一揽子"风险管理工具，未来保险业依然是高速发展，服务领域不断拓宽的朝阳产业。

二、保险业改革与政策支持

新常态下，转方式、调结构的要求更为迫切，"新国十条"丰富了保险的政策体系，是对保险业最系统、最完备的政策支持，也是认真贯彻党的十八届三中全会《中共中央关于全面深化改革若干重大问题的决定》和习总书记关于新常态的论述。这就要求保险业要同各部委抓好"新国十条"各项政策的相关配套措施，确保各项政策落实到位，通过全面深化改革来补上政府职能转换不到位、市场体系不完善、公司治理结构没理顺等体制机制"短板"。保险业要趁着改革，一方面要自身发展，为经济发展增强后劲，为经济增长贡献力量；另一方面，要充分分享改革的红利释放，让"全面改革"成为保险自身发展的新动力。

1. 主动出击，确保各项政策落实。现代保险服务业的发展需要一系列新的政策措施支持和各个部委的合作，"新国十条"的政策体系涉及到行业发展的方方面面，包括税收政策、财政政策、用地保障政策、监管协调政策，对鼓励政府购买保险服务也提出明确的要求，包含了对现代保险服务业最系统、最完备的支持政策，是这些年来最大的一次突破。保险业需要加强同财政部、发改委、农业部、卫计委、银监会、证监会等部委的合作，结合国务院对于现代保险服务业发展的支持，落实各项政策。一是认真制定实施方案，要明确工作目标和任务，做好任务分解，细化工作措施。二是及时做好工作部署，科学谋划，统筹做好整体工作计划。三是紧密对接地方，着眼大势谋划保险发展，为地方经济发展出力。比如保险为地方新兴先导性服务业、重大水利工程、重大交通发展项目、粮食生产能力提升工程、幸福美丽新村建设等重大项目提供资金支持，以促进投资、扩大消费，带动经济增长。这些都为"新国十条"在地方对接开辟了重点领域、重点方向和重要增长点。

2. 对外，促进企业走出去，支持出口行业。对内，促进行业结构调整，支持中小企业发展。开放短期出口信用保险市场，引入更多的商业保险公司参与竞争，支持出口贸易。出口信用保险要支持着重点行业、重点企业在出口对外贸易中开拓更多国际市场，以更加积极的姿态利用海外资源发展，支持我国产品、技术、劳务与资本占领更多全球市场，增强国际竞争力。出口信用保险的“逆周期”性作用还为中小型企业“雪中送炭”，其提供的短期出口信用保险及信贷，帮助中小企业渡过经济危机、稳定出口订单、提高出口经济活力，同时避免中小企业周转困难与倒闭危机，从而也解决了沿海地区的就业等重要问题。针对中小企业在融资过程中面临的困难和问题，通过出台政策进行引导，为保险业服务中小企业营造了良好的政策环境。保险业积极探索各种创新模式，努力服务中小企业，取得了一定成效。提高承保能力，以小额贷款保证保险、短期出口信用保险和国内贸易信用保险等重点险种为主要抓手，着力支持中小企业发展。加强产品创新能力，根据中小企业的行业风险特点，结合自身发展战略，创新开发了更多特色化的保险产品。提升服务创新能力，搭建了中小企业融资服务平台，政府、银行、保险公司加强合作，有效简化中小企业的贷款流程，为中小企业建立承保理赔便利通道，为快速获得损失赔偿资金提供便捷服务，为中小企业提供风险管理咨询服务等。

3. 加快行业自身改革，完善公司治理结构，构建现代企业制度，搭建成熟的保险市场。第一，强化公司内控。深化企业经营管理体制改革，健全内控制度，强化公司分支机构内控制度执行力度，提高风险控制能力和业务运行质量。完善和落实保险经营责任追究制度，强化省级公司对分支机构人员、财务和业务的管控责任和对违规行为的处罚、跟踪整改力度，强化关键岗位的管理责任，切实发挥内部稽核的监控职能，不断提高保险企业的凝聚力和竞争力。转换经营机制，建立科学的考评体系和激励约束机制，以及有效的风险控制和预警机制，全面提升企业内部管控能力。第二，建立健全市场准入和退出机制。按照规范化、科学化的管理要求，不断完善保险市场准入机制，建立公开透明的市场准入程序，规范保险公司分支机构的设立行为。以扶优限劣、科学规划、稳健批设为原则，在产险、寿险和中介市场实施全面的机构准入调控管理，确定多层次的市场准入标准，做到机构设立与本地经济建设和社会发展相协调、与保险业健康发展相适应、与保险机构诚信规范经营相结合。建立新设分支机构观察期制度。推动保险行业协会建立会员年检制度。建立保险市场退出机制，实行稳妥的市场退出方式，完善政策保障措施，切实保护被保险人利益。第三，发挥行业在数据信息方面的优势，保险业要趁着以云计算和大数据为代表的新技术在融入并深刻影响人们生产生活的机会，建立自己的完整的行业数据库，实现保险行业的改造升级，引领金融行业变革。第四，加快财产险市场化的改革。具体在险种方面，车险费率市场化要稳步推进，既要解决保险监管机构、保险行业协会和保险公司之间定位不清、保险公司主动提升经营管理水平的内在动力不足、车险条款费率的合理调整机制缺失等问题，又要促进保险公司自身稳健发展，不能以行业的波动、亏损为代价，要真正促进车险市场的结构性调整。第五，打造高素质人才队伍，建立健全人才培养体系，统筹各类人才协调发展。

三、建言现代保险服务业

“新国十条”大大提升了现代保险服务业的历史地位。保险业已经纳入到了国家全面深化改革的总体战略布局，已经成为国家全面深化改革战略的重要组成部分。党的十八大和十八届三中全会提出，要全面推进国家治理体系和治理能力的现代化，核心就是发挥市场配置资源的基础性作用。保险是市场经济的一个重要的制度安排，市场经济越发达，保险业也就越发达，所以在改革的关键时期，国家对保险业更加重视，对保险业的定位也在意见中得到了充分体现。保险作为完善国家治理体系的手段是前瞻，顺应了国际发展规律。我国保险业仍处于发展的初级阶段，不能适应全面深化改革和经济社会发展的需要，与现代保险服务业的要求还有较大差距。

（一）养老保险和医疗保险

根据国务院发展研究中心在全国50个城市的保险需求调查显示，居民对商业健康保险的需求高达77%，在人身险各类业务中高居第一位。毋庸置疑，我国健康保险现在处于快速发展阶段，我国商业健康保险市场潜力巨大，根据预测，2020年我国商业健康保险市场潜力在8 000亿元以上，将为医疗保障提供更多的支持。健康保险和养老保险的发展前景主要在：

1. 拓展重点服务领域，加快基本医疗保障委托管理服务和相衔接的补充医疗保险业务快速发展；创新与健康管理、养老等相关的健康保险；拓展与医疗服务提供相关的执业保险服务，如医疗责任和医疗意外保险。

2. 强化与医疗、体检和护理机构的合作，探索新的经营模式。充分利用相关政策，从战略合作、业务合作和产业投资等层面，深化与健康服务机构的合作。根据重点业务、重点客户需求，通过投资医疗、护理等健康服务机构等，使健康保险费用补偿服务与各类健康服务结合一体，形成综合性健康保障服务。充分利用全科医生服务模式开展健康保险业务，逐步形成以全科医生“看门人”为核心的管理式医疗经营模式。

3. 不断创新健康保障服务模式。利用现代化信息技术等手段和方法如手机APP、远程健康监测设备、物联网、移动互联网，从多业态融合的角度，将健康保险与健康管理服务、健康养老服务、护理服务等更好地融合，为保险人群提供与健康保险相关的综合性健康保障服务和健康产品，改变就保险论保险，就补偿说服务的传统服务模式。

4. 逐步介入其他健康服务产业领域。充分利用保险资金、保险客户、保险销售渠道和保险服务网络的优势，积极参与投资养老、健康管理和其他健康服务机构，以及社区卫生服务体系建设，加大保险企业与其他健康服务产业的融合，不断丰富健康保险服务方式和服务内容，实现多产业领域相互促进、协同发展，逐步打造具有健康保险特色的健康服务链。

（二）农业保险

1. 要创新政策性农业保险产品和技术，拓宽“三农”保险的内涵。第一，不断改进现有农业保险产品的设计。现有政策性农业保险产品的保障额度仅能补偿农业生产中的物化成本，保障程度过低，这也是导致农业保险满意度不高的原因之一。应科学合理地确定农业保险的保障额度，借鉴国外产值保险和收入保险的做法，逐步提高政策性农业保险的保障程度。修改目前多数地区政策性农业保险在费率厘定上采取的都是统一的标准，进行风险区划，针对不同的风险区设计差异化的保险费率，以提高政策性农业保险的效率和公平性。在费率厘定上还必须充分考虑承办机构的损失率、再保险率和风险准备金等问题科学精算，使政策性农业保险经办机构连年亏损局面得到解决，形成正常年景有所积累，巨灾年份有再保险有效补偿的合理格局。第二，不断创新农业保险产品。各地应积极开发和推广农业保险创新产品，如天气指数保险、区域产量指数保险、农产品成本价格保险、农产品收入价格保险等，用这些新型的农业保险产品替代传统的农业保险产品，既能有效解决道德风险和逆向选择问题，又有利于降低承保公司的赔付率。近年来上海试验的“蔬菜价格保险”，对农业生产市场风险的分散具有良好效果，这为解决农产品面临越来越大的市场风险问题，提供了可借鉴的经验。各地区可以根据自己的农业产业结构优化发展计划，选择农作物品种试行农作物价格保险，取得试验成功后再逐步推广。针对农民，可以推广小额保险，包括针对低收入家庭的小额寿险、小额健康险，针对低收入群体的小额融资需求的小额信贷保险和教育保险等，积极发展农房保险、农机保险、农业基础设施保险、森林保险，以及农民养老健康保险、农村小额人身保险等普惠保险业务。第三，探索农产品价值链整体风险管理的农业保险产品。当前农产品的国际竞争已逐步演化成农产品价值链竞争的格局。农业保险作为一项符合国际惯例的重要的支持农业发展的“绿箱政策”，应在农产品国际竞争中逐步发挥其应有的作用。各地区应积极探索农产品价值链整体风险管理的农业保险产品，提升地方优势特色农产品的国际竞争力。第四，支持保险公司对农业保险新型科学技术手段的投入与运用。农业保险新型科学技术手段的运用，是有效解决道德风险，提高农业保险服务效率，降低农险业务管理费用等问题的重要途径。目前在农业保险业务上的科技投入，已显现成效，如引入无人机及卫星遥感技术进行勘查定损，打造农业保险“按图作业、按地管理、服务到户、防灾防损”新模式。鼓励防灾减灾新技术的不断创新。政府应对农业保险公司农业保险科技投入给予一定的财税支持，如给予一定的设备购置补贴、研发费用补贴等，加快我国农业保险市场供需均衡良性发展的步伐。

2. 提高政策性农业保险服务水平。第一，加强农业保险基层服务网络建设。农业保险实践中，由于农户和地块分散度高，增加农业保险服务网络的密度，会大大增加保险公司的经营管理成本，这对原本就严重亏损的农业保险业务，提出了更高的要求。所以，建议在政府有效协调下，由目前分布较为广泛的乡村农业（林业）基层服务站协办农业保险业务，由农业（林业）基层服务站的技术人员代理农业保险经办人员，他们具备专业的农业技术，再经过保险技术的培训，完全能够胜任，通过建立有效的激励考核制度，更好地服务于农业保险业务。第二，提高农业保险信息化服务水平。目前各经办农业保险的公司基本都建立起了支持分户采集农户基本信息和保险标的信息的农业保险信息系统，但由于部分地区农业保险的承保机构对农业保险业务的经营缺乏连续性，导致原本采集到的农户和保险标的信息缺乏连续性，甚至缺失。建议由政府农业部门、财政部门、气象预测部门、保监部门等联合搭建服务于区域农业保险的信息化平台，实现区域内所有农业保险业务经办机构共享的信息化管理系统，保障农业保险数据信息的质量。同时，政府相关部门、农业保险经办机构和农业保险监管部门等均能实现信息共享，对防灾减灾实现快速响应。而且，也为我国农业保险再保险业务在国际再保险市场中取得良好信誉奠定基础。第三，提高专业人才队伍道德风险防范能力。农业保险在展业、费率厘定、防灾减损、查勘定损和报灾理赔等环节的业务，不仅涉及保险技术，还涉及复杂的农业技术。这就要求农业保险专业人才既要精通保险技术，又要熟知相关的农业技术。而我国农业保险几经起伏，该领域的专业人才缺口较大。各地区应加强对农业保险专业人员在技术和素质上的培训力度，招聘专业对口的优秀人才加入农业保险队伍。农业保险经办人才的技术能力和业务素养的提高，能更有效地防范道德风险。

3. 完善农业保险的政策制度。在 8 月举行的中国农业保险研讨会中，陈文辉副主席就提出在宏观战略研究方面要以服务农业现代化、国家粮食安全战略和完善农村金融体系为出发点，探讨农业保险在整个农业支持保护体系和农村金融服务体系中的定位，这就需要农业保险在制度上更进一步。第一，完善政策性农业保险补贴制度。进一步拓展政策性农业保险政府补贴品种。农户对政策性农业保险的满意度是影响其有效需求的一个重要因素，满意度越高，农户购买农业保险的有效需求越高。《中国农业保险市场需求调查报告》发现，受访农户对农险保障程度的满意度有待提升。建议不断推出政策性农业保险补贴的新产品，拓展政策性农业保险业务的覆盖面，实现农业风险有效分散和补偿。各地方应因地制宜地开办特色优势农业保险险种，更好地发挥政策性农业保险对现代化农业发展的推动作用。第二，构建多元化的政府补贴方式。目前的政府补贴方式仅为对农户进行保费补贴，这对于激励农户的有效需求发挥了重要作用。但鉴于农业保险市场的特殊性，保险公司经营管理费较高，历年赔付率高居不下，为避免农业保险市场出现供给不足，应对保险公司的农业保险业务的经营管理费用给予一定的补贴，保障农业保险产品的有效供给。另外，近年来受世界范围极端气候影响，自然灾害频发，农业保险承保公司面对系统性的农业风险，赔付能力十分有限。政府应对农业保险的再保险业务给予财政补贴支持，以保障政策性农业保险可持续发展。第三，加强政策性农业保险补贴预算管理。为保证各级财政政策性农业保险补贴资金的连续性，应建立政策性农业保险补贴预算管理制度，在每年年末对下一财政预算年度的农业保险政策性补贴资金，纳入预算支出管理。另外，目前政策性农业保险的财政补贴是在中央补贴比例的基础上，地方财政给予一定的配套。但部分经济困难的地方财政，由于无力配套补贴而无法开展政策性农业保险。这些地区往往又是自然灾害频发，农户收入相对低下的地区。对这些地区应取消财政配套的制约，由中央和省级财政加大支持，使政策性农业保险在这些地区尽快覆盖，这对解决我国低收入农户农业保险支付能力短缺问题具有积极作用。第四，完善农业保险财税补贴优惠政策。目前，政策性农业保险实行的税收优惠政策是对保险公司种养两业农业保险免征一切税赋。建议加大对专业农业保险公司、承办农业保险的机构以及农业保险再保险市场的税收优惠力度。第五，尽快建立大灾保险体系。

4. 健全农业保险法律体系。2013 年 3 月 1 日施行的《农业保险条例》，实现了农业保险的立法破冰，为农业保险的持续稳定发展提供了切实可行的法律保障。但是农业保险的实施细则亟待配套出台。第一，加快农业保险监管法律法规的出台。目前我国农业保险监管法律法规的缺失，加大了政策性农业保险运作中的风险。尽快推出农业保险监管法律法规，使农业保险监管有法可依，才能从本质上提高农业保险运作效率，避免人为性和随意性。另外，政策性农业保险实现有效运作，离不开多部门联动监管机制的建立。各级地方政府、农业部门、财政部门、气象预测部门、国土资源部门、承保机构等都是农业保险工作中的参与者，多数地区都是由保监局对政策性农业保险大，不可能有那么一种具有普适性的农业保险补贴模式。各地区政府应在现有农业保险保成本补贴模式的基础上，及时总结经验和教训，积极借鉴国际先进农业保险保产值和保收入补贴模式，避免盲目照搬照抄，探索出一种适合本地农业经济发展的农业保险补贴模式，并在实践中不断修正、完善和创新。第二，各级政府应采用科学的政府主导方式对政策性农业保险适度干预。历史经验教训告诉我们，对政策性农业保险和再保险市场的过度干预，将导致市场扭曲，出现政府失灵。目前一些地方政府也存在着不规范的政府行为，如遭遇严重灾害损失的年份，违背保险合同条款约束，允许保险公司封顶赔付，这不但损害农户利益，而且严重挫伤农户参保热情。也有少数地方政府，扭曲地落实国家政策性农业保险制度安排，大灾之际对保险公司进行行政干预，强行推进农业保险。这些缺乏规范性和约束力的政府主导方式，严重违背农业保险运作的市场规律，对农业保险健康发展带来负面影响。

（三）保险公司自身改革

保险公司在以“新国十条”的发布为契机，加大改革创新力度，才可能借助东风、实现腾飞。中华保险将结合公司实际，力推财险卓越工程、电商战略、IT 建设、运营共享、客户关系管理、人力资源改革、财务管控、品牌文化建设和打造可持续融资能力等九大改革发展举措，力争实现有质量的快速发展。

第三节 “新国十条”对保险行业的发展和促进作用①

2014 年 8 月 13 日，《国务院关于加快发展现代保险服务业的若干意见》（以下简称“新国十条”）发布，对加快发展现代保险服务业、保险业服务社会治理体系建设、保险业的改革开放等方面都提出了具体要求。经过一年的发展，保险业在国家经济社会发展战略全局中的地位更加凸显，保险业进入黄金发展时期。

一、保险业的地位得到了有效提升

一年来，全社会共同推动、贯彻落实“新国十条”，加快发展现代保险服务业的大好局面已经形成。从国家层面看，继“新国十条”之后，国务院办公厅相继出台了《关于加快发展商业健康保险的若干意见》和《关于全面实施城乡居民大病保险的意见》，这些重要文件的出台，翻开了保险业加快发展和走向腾飞的新篇章，在保险业发展史上具有里程碑意义。第十二届全国人大三次会议上，李克强总理在政府工作报告中，14 次提及“保险”，涉及社

① 作者：莫骄（1982～），中华保险研究所。

会民生各个方面，保险的重要性得到了凸显。从地方政府和部委层面看，截至目前，已经有33个省、市出台了贯彻落实“新国十条”实施细则；相关部委与保监会共同出台了12项运用商业保险加强改进社会管理和公共服务的文件；保监会与21个省（市）签署了合作备忘录，并在北京、天津等6个地方建立了保险创新综合示范区。国家对保险业的重视程度前所未有，地方政府和相关部门的积极性前所未有，保险业的地位得到了有效提升。

二、保险行业促进经济提质增效能力不断加强

保险资金运用渠道不断拓宽。保监会2014年12月出台《关于保险资金投资创业投资基金有关事项的通知》，允许保险资金投资符合规定条件的创业投资基金。2015年1月，保监会批准设立中小微企业私募股权投资基金，实现了保险资管体制深化改革的新突破。保监会相继批准保险公司成立基金公司或者取得公募基金管理业务资格。2015年3月，保监会进一步加强境外投资监管，扩大国际配置空间，适应国家外汇管理政策变化。7月，为优化保险资产配置结构，促进资本市场长期稳定健康发展，保监会就保险资金投资蓝筹股票有关事项下发通知，维护资本市场稳定。保险资金运用范围和深度不断提升。

大力支持农业保险，积极发展小微企业信用和贷款保证保险，完善科技保险体系建设，支持企业“走出去”，促进经济结构调整。保险行业加大农险资金支持力度，不断完善相关政策，完善农业保险承保理赔流程，切实维护农户利益，保障农业持续健康发展。保监会鼓励保险公司和银行合作，提供更灵活的贷款保证保险产品，有效缓解小微企业融资难、融资贵等问题。推动发展首台（套）重大技术装备保险试点，成立首台（套）重大技术装备保险共保体，服务创新驱动战略，目前试点已为装备制造企业提供风险保障金额近20亿元。保险行业帮助更多的出口项目获得保险支持，2015年上半年，累计服务支持近5万家出口企业，承保金额达1 900亿美元以上，为支持出口贡献了一份力量。

国务院批准设立了用于支持实体经济发展的中国保险投资基金，总规模3 000亿元，首期1 000亿元。从国务院常务会议讨论到国务院批复同意设立保投基金，仅仅用了一周的时间，保险行业发展与国家战略发展越来越契合，保险行业积极参与国家战略，有力促进实体经济的发展。

三、保险行业改革速度加快

保险业务快速增长。2014年，全国保费收入突破2万亿元大关，保险业总资产突破10万亿元大关，保险业增速17.5%，是2008年金融危机以来的

新高。2015 年上半年，全国实现保费收入 1.37 亿元，同比增长 19.3%。保险业总资产 11.4 万亿元，较年初增长 12.3%。保险行业利润同比增长 203.6%。相比银行业的较低增速和较低的利润增长，保险业实现了快速稳定的增长。

保险机构增加。2014 年，全国保险机构新增 6 家，达到 180 家。其中，保险集团和控股公司 10 家，财产险公司 65 家，人身险公司 74 家，再保险公司 9 家，资产管理公司 18 家，出口信用保险公司 1 家，其他机构 3 家。截至 2015 年上半年，全国保险机构 188 家，较年初增加 8 家。其中，保险集团公司 10 家，保险公司 153 家，保险资产管理公司 22 家，其他公司 3 家。中国内地的保险公司中，产险公司 69 家，寿险公司 75 家，再保险公司 9 家。保险业职工人数 94.17 万人，较年初增加 3.74 万人；保险代理人员 378.30 万人，较年初增加 53.01 万人。保险机构和保险人员得到了有效增长，保险公司主体近两年呈现出连续稳健的增长态势。

行业市场化水平显著提升。商业车险正式试点实施，商业车险投保率较去年同期增加 3.7 个百分点，78% 的客户缴纳保费同比下降，商车改革整体认同程度较高。万能型人身险费率市场化改革启动，个税递延型养老险预计年底落地、分红险费改方案也已草拟完成等，政策的推进有利于保费收入增长和保费结构的改善。保监会批筹速度加快，相互保险、专业互联网公司、自保等新型保险市场主体开始涌现。

保险的资本进入越来越多。2014 年共有 52 家险企通过股东直接增资 1 190 亿元，远超 2013 年 500 亿股东“补血”数量。此外，还有 12 家险企通过发行次级债补充附属资本金。进入 2015 年，越来越多的民间资本进入保险行业。

保险监管不断改进和加强，保险业发展环境逐步优化。特别是建成并发布了中国风险导向的偿付能力体系（以下简称“偿二代”）。保险业进入偿二代过渡期。我国在国际保险监管规则制定中的话语权显著提升。

再保险市场开放进入新局面。人保再保险、亚太再保险、前海再保险等再保险公司均发起成立，再保险市场迎来新一波发展。中国保监会发布的《保险统计数据报告》显示，2004～2014 年的十年间，我国原保险保费收入从 0.43 万亿元增长到 2.02 万亿元，占全球的 6.8%，保费收入年均复合增长率达 16.7%，已成为全球第四大保险市场和最重要的新兴保险市场。而 2013 年我国专业再保险机构再保费收入 1 440.67 亿元，仅占全球再保险市场的 2% 左右，再保险市场大有可为。

未来的中国保险业，如项俊波主席在 2015 年保险年会上指出的，将是发展非常迅速、规模不断壮大、与中华民族中国梦实现进程相适应的现代服务行业；将是转型升级加速、跨界深度融合、核心竞争力不断增强的创新驱动行业；将是监管科学高效、运行安全稳健、开放度不断提高的金融支柱行业；将是保障覆盖广泛、服务优质高效、与人民群众生活息息相关的民生保障行业。

第四节 偿二代监管体系给保险业带来的机遇、挑战及应对①

偿二代监管体系与偿一代监管体系在思路、导向、具体要求和监管结果上都有很大不同，变革就意味着机会，机会只属于有准备的头脑。保险公司只有深刻理解偿二代监管体系的监管思路、内涵、监管方法，才能在改革转型的竞争中未雨绸缪、抢抓机遇。

一、偿二代监管体系的转变

（一）偿二代监管体系出台背景

偿二代监管体系的提出，主要因为近年来国内保险市场风险日趋复杂多元，若仍然使用规模导向、风险反应迟钝的偿一代，将不利于国内保险业发展，也无法有效发挥保险社会保障、社会治理、促进经济、防灾减灾、支农惠农等功能，偿二代就是在这种背景下提出。具体来说，一是高速发展的保险市场的风险日趋复杂和多元化。主要表现在三个方面：主体多元化，寿险、产险、再保，金融集团越来越复杂多元化。产品多元化，分红险、万能险、投连险，现在国际上有的保险产品国内市场基本都有了。投资多元化，国际上有的投资渠道国内基本上都有。所以整个保险市场在高速发展过程中，风险也日益多元化和复杂化。二是高速粗放的发展积累了很多问题。比如销售误导、理赔难、资金成本和收益长期倒挂、行业发展没有后劲等问题。三是偿一代监管规则在实践中已经不适应保险业发展和监管需要，不利于公司和行业风险管理，缺乏统一的框架，不利于发挥监管合力，亟须改进。

（二）偿二代监管思路大转变与监管技术更科学

较之于偿一代，偿二代至少有两方面重大变化：一是监管导向的转变。偿二代区别于偿一代一个重要特征就是由规模导向转变为风险导向。偿一代监管重要指标是偿付能力充足率，偿付能力充足率等于实际资本比最低资本，由于实际资本与最低资本测度比较简单粗放，导致保险企业可以通过扩大实

① 作者：黄小云（1975～），中华保险研究所。

际资本从而增加偿付能力充足率，也就自然导致保险企业冲规模、抢地盘的局面，行业恶性竞争愈演愈烈，承保效益较低，不利于保险行业长期发展。二是监管技术方法的转变。偿二代监管体系是全面风险导向的监管体系，是对风险的全面监管。偿二代监管体系是建立在风险分级、分层与量化基础上的监管，其核心是三根支柱、13 个监管量化工具，将能够量化、难以量化的风险都逐级逐层量化打包，从而监管更为科学精细。

（三）偿二代监管转变对保险市场的影响

偿二代监管从监管思想、监管方法、监管制度等多方面实现转变，这些转变必将对保险行业、保险企业产生重大影响。一是促使保险行业进一步市场化，竞争逐步加剧。偿一代保险监管行政管制过多而且粗糙，导致保险行业同质化竞争，保险信誉消费过度，行业影响不好；导致保险企业创新不足，服务质量不好，险企与客户关系不好等一系列问题。解决上述问题前提和基础就是进一步进行市场化改革，只有实现真正市场化才能促使险企真正成为市场主体，险企也才会逐步转变企业行为，服务和管理能力才能真正提上来，行业内部竞争也必然规范、有序、良性。二是促使险企更加关注企业风险管理，险企出现分化。保险企业因为风险的存在而存在，在风险管理方面，保险企业具有独特优势。然而如何发挥保险企业风险管理优势，需要监管部门提供规范化市场和市场监管制度，只有当风险管理成为险企提高效益的必要手段时，险企才会自觉进行风险管理。偿二代通过科学精细风险监管促使并诱导险企把风险管理放在首位，按照风险与收益相匹配原则自觉管理风险，可以预见偿二代后险企风险管控意识会大大提高，管控水平会逐步提高，险企也会因为风险管控能力大小而出现分化。

二、偿二代监管体系给保险业带来的机遇与挑战

偿二代监管转变不仅是监管手段与监管技术的转变，更重要的是监管思想的转变，从而实现从规模导向转变为风险导向。这种具有里程碑意义的监管规则的转变，将对保险行业和保险企业产生重大影响。这种监管转变对于保险业来说是机遇与挑战并存。

（一）偿二代对财险公司发展是机遇与挑战并存

由于偿二代全面风险管理思想本身隐含着保险行业的市场化改革，而财险行业市场化改革首选的是车险费率市场化改革。占财险市场约 70% 市场份额的车险费率市场，其市场化改革的方向与路径就是逐步扩大车险公司费率自主定价权并逐步放宽定价空间。车险费改后对保险市场和保险企业的影响

是机遇与挑战并存。一方面，费改敦促车市洗牌，大型险企凭借实力实现扩张机遇。在偿二代监管下，车险业务监管使用超额累退的方法，力求以公平监管的方式对市场进行规范，车险业务风险计量回归正常。车险费改后，车险市场竞争必将加剧，这促使商业车险费率水平下降，并推动车险赔付率进一步上升，市场分化将更为明显。大型险企凭借其资本优势、资源优势、定价优势与风险管理优势，在短期内忍受利润下降抑或承受亏损而渡过难关，然后进一步扩张，而在资本与风险管理方面处于劣势的部分中小险企或将洗牌出局。另一方面，偿二代监管转变，险企面临投资收益覆盖费率高企的挑战。目前财险行业中车险业务需要面临的两大挑战：一是销售费用过高，加重盈利负担，容易使公司陷入消极状态，也或将导致在新产品投入、理赔支出等方面受到抑制；二是投资收益率偏低，在 2006 年至 2014 年间，除 2007 年投资收益率达到 10% 左右，其他年份基本 6% 以下，投资收益率较低与费率较高双重叠加对于从事车险业务的险企是个巨大挑战。

大型险企在偿二代监管体系下，既有市场突变带来的机遇，也面临着竞争加剧带来的风险。在偿二代监管与保险费率市场化双重叠加背景下，如能大力进行股权融资，或将凭借其资本实力与管理经验进入快速扩张与高速成长机遇期，但也将面临投资收益能否覆盖费率高企的挑战。

（二）偿二代对寿险公司发展是机遇与挑战并存

偿二代监管体系下，产寿险公司差别较大，产险公司的承保风险、业务质量对资本比较敏感；寿险公司则对利率风险更敏感，资产负债匹配的影响更大，资产配置风格的不同将会导致其资本需求的差异，资产风险是很敏感的因素，保险公司将更注重资产配置。对于中小型寿险公司来说，偿付能力充足率压顶催生险企增资需求压力挑战。一方面，在偿付能力监管体系下，中小型寿险公司需要不断增资扩股，以满足偿付能力要求；另一方面，作为对利率十分敏感，和对资产匹配严格要求的寿险业务，显然偿付能力监管下必然面临较大风险。例如，人保人寿近日通过决议，以目前公司总股本为基础，向所有股东配售新股，增发后公司注册资本金达到 257 亿元，增发所得资金将主要用于补充人保人寿资本金，提高其偿付能力。增资后，人保人寿偿付能力大大提升，一季度末已达 180% 以上。在其他寿险公司都在扩充资本实力备战偿二代监管体系的背景下，对于刚成立的中华人寿来说是挑战大于机遇。

（三）偿二代对资管公司发展是机遇与挑战并存

1. 从保险资管来看，偿二代的实施，将对保险投资理念、投资策略、大类配置、负债匹配、风险管理、绩效考评等业务环节产生重要影响，只有正确认识、准确理解、全面贯彻偿二代的主旨精神，才能做好保险资产管理工作，确保保险资产稳健安全高效运行，这既是机遇又是挑战。

2. 从投资渠道来看，偿二代将在一定程度上引导保险公司调整业务结构和资产配置。而大的保险公司在另类投资和债权投资计划等新领域投资上会更具优势，这些项目由于投资时间长、收益率较高且稳定，更符合保险资产的投资特性，利于大公司尤其是上市公司投资收益率的提升。

3. 资本结构变化带来险企融资需求。偿二代监管转变，是从规模导向的资本监管，转向风险导向的能力监管。因此，新标准下不同质量的保险公司面临的资本要求将有区别，一定的结构性变化是不可避免的。这对不同的保险公司既是机遇又是挑战。

对于保险业来说，偿二代监管下，不管是投资理念、投资渠道还是资产管理等方面，都是机遇挑战并存。

三、保险公司如何应对偿二代带来的机遇与挑战

1. 加强监管，构建风险偏好体系。风险偏好体系是公司总体风险策略的重要组成部分，是公司全面风险管理的顶层设计，同时“偿二代”监管体系也对保险公司建立风险偏好体系提出了明确要求。由于偏好体系与公司战略紧密相关，一般以自上而下为主的方式进行建设。

2. 互联网化降低寿险成本，缓解人寿资本压力。中小寿险公司一直面临偿付能力压力，为了节约成本，可以借助互联网渠道，进行互联网营销。互联网保险近些年来发展迅猛，可以抓住这一历史机遇去迎接未来的挑战。

3. 加强投资能力建设，增强资管运作能力。偿一代监管体系下，资本管理是保险公司的一大软肋；偿二代监管体系下，保险资产运用渠道、范围与结构发生较大变化，要转变资金来源业务与资金运用业务相脱节的狭隘思维，要把承保与投资运作联系起来，负债驱动资产与资产驱动负债相结合，根据公司的投资管理能力，量力而行。

第五节　当前中国亟须降低企业融资成本[①]

当前中国经济面临的最突出问题不是增长方式落后、产能过剩、结构扭曲或资产泡沫等等，而是企业融资成本过高。企业融资成本的高低直接决定

---

① 作者：郝联峰（1972～），中华保险研究所。

了企业盈利能力，也直接决定了一国经济的竞争力。中国企业过高的融资成本是可以通过制定国家顶层融资战略、打破资金垄断、打击高息揽储和高利贷、限制国有部门和房地产企业资产负债率、加大股权融资制度的建设等方面的改革降低下来的。如果政府不主动进行融资制度改革，中国经济有可能会滑向通缩，最终通过通缩来强制降低融资成本。

一、当前中国经济面临最突出问题是融资成本过高

企业是经济的细胞，一个国家经济运行得好不好，最主要的指标就是看企业经营状况如何。企业发展好了，居民收入有了来源，国家税收有了基础。目前中国大部分企业日子很难过，2013 年剔除上市银行外的 2 456 家上市公司平均 ROE 只有 9.68%，已显著低于全球企业长期平均 ROE 水平 12.6%，非上市工商企业的平均盈利能力可能更低。2014 年以来这种状况还在恶化，大部分工商企业的日子越来越艰难。

中国经济确实存在很大的问题，有人说中国经济的主要问题是增长方式粗放、产能过剩、货币超发、房地产泡沫、消费不振、银行不良资产等等，因此忙着转方式、调结构、限货币、控房价。其实，中国经济增长方式没什么大问题，产能过剩是市场经济国家的普遍现象，货币也没有超发，房地产泡沫并不显著，储蓄率高从而投资率高是中国的竞争优势，银行不良资产风险可控。

有人认为中国经济增长方式粗放，主要理由是中国产品附加值低、质量不高、单位产出投入大等。我们认为，中国产品附加值低，产品质量不够好，这主要是由经济发展阶段决定的。如果中国产品附加值很高、技术工艺水平很高、质量很好、单位能耗很低，那中国就是发达国家了，为什么中国人那么勤奋人均 GDP 才 6 000 多美元呢？中国改革开放才 30 多年，总体说来产品附加值、技术工艺水平、产品质量等方面进步还是非常快的，要不懈努力进步，但也不可能一口吃出一个胖子。中国国民经济体系是比较完整的，结构是比较合理的，市场经济国家经济结构一般都不会出现大的问题。在社会主义初级阶段，首先就是要满足老百姓的衣、食、住、行、安全等基本需求，高精尖需要做，吃喝玩需要做，钢铁水泥房地产也需要有人做。有人说，传统行业如钢铁、有色、水泥等过剩严重，问题很大。搞市场经济，过剩是常态，短缺才不正常，很少有产品能够供不应求，普遍过剩总比普遍短缺好。过剩不值得担忧，只要市场机制比较完善，市场自身会通过价格、供求、竞争机制来解决产能过剩问题的。

中国货币没有超发，相反近一段时间货币政策过紧了，宜适当放松。货币政策的目标应是物价大致稳定的前提下尽可能促进经济更快增长，而不是

经济没有崩溃的前提下尽可能收紧货币控制物价。中国货币有没有超发，不是看 M2/GDP，而是要看有没有通胀。2000~2013 年，中国年均 CPI 涨幅只有 2.39%，通胀水平不仅大大低于同期全球平均水平 4.22%，也低于发达国家平均水平 2.45%。那些真正货币超发、高通胀的国家，如 2000~2012 年委内瑞拉年均通胀率 21.86%，2012 年底 M2/GDP 只有 50.76%，2008~2012 年巴基斯坦年均通胀率 13.83%，2012 年 M2/GDP 只 32.44%，二者通胀率虽很高，但 M2/GDP 远低于全球平均水平 125.84%。再如日本 2013 年 M3（口径大致相当于中国 M2）占 GDP 的比例高达 245.76%，远高于全球平均水平，却徘徊在通缩边缘。总体来说，经济金融发展得越好、储蓄率越高、间接融资占比越高的国家，M2/GDP 较高，相反，经济发展水平低、通货膨胀严重、储蓄率较低、间接融资占比较低的国家，M2/GD 较低（见表 1-2）。中国 M2/GDP 比例较高是由于改革开放以来中国经济金融发展成绩卓著、储蓄率全球最高、融资结构中以间接融资为主等原因；改革开放以来中国 M2 增速较快，是因为中国经济增长速度和货币深化速度较快，跟货币是否超发关系不大。

表 1-2 2011 年按经济发展水平分类的全球经济 M2/GDP 及其主要相关指标表

按经济发展水平分类	人均 GDP（美元）	储蓄率（%）	国内银行系统提供的信贷/GDP（%）	上市公司总市值/GDP（%）	M2/GDP（%）	CPI 涨幅（%）
低收入国家	580.74	9.04	40.20		44.19	8.33
重债穷国	735.49	14.27	22.61		31.11	6.77
最不发达国家	806.39	17.97	30.38		37.36	7.99
中等偏下收入国家	1 876.68	26.03	60.67	43.59	57.75	7.38
中低收入国家	4 016.70	33.12	90.91	47.60	92.58	7.67
中等收入国家	4 570.30	33.59	91.72	47.82	93.35	6.80
中等偏上收入国家	7 310.79	35.68	99.75	48.88	102.55	6.58
高收入国家	41 095.47	18.94	204.36	74.98	110.90	2.94
全球	10 033.57	23.60	165.48	66.29	122.22	5.92
中国	5 432	51.85	123.04	45.54	180.09	4.08

注：高收入国家 M2/GDP 数据为非经合组织高收入国家数据。中低收入国家、中等收入国家、中等偏上收入国家储蓄率为 2010 年数据。表中 CPI 涨幅为 2011 年底 CPI 定基指数比 2010 年底 CPI 定基指数的涨幅。

资料来源：WIND 金融终端，经作者整理。

中国房地产市场没有明显泡沫。判断一国房地产市场是否有泡沫的全球可比指标是房地产总市值/GDP，这个比值全球长期平均水平是 260%，其中住宅总市值/GDP 是 213%。据我们测算，截至 2013 年底，中国房地产总市值约 166.25 万亿元，房地产总市值/GDP 约为 292.25%，其中住宅总市值约 136.20 万亿元，住宅总市值/GDP 约为 239.42%，这两个比例略高于全球平均水平，但泡沫并不明显。预计未来几年中国名义 GDP 每年增长 10% 左右，如果房价不涨，则到 2015 年中国房地产总市值/GDP 和住宅总市值/GDP 比例就都低于全球平均水平了。因此，中国房地产市场不会崩盘，房地产市场周期性较强，短期随着经济景气周期下滑而调整，中长期还将随着经济发展而上涨。如果房价收入比较高就是泡沫，那么十年前中国房地产市场就是大泡沫；如果空置率高就是泡沫，那么 2005 年北京、上海、广州的房地产市场是中国泡沫最大的房地产市场；如果供过于求房价就会跌，那么市场经济国家全都陷入通缩了，因为搞市场经济，绝大部分商品都是供过于求的。中国的房价为什么给人感觉涨得太快，大部分老百姓购房困难？主要原因一是中国名义 GDP 涨得太快，1978 ~ 2013 年名义 GDP 年均上涨 15.52%，五年就翻了一番多，房地产总市值是与名义 GDP 挂钩的，房价当然就会涨得快；二是大部分商品的价格长期上涨速度都是与物价指数挂钩的，只有人力资本、房地产、股票等极少数商品的价格长期平均上涨速度与名义 GDP 挂钩，名义 GDP 长期平均上涨速度要远高于物价，因此，房价上涨速度就会远高于普通商品（如能源、金属、农产品、日用品等），给人感觉房价涨得真快；三是中国财富和收入分配两极分化，基尼系数是 GDP 最大的十个大国中最高的，因此中国 GDP、居民收入等经济指标的中位数要大幅低于平均数，大致按平均数（而不是中位数）确定的房价，对中国大多数老百姓来说是很高的，大多数人就会觉得买房难。

当前中国经济面临的最主要问题是企业融资成过高，实体经济困难，会逐渐影响到中国经济整体竞争力。据测算，随着银行表外业务的快速扩张、非正规融资渠道的快速发展，从 2010 年第 4 季度开始企业融资成本大幅飙升，至 2013 年底中国企业债权融资平均成本为 13.21%（见图 1 - 4），其中通过正规银行渠道平均融资成本为 9.7%，通过影子银行渠道平均融资成本为 18.28%。全国盛行高利贷和非法集资，不仅商业银行、保险资产管理公司、信托公司、基金管理公司、担保公司、融资租赁公司、小贷公司、村镇银行等各类金融机构卷入高利贷之中，大多数个人和企业也身处高利贷链条之中。高利贷以利率市场化之名席卷全国，在迅速蚕食国家的经济基础。在实体经济平均盈利能力显著低于全球平均水平的同时，凭借金融牌照垄断资金的机构却获得超额利润，如 2013 年境内 16 家上市银行平均 ROE 高达 18.99%，比全部非银行上市公司平均 ROE9.68% 高出近一倍，16 家上市银行的净利润总额 11 584.11 亿元占全部 A 股上市公司净利润总额 22 505.94 亿元的

51.47%，且近几年占比有不断提高的趋势。

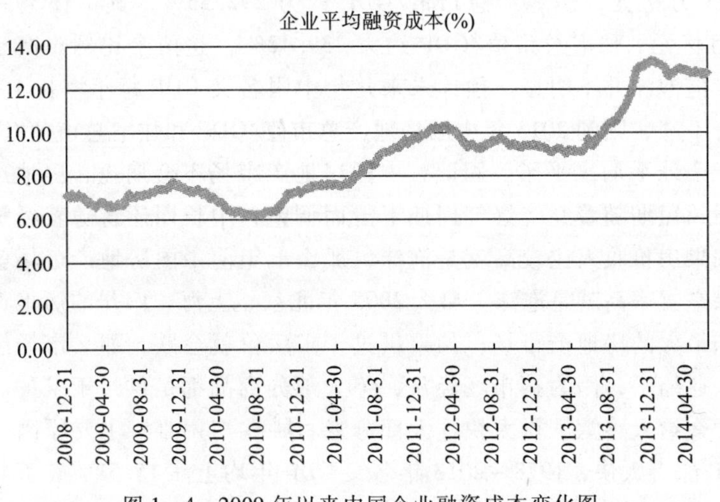

图 1-4 2009 年以来中国企业融资成本变化图

资料来源：中华保险研究所基础数据库。

二、融资成本过高导致中国金融偏离了金融的基本功能

金融的最主要功能是为企业提供资金融通。一个国家金融制度好不好，效率高不高，首先看企业融资是否方便，是否成本低。目前中国企业面临的融资现状却是，在以间接融资为主的金融体制中，贷款平均成本畸高；非法集资、高利贷、理财产品抬高了整体市场利率平均，债券融资成本不低；上市股权融资透明度低。

有人认为，融资成本高可以淘汰落后产能，逼地方政府和落后企业转变增长方式。其实，淘汰落后产能、转变经济增长方式、鼓励自主创新，靠的是竞争，而不是大幅提高融资成本，更不能搞激进推进市场化、自由化的“休克疗法”。融资成本提高了，损害所有企业，而不是有针对性地打击落后产能和粗放增长方式。而且，谁是落后产能，谁是粗放增长方式，应由市场说了算，不宜人为主观地加以判断。提高融资成本，国有部门（含政府、公用事业、国有企业等）照样借，非法集资、庞氏骗局者照样借，真正受打击的是普通工商企业。

有人认为，融资成本高有利于提高储户的利息收益。截至 2013 年底，中国人均居民储蓄存款 32 894 元，假定通过理财产品等变相高息揽储方式可以抬高居民存款收益 2 个百分点，每人每年只增加收益 600 多元，但代价是就业机会、薪酬增长、国家竞争力等等的潜在损失，实则舍本逐末。改革开放以来，老百姓的收入和生活水平有了极大提高，靠的是中国经济持续快速增长，而不是每人每年多两个百分点的利息收入。在市场经济中，只有企业发展好了，老百姓生活才会好，只有企业有竞争力，一个国家才有竞争力。

有人认为，融资成本高是市场化的产物，是不以人的意志为转移的。其实，融资成本畸高，不是市场经济的必然产物，而是二元经济结构下、微观经济基础不成熟条件下，急于推进经济自由化的结果。发展得越好的市场经济国家，融资成本就会越低。以5年期国债收益率为例，2014年6月30日新加坡为1.19%，韩国为2.97%，泰国为3.5%，美国为1.65%，加拿大为1.53%，欧元区为0.47%，中国高达4.25%。而且，2000~2013年中国年均CPI涨幅2.39%略低于发达国家平均水平2.45%，更低于全球平均水平4.44%，中国低通胀高利率，相对而言实际利率更高。一笔正常利率7.37%（2014年第1季度金融机构人民币一般贷款加权平均名义利率）的贷款，通过包装成信托计划、债权计划、资产管理计划等产品，经过层层环节收费，到企业手里平均融资成本就高达18%左右了。名目繁多的金融创新，相当部分的目的不是为了支持实体经济，而是玩一种高利贷游戏。

三、降低融资成本的关键是政府主导、渐进改革，最终实现成本优势

（一）顶层战略的制定要政府主导

市场经济，就是要市场能解决的问题，都由市场解决，市场失灵的地方，政府来弥补。政府和市场，都是手段，不能偏颇。通常人们提到的市场失灵领域有垄断、外部性、公共产品、信息不完全、公平等，容易忽略的市场失灵领域是战略。国家战略不是由市场自发形成的，而是需要政府主导，尤其是顶层战略，如人口、土地、资金等战略，必须政府主导，而不能借市场化之名放任自流。人口、土地、资金都是最基本的生产要素，需要政府制定清晰的战略，战略制定后，市场在战略框架内有效运行。正如一幢高楼，需要有钢筋水泥框架结构，框架结构搭好后，再添砖加瓦贴磁砖、安门窗、装修、进家具等，可以做得非常漂亮，这个框架结构就是国家战略，其他的是市场机制，市场机制反映了人性的趋利避害，无孔不入、非常精巧。没有政府，经济大厦不会高耸入云、固若金汤，没有市场，经济大厦不会富丽堂皇、巧夺天工。

（二）资金制度改革要坚持渐进原则

中国改革开放的成功经验就是坚持渐进改革，避免休克疗法、急于求成。中国人多、地广、底子薄、不稳定因素多，复杂程度非一般国家所能比，经不起折腾。利率市场化、资本项目自由兑换，这种影响深远的资金体制改革，更应坚持渐进原则。中国与西方不同，中国国有经济占比大，政府受人大和

选民约束的机制尚不健全，骗局遍布各地。为什么中国骗局多，因为中国储蓄率高（储蓄存款多），中国是人情社会，中国人口素质总体不高，这些是非法集资的土壤。中国利率一旦完全放开，国有企业、地方政府、庞氏骗局机构会将利率抬到很高的水平，真正需要资金的实体经济深受其害。在国际货币体系中，美元处于强势和主导地位，如果人民币在资本项下可自由兑换，有没有做好应对巨大资本流动的准备？如地方政府、国有企业、房地产企业等大量借入美元资金（目前美元利率显著低于人民币利率），在资金饥渴症下，只需一两年就能达到几万亿十几万亿元的规模，宏观经济政策如何应对？中国的政治经济结构与西方不同，中国是公有非公有二元结构经济，西方是非公有独大的经济结构，中国是出口导向型经济（因为有制造成本优势），西方是内需拉动型经济，如果不充分考虑中国国情，照搬西方做法，风险是很大的。

（三）企业低成本融资是中国崛起的关键

目前中国亟须企业低成本融资，通过企业融资低成本，提升企业盈利能力，企业盈利能力强、竞争能力强，最终必然实现民富国强、快速崛起。

低成本融资战略要求作为资金融通中介的金融中介的运行成本要比较低，金融中介资金来源和运用的成本也比较低。目前中国金融的现状，一是金融中介盈利状况远好于工商企业，金融中介的盈利就是工商企业的成本，金融中介高利润就意味着金融制度的低效，制度经济学的一个基本原理就是，好的制度是交易费用低的制度。二是实际存款利率和实际贷款利率不断攀升，企业融资成本处于很高的水平上。

当前，可以采取以下政策来降低企业融资成本。一是推进商业银行市场化改革，打破商业银行间的地域分割，放松商业银行设立机构网点的行政审批，打破资金供给垄断，通过充分竞争将商业银行 ROE 水平降至中国企业平均水平附近。二是严格控制存款利率上限，严厉打击各种形式的高息揽储、非法集资、庞氏骗局，降低资金供给成本。三是严禁各种形式的高利贷，不要迷信市场，政府要在控制贷款利率上起积极作用。金融机构要回归为企业为社会低成本高效率融资的本质要求，违背这种本质要求的金融创新一律取缔，精简融资链条。有些金融创新，实质还是贷款，只是改了名称，增加了环节，增多了收费主体，大幅提高了融资成本，看似中介全都赚钱了，但这样的金融创新对国家竞争力、对经济发展、对社会公平，有害无益，应根据实质重于形式的原则，予以取缔。四是通过限制资产负债率（或规定资本充足率）来抑制国有部门和房地产企业的借款冲动，通过严格环保政策来将企业环境污染成本内部化，而不是直接限制对上述机构的贷款。五是在加强监管的前提下进行股权融资改革。

（四）目前融资政策如不调整，中国经济有滑向通缩的风险

如果当前的企业融资政策不做调整，中国经济增长率和通胀中枢将逐渐下移，如果经济增长和通胀中枢的大幅下移将会影响到房地产市场健康发展的基础，如果房地产市场大幅下滑，中国就将有滑入通缩的潜在风险，而通缩和恶性通胀都是经济长期增长的可怕杀手。而且，通缩比通胀更难治理，正如放风筝比收风筝更难。

本来，中国经济内生增长的动力是很强的，有广袤的国土最多的人口，有全球最高的储蓄率，有务实有力的政府，有勤俭进取的国民，有很大的制度和技术进步空间，只要政策不出现大的失误，中国都可以避免通缩和恶性通胀，保持平稳较快增长。但是，如果坚持用腐败去侵蚀它，用高利贷去盘剥它，用货币紧缩去摧残它，用资本项目自由兑换去冲击它，虽然中国经济很顽强，但不出问题也很难。

第二章 保险机构发展模式

第一节 保险公司集团化发展模式[①]

随着我国保险业的快速发展，集团化已成为我国大中型保险公司发展的重要战略选择。一方面这符合国家政策导向。鼓励和支持具备条件的保险公司通过重组、并购等方式，发展成为具有国际竞争力的保险控股（集团）公司。另一方面，又是保险企业面对金融混业经营发展趋势的一种理性选择和市场行为。以此为契机，积极探索保险业与银行业、证券业更广领域和更深层次的合作，提供多元化和综合性的金融保险服务。

近年来，我国保险业加快了集团化经营进程，逐渐形成以国寿、人保、平安、安邦等为代表的十大保险集团，中华控股也成为其中一员。但是，当前我国保险公司集团化经营过程仍处于探索阶段，面临着不少的理论与实践问题，如母子公司管控模式、产业多元化发展策略、集团协同创新体系等亟待研究解决。因此，深刻认识集团化经营的利弊，持续优化集团化发展模式，成为促进我国保险行业健康发展，必须认真探讨和不可回避的重大课题。

一、保险公司集团化发展的核心要素

审视国内外成功案例，保险公司集团化发展具有多重意义。首先，基于金融保险资产所具有的较强通用性，保险公司集团化发展通过制定发展规划，可以对各子公司进行资本和其他资源的调配与协调，以促进和实现各子公司在资金、人才、业务和技术等多方面的整合协同，从而实现资源的有效配置，达到降低成本、提高整体效益的目的。其次，通过提供整合性产品和服务，可以满足客户日益增长和动态的多层次综合性需求，而资源共享、多元业务间的协同效应，可降低运营成本，实现对新业务快速发展的支持。第三，通

① 作者：苏强（1974～），中华保险研究所。

过多元化业务组合，亦可分散公司整体的经营风险，体现“船大压风浪”的战略效果。

集团化本身具有“集团控股、联合经营；法人分业、规避风险；财务并表、各负盈亏”的特点。集团化是企业结合的一种形式，其实质就是一种追求资本投资最优化、资本利润率最大化的资本运动形式。客观地看，建立保险集团公司并不必然产生天然竞争优势，而且不当的集团化策略也有可能造成分散资源、弱化管控，反而无法获得核心竞争能力。因此，追根溯源地分析保险公司集团化发展的核心要素，对于促进集团化发展的扬长避短和“少走弯路”具有重要意义。

对比研究国内外大量案例，可以发现保险集团经营成功的核心要素主要有三个方面：文化品牌、资源实力和整合能力。

1. 文化品牌。首先是集团领导与全体员工的共同价值取向、强烈的团队精神、优秀的执行力、较强的风险承受力、良好的学习能力。其次是建立起卓越的品牌声誉。集团化的保险公司建立统一品牌，可以创造良好的商誉效果，增强产品吸引力和客户购买信心。第三是能够建立协调统一的企业文化。如集团内各子公司之间进行交叉销售等合作时，容易产生本位主义及文化冲突问题。因此，有效创造整体和谐的企业文化和价值，确保各子公司高度认同和目标一致，对于集团化发展具有基础性作用。

2. 资源实力。首先是拥有足够规模的客户资源共享，这是集团公司内部各子公司的交叉销售的前提；其次是建立完备而有效的销售渠道和网络，从而使客户群的潜在购买力转化为有效生产力，这成为公司不可或缺的核心资源；三是拥有雄厚的资本实力特别是资金头寸。对于一家保险集团而言，这既是集团实力的直接体现，又是应对市场白热化竞争的资本保障，还是把握市场机会，加大并购重组、业务扩张的现实需要，从而成为极其重要的竞争优势来源。

3. 整合能力。首先，取决于决策者的战略眼光、专业化的管理团队与有效管理模式。保险控股公司经营除面对当下竞争压力及内部资源整合压力之外，还要提前确定集团化的发展方向及优先策略，这要求战略眼光的领导人及专业的经理人团队。其次，取决于强大的并购重组能力。一方面，新设和培养具有发展潜力的子公司；另一方面把握市场机会，积极进行公司并购，也是推进公司快速成长的利器。最后，取决于出色的创新能力。在空前激烈的市场竞争环境中，必须加强协同创新，通过产品创新、渠道创新与商业模式创新等，加快打造集团的动态竞争优势。

换个角度看，以上核心要素又可以归并为集团硬实力与软实力两大类。文化品牌主要表现为集团软实力，资源实力主要体现了集团硬实力，而整合能力则反映出集团的软硬兼施的“组合拳”本领，协同运用硬实力与软实力的科学性和艺术性，以追求集团可持续发展与实现价值最大化为目标。

二、保险公司集团化发展模式的主要构成

实践经验表明，保险公司拥有集团化发展的资源基础并不能必然产生集团化战略的成功。在具体实施过程中，必须统筹考虑产业发展策略、资本补充机制、集团管控模式等几个关键问题，这往往也成为保险公司集团化发展模式的焦点、难点与痛点。

（一）产业发展策略

1. 产业发展多元化策略。在集团化的框架下，业务多元化是保险公司必然的战略选择。多元化经营选择主要包括横向和纵向两类模式。横向模式指跨多险种业务线，即涵盖财险、寿险、健康险、企业年金等综合经营业务；纵向模式是在多险种业务线的基础上，沿保险行业价值链向上或向下拓展，即在保险承保业务基础之上综合经营代理、经纪、资产管理等业务。

横向模式有助于交叉销售，风险分散及资源共享；而纵向模式更突出专业化分工，尤其在集团内部设立专业的资产管理子公司，对于适应形势发展和构建大金融的格局具有战略性意义。推进多元化策略的关键是识别企业自身能力优劣，明确战略建设重点，打造核心竞争力，深耕优势业务市场。在强大的核心业务基础上，保险集团可以扬长避短有选择地多元化，进入有吸引力和竞争力的市场，发展与核心业务具有协调、补充意义的相关业务。

2. 产业发展路径转移策略。即采取在产业组合上考虑现金流业务与明星业务的协同进取，并且前期业务可以成为后期新业务的助推器，从而不断实现新的利润源的产生，实现企业产业整合和升级。采取新设、重组或并购等形式，进行公司内外资源整合，从而有效地实现规模经济和范围经济。

从近年来保险集团公司发展演进的过程来看，也逐步从原来内生型发展模式转为内生型与外延型并举的发展模式。保险公司的集团化发展在保险行业内部多采用新设模式，而在非保险金融领域多采取并购重组模式；从发展特点上看，也多采取先丰富保险行业内的综合经营类别，再横向扩展到其他非保险领域。

如人保集团先后新设了资产管理公司、寿险公司、健康险公司等子公司；人寿集团则先后新设了财险公司、养老保险公司、资产管理公司等子公司；平安集团则先后新设了养老保险公司、健康保险公司、资产管理公司等子公司。而自2006年以来，保险集团公司的产业发展开始加快向保险行业以外拓展的步伐。人保集团先后投资入主大唐移动、华闻投资控股公司，从而陆续

涉足信托、期货、证券、基金四大领域；人寿集团先后出资参股中信证券、广发银行、中诚信托等非保险金融机构的股权；平安集团则重组深圳市商业银行整合银行业务、控股富通集团，并实现了对旗下公司的绝对控股。

（二）资本补充机制

保险行业是典型的高资本进入壁垒的规模经济行业，具有规模扩张与资本消耗并进的鲜明特点。保险公司在发展过程中，由于偿付能力和资本充足率的要求，随着经营规模的扩大，对资本金的需求也会不断扩大，因而保险公司在发展初期需要形成与发展战略相匹配的持续资本金补充机制。客观地看，保险公司的资本金补充可以通过企业盈利自我积累，但速度非常慢，最有效方式还是从企业外部形成持续的资本金补充机制。随着“偿二代”政策的实施，强化保险集团的资本补充机制具有更大的必要性和紧迫性。

从企业外部补充资本金的具体方式上，可以有原有股东持续增加出资，也可以由新的股东出资。新的股东出资可以定向募集，也可以向社会公众公开募集（主要是通过公开发行股票）。定向私募的对象可以是有长期投资意愿的投资者，也可以是战略投资者；前者主要从长期投资的高收益中获取红利，而战略投资者主要从未来的溢价转让投资股份获取投资收益。

目前，国内领先的保险金融集团正在超常规地大力股权融资，具有深远的战略意图。如 2014 年 4 月 10 日，保监会批准安邦集团将注册资本金由 180 亿元增加至 300 亿元。2014 年 12 月 4 日，中国保监会再次批复同意其注册资本增至 619 亿元。仅仅间隔不足 8 个月，安邦集团再度增资，且增幅高达 319 亿元。特别是，保险集团的上市融资已成为行业内的大趋势。据了解，国内十大保险集团中人保集团、人寿集团、太保集团、平安集团、太平集团已整体上市或子公司上市，中再集团计划年内 A 股上市，安邦集团、阳光集团、华泰集团正紧锣密鼓准备上市。

（三）集团管控模式

管控模式是指集团对下属企业基于集分权程度不同而形成的管控策略。集团功能定位决定管控模式，管控模式必须与集团功能定位相适应，这是管控模式设计的基本规律。管控模式按总部的集、分权程度不同而划分成“财务管控型”、“战略管控型”和“操作管控型”三种基本的管控模式：

1. 财务管控型。集团总部只负责集团的财务和资产运营、集团的财务规划、投资决策和实施监控，以及对外部企业的收购、兼并工作。下属企业每年会定有各自的财务目标，它们只要达成财务目标就可以。在实行这种管控模式的集团中，各下属企业业务的相关性较小。总部主要负责资产运作，因此总部的职能人员并不多，主要是财务管理人员。

2. 战略管控型。集团总部负责集团的财务、资产运营和集团整体的战略规划，各下属企业（或事业部）同时也要制定自己的业务战略规划，并提出达成规划目标所需投入的资源预算。集团总部负责审批下属企业的计划并给予有附加价值的建议，批准其预算，再交由下属企业执行。在实行这种管控模式的集团中，各下属企业业务的相关性较高。为了保证集团整体利益的最大化，集团总部的规模并不大，主要在综合平衡、提高集团综合效益上做工作。目前世界上大多数集团公司都采用或正在转向这种管控模式。

3. 操作管控型。总部从战略规划制定到实施进行全面负责。为了保证战略的实施和目标的达成，集团的各种职能管理具体而深入。如人事管理不仅负责全集团的人事制度政策的制定，而且负责管理各下属公司二级管理团队及业务骨干人员的选拔、任免。在实行这种管控模式的集团中，各下属企业业务的相关性很高。为了保证总部能够正确决策并能应付解决各种问题，总部的职能人员的人数众多，规模庞大。总部进行集权管理，由总部制定计划，由下属单位负责保障实施。

可见，操作管控型和财务管控型是集权和分权的两个极端，战略管控型则处于中间状态。管控最主要是体现在四个计划的控制：战略计划、投资计划、经营运作计划和人力资源计划，上述三大类的管理模式在四大计划控制中体现出不同的集、分权程度。自上而下的集团功能定位倾向于选择集中的管控模式，自下而上的集团功能定位倾向于选择分散的管控模式，介于两者之间的集团功能定位倾向于选择均衡的管控模式。

三、保险公司集团化发展存在的突出问题

研究发现，虽然当前国内保险公司集团化建设与发展取得了长足的进步，但是仍存在着一些普遍性的突出问题，需要引起业内关注。

1. 集团管控模式不成熟，总体战略难以落地。从现实来看，由于往往子公司成立在先而集团公司成立在后，导致各保险集团的子公司有较大的自主经营权和决策权，集团公司对于子公司的约束力度不足。在进行决策时，各自为政的做法使得集团战略反而被置于比较次要的地位，集团层面上的协同效应和规模效应无法实现。

2. 子公司协同水平低，集团整体效率不高。国内保险集团子公司的业务经常出现重合，不同子公司常为争夺同一客户群体而大打销售战。业务范围的重叠通常带来集团内部子公司之间的恶性竞争。这不仅造成集团有限资源的无益消耗，也导致各子公司之间的关系恶化，进一步的合作无法实现。

3. 集团总部综合管理能力难以适应大金融格局。从现实情况看，我国的

保险集团有逐步向非保险金融领域扩张的趋势。随着经营领域的扩大，保险主业在集团内部的重要性逐渐降低，大量的资源流入非保险金融机构。基于保险公司发展而来的保险集团在决策和管理上通常会遇到决策者和管理团队专业水平不足的困扰，导致所涉及的非保险金融机构的经营业绩相对较差。

4. 集团层面的风险管控机制不完善。目前我国的十大保险集团（控股）公司创立时间并不长，且都是在专业的寿险公司或财险公司的基础之上发展起来的，集团化的组织构架搭建不完善，缺少集团层面上的风险管控经验。风险管控的缺失导致一家子公司面临的风险会影响到集团内部其他成员，可能带来连锁性的危机。

第二节 保险金融集团公司总部人力资源配置研究①

一、国内保险金融集团组织框架与部门设计

（一）保险金融集团化是未来趋势

随着中国经济的高速发展，政府、企业与居民的资产也将大幅增长，金融业必然高速发展，而作为中国金融三个支柱的保险业，集团化趋势日趋明显（易纲等，2008）。主要原因有：一是内外部激烈竞争促使。中国保险业在经过前期快速粗放发展过程后，竞争更加激烈，激烈的市场竞争也加剧了企业规模扩张的冲动，保险企业做大做强是粗放发展的必然结果，金融集团化是必然路径（刘佐太，2007）。二是金融开放政策促使。随着中国经济的发展，工业化体系基本完成，中国企业已经具备逐鹿海外的能力，为了在全球范围内进行生产交换，必须拥有雄踞世界的金融巨头，保险企业成为中国企业海外风险管理者既有优势，也有必要。然而国内保险企业由于规模小、业务单一可能受到来自国外保险集团的竞争冲击。因而国内保险公司必然通过重组并购，快速做大做强，集团化模式是快速发展的最好模式（颜畅等，2008）。

（二）保险金融集团化的基本框架

保险金融集团化是未来保险业发展的重要趋势（郭颂平，2007）。集团化具有规模优势，可以更有效分享规模经济效用；行业间协同分享范围经济效用；产业链完善分享产业生态效用。尽管保险金融集团化具有上述种种效用

① 作者：黄小云（1975～），中华保险研究所。

优势，但发挥效用优势必须辅之以一个适当的组织框架。我们认为，金融集团化不应改变以金融为主业，保险金融集团化短期内也不应改变保险主业，也就是以保险为主业，辅以其他相关行业，可以是银行、资产管理等（聂尚君等，2011）。保险业主要优势是风险管理，通过风险管理获取保费收入；劣势是客户需求过于单一，或者客户需求开发没有多元化（史鑫蕊，2012）。如果辅以银行功能和资产管理功能，既能最大化共享客户资源，又能挖掘客户潜力。还可以辅以互联网等非传统金融，用以弥补传统金融短板，甚至切入其他领域。

事实上，保险企业具有客户与资金优势，如何充分利用客户和盘活资金是保险企业未来竞争的关键所在。银行不仅可以和保险企业进行客户共享，也可以增加资金进出渠道；而资产管理更重要在于提高保险资金的利用效率；非传统金融在客户、资金与渠道方面都有重要作用；更重要的是，非传统金融能够为保险、银行等传统金融提供重要的创新经营与管理模式。我们认为目前国内市场上极具典型性首推中国平安组织框架（如图2－1）。

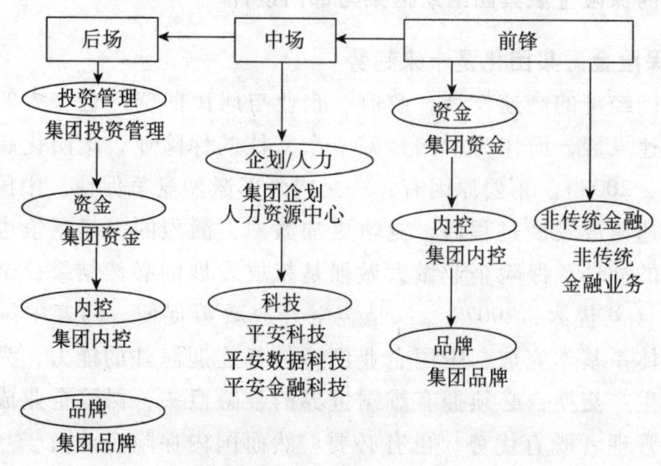

图2－1 平安战车4－2－3－1经营管理阵型

平安组织框架在于以保险为核心主业，以银行、资产管理为两翼，以非传统金融等为拓展的大金融格局。我们认为平安模式是代表现代保险金融集团比较成功的模式，值得借鉴。

（三）保险金融集团化总部部门设置和人员框定

宏观看，保险金融集团需要适当的组织框架，而微观看，部门设计才是公司职能履行的落脚点。我们研究了国内外保险金融集团的组织框架和总部部门设计，单就集团总部职能部门设计来看基本一致。主要有三个层次，一是董事会、监事会和经理层等高管层。二是总经理领导下的经营层。三是提供职能服务的职能部门。我们比较国内保险金融集团总部高管人数发现：国寿集团、太保集团、阳光集团、华泰集团与安邦集团分别为9人，16人、8人、6人与9人。中华控股高管人数8人。我们认为董事会领导下的各种委员会通常应以兼职为主，不设专职。保险金融集团总部多数人员应集中各职能部门，我们比较国内五大保险金融集团总部职能部门，其主体职能部门有（非主要部门视情况设定）：（1）办公室，职能主要为公司日常会议、行政、后勤、综合等事务；（2）人力资源部，职能主要为公司人力资源优化管理；（3）财务管理部门，主要负责公司财务与会计事宜；（4）战略研发部门，主要负责公司战略规划、研究、开发、创新；（5）业务市场部，主要负责子公司业务指导；（6）资产管理部，代表总部负责投资管理指导，履行资金委托人职责；（7）信息技术部，主要负责公司网络维护和信息规划、开发、运维；（8）监察审计部，主要负责公司审计监察工作；（9）风险合规部，主要负责公司风险管理与合规经营；（10）培训部，主要负责员工培训工作；（11）品牌文化部，主要负责公司品牌策划、宣导和企业文化工作；（12）董监事会办公室，主要负责董事会日常工作。各部门若要正常开展工作，建议设置部门正副负责人各一名，员工至少3人（见图2-2，中国人寿部门设计）。

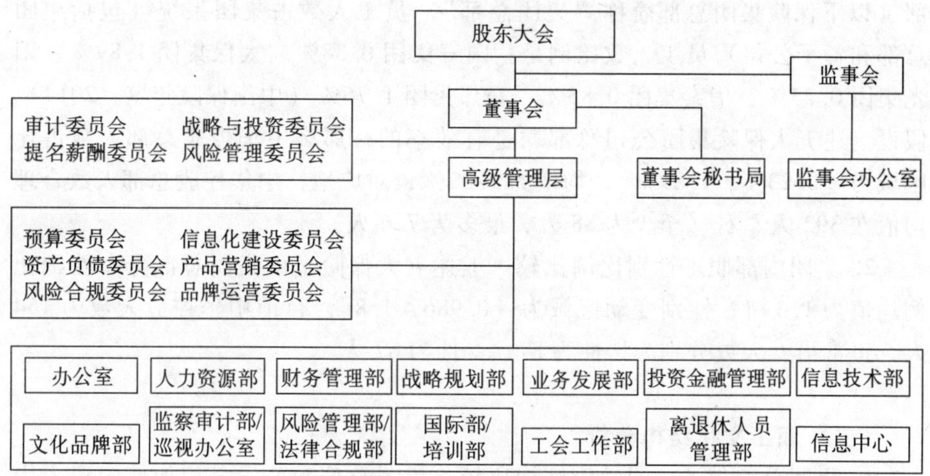

图2-2　中国人寿部门设置

根据以上分析，保险金融集团总部通常部门数在14个左右。

二、国内保险金融集团总部人力资本比较分析

公司效率一定程度上是由人的个体效率构成，但绝不是个体效率的简单相加，因此公司人力资本结构优化很有必要。同一人放在不同的公司环境和

不同的部门岗位，其发挥的效率是不一样的，公司若要取得良好业绩，必须持续进行人力资本建设和优化。

根据数据的可获得性和其他复杂原因，我们选择国寿集团、太保集团、阳光集团、华泰集团与安邦集团五大保险金融集团（采用 2013 年度人力资本数据，数据来源于 2014 年中国保险年鉴，国寿集团、太保集团、阳光集团、华泰集团与安邦集团公司 2014 年年报及各公司网站）作为样本，来研究保险金融集团总部人力资本结构状况。

我们从员工人数、文化结构、专业技术职称与年龄四个方面全面分析，并且每个方面我均从两个视角比较分析：一是集团与子公司之间人力资本结构比较。二是集团内部人力资本结构比较。

（一）职工人数比较分析

这里员工人数仅指在职员工，不包括离退休人员和职工家属。由于我们定义保险金融集团总部主要职责是出于管理和技术服务，不做业务，所以这里的保险集团总部人员仅指集团总部职能部门，不包括业务部门和子公司部门人员。

1. 集团总部与子公司职工人数比较。通过研究发现上述五大保险集团总部（以下保险集团总部简称“集团总部”）员工人数占集团系统（包括集团总部和各子公司）员工人数比例是：国寿集团 0.38%、太保集团 1.89%、阳光集团 0.23%、华泰集团 0.85%、安邦集团 1.76%（中国保险年鉴，2014）。假设上述五大保险集团公司总部均是有效率的，那么中华控股总部人数占比区域为［0.23%，1.89%］，均值为 1.02%，对应地，中华控股总部人数合理均值在 392 人左右（至少为 88 人，最多为 726 人）。

2. 集团内部职工性别比例比较。上述五大保险金融集团总部男女性别比例均值为 1.3∶1；性别变动区域为［0.986，1.8］。目前中华控股人数为 154 人，正常男女人数分别为男性为 87，女性为 67 人。

（二）职工文化结构分析

1. 集团总部与子公司学历结构比较。集团总部和各子公司如何配置人力资本结构，比如具有博士学历的人如何在总公司和子公司匹配呢？我们认为不同的学历结构应在集团总部和各子公司之间进行合理配置，那么如何配置呢？我们统计分析国寿集团、太保集团、阳光集团、华泰集团与安邦集团，其集团总部博士学历配置比例分别为 13.17%、24.07%、26.67%、25% 与 4.85%；硕士配置比例分别为 3.45%、15.74%、4.78%、5.9% 与 26.57%；学士配置比例分别为 0.16%、1.98%、0.24%、0.72% 与 5.9%；专科以下学历分别为 0.02%、0.23%、0.02%、0.33% 与 1.03%（见表 2-1）。

表 2-1　五大集团总部各学历员工占集团系统该学历员工的比例

	博士	硕士	学士	大专以下
国寿集团	13.17%	3.45%	0.16%	0.02%
太保集团	24.07%	15.74%	1.98%	0.23%
阳光集团	26.67%	4.78%	0.24%	0.02%
华泰集团	25.00%	5.90%	0.72%	0.33%
安邦集团	4.85%	26.57%	5.90%	1.03%
平均	18.75%	11.29%	1.80%	0.33%

资料来源：《中国保险年鉴 2014》，中国保险年鉴社 2014 年版，中华保险研究所整理。

从表 2-1 可看出，上述五大保险集团集团总部学历结构差异较大。比如国寿集团总部博士配置比例为 13.17%，约 87% 的博士配置在子公司；与此对应的阳光集团总部博士配置比例为 26.67%。是国寿集团 2 倍。太保、阳光与华泰博士配置在总部集团比例较高，约 1/4 博士在集团总部；安邦约 1/4 硕士配置在集团总部。可以看出，集团总部员工博士、硕士占比显著高于子公司员工中博士、硕士占比。

2. 集团内部人力资本学历结构比较。在集团总部人力资本结构中，不同学历结构占比情况怎样呢？例如国寿集团总部人员中博士、硕士、学士与专科以下占比分别为 9.4%、47.2%、42.2% 与 5.3%，在集团总部人力资本结构中主要以硕士和本科为主，占比近 9 层，博士比例并不高；太保集团总部人员中博士、硕士、学士与专科以下占比分别为 1.1%、29.5%、73.0%、12.6%，其中本科学历占比高达 73%，其他保险金融集团总部以学士以上学历员工为主（见表 2-2）。

表 2-2　大集团总部内部人数学历占比

	博士	硕士	学士	大专以下
国寿集团	9.0%	45.4%	40.5%	5.1%
太保集团	1.0%	25.4%	62.8%	10.8%
阳光集团	4.1%	35.5%	49.6%	10.9%
华泰集团	3.9%	32.5%	50.0%	13.6%
安邦集团	9.0%	45.4%	40.5%	5.1%
平均	5.4%	36.8%	48.7%	9.1%

资料来源：《中国保险年鉴 2014》，中国保险年鉴社 2014 年版，中华保险研究所整理。

（三）员工专业技术职称结构分析

1. 集团总部与子公司专业技术职称比较。集团总部与各子公司在人力资本专业技术职称配置中，如何配比呢？比如国寿集团，具有高级职称人员中，有4.17%配置在总部，其余均配置在各子公司；而华泰集团有13.04%的高级职称配置集团总部，其余配置在各子公司。初级职称配置在集团总部比例较低，大多数配置在子公司（见表2-3）。

表2-3　集团总部员工技术职称占集团系统该技术职称人数比例

	高级	中级	初级
国寿集团	4.17%	0.73%	0.23%
太保集团	7.41%	1.68%	0.39%
阳光集团	2.35%	0.81%	0.36%
华泰集团	13.04%	1.14%	0.85%
平均	6.74%	1.09%	0.46%

资料来源：《中国保险年鉴2014》，中国保险年鉴社2014年版，中华保险研究所整理。

2. 集团内部人力资本专业技术职称比较。在集团总部高级、中级与初级的比例结构如何呢？例如国寿集团总部高级、中级与初级占比分别为37.3%、45.8%与16.9%，八成以上具有中高级职称。建议中华控股总部人力资本技术职称也应以中高级为主，建议中高级占比超过78%（见表2-4）。

表2-4　大保险集团总部内部人力资本专业技术职称占比

专业技术职称结构	高级	中级	初级
国寿集团	37.3%	45.8%	16.9%
太保集团	16.7%	63.1%	20.2%
阳光集团	29.4%	41.2%	29.4%
华泰集团	60.0%	20.0%	20.0%
平均	35.9%	42.5%	21.6%

资料来源：《中国保险年鉴2014》，中国保险年鉴社2014年版，中华保险研究所整理。

（四）职工年龄结构分析

1. 集团总部与子公司人力资本年龄结构比较。集团总部与各分公司人力资源年龄结构配置比例也不尽相同，例如国寿集团，总部35岁以下配置比例为0.16%，约99%配置在子公司；安邦集团35岁以下配置在集团总部达到6.34%，其余约94%配置在子公司，其他保险金融集团配置如表2-5所示。

表 2-5　集团总部员工年龄段人数占集团系统该年龄段人数的比例

	35 岁以下	36~45 岁	46 岁以上
国寿集团	0.16%	0.11%	0.52%
太保集团	1.55%	0.95%	1.02%
阳光集团	0.15%	0.23%	0.37%
华泰集团	0.54%	1.10%	1.38%
安邦集团	6.34%	4.93%	3.38%
平均	1.75%	1.46%	1.33%

资料来源：《中国保险年鉴 2014》，中国保险年鉴社 2014 年版，中华保险研究所整理。

2. 集团内部人力资本年龄结构比较。在保险集团总部内部，各年龄段比例也不一样，例如国寿集团，35 岁以下占比 50.7%，46 岁以上占比高达 26%，总部集团年龄结构偏大。而对应的安邦集团，35 岁以下集团总部占比高达 73.9%，46 岁以上占比仅有 5.2%，总部人员 95% 是中青年以下，集团总部年轻化（见表 2-6）。

表 2-6　保险集团内部人力资本年龄结构占比

	35 岁以下	36~45 岁	46 岁以上
国寿集团	50.7%	23.3%	26.0%
太保集团	70.6%	20.3%	9.2%
阳光集团	60.3%	24.4%	15.4%
华泰集团	44.6%	41.1%	14.3%
安邦集团	73.9%	20.9%	5.2%
平均	60.0%	26.0%	14.0%

资料来源：《中国保险年鉴 2014》，中国保险年鉴社 2014 年版，中华保险研究所整理。

第三节　保险集团风险治理模式分析[①]

一、保险集团风险识别与治理模式匹配

（一）保险集团风险识别

保险集团面临着主观与客观两类风险。客观风险主要由客观因素形成，

① 作者：黄小云（1975~），中华保险研究所。

包括法律风险、监管风险等企业只能面对，不能回避的风险。而主观风险主要由于企业本身因素造成，包括财务风险、关联交易、利益冲突与管理风险。本文所识别风险界定为主观特殊风险。[①] 保险集团为应对上述主客观风险，特别是监管风险，在其发展演变过程中，逐步形成与其发展不同阶段相适应的风险管控模式。

鉴于我国金融分业经营、分业监管的现状和保险业整体风险治理水平，我国保险集团风险管控的组织架构与管控模式遵循从无权到相对集权、再到适度放权的渐进改革思路，即先采用管控力度适中的风险管控组织架构，如间接管理方式下的策略管控型等，再逐步过渡到管控力度更宽松的其他间接风险管控组织架构，同时积极探索具有中国特色的风险管控组织架构。[②] 在这一思路指导下，中国保险集团发展大体经过三个阶段，与之相适应的采取三种不同的风险治理模式。

（二）保险集团风险治理模式匹配

第一阶段：成本可控、业绩成长风险治理模式。2010 年《保险集团公司管理办法（试行）》出台前，国内保险集团主要战略目标就是业务扩张，做大规模。集团公司为了激活子公司扩张动力，采取权力下放，尽量给子公司更多权限和经营空间，对于风险治理相对宽松，集团公司在控制总体综合成本率不高的情况下，更注重子公司等分支机构的市场占有率和保险主业资产规模增速。也就是这一阶段集团公司采取成本可控、业绩成长风险治理模式。

第二阶段：综合经营、利益平衡风险管控模式。《保险集团公司管理办法（试行）》出台后，明确规定保险集团公司可以逐步进行多元化战略。保险集团公司为摆脱单一经营保险陷入风险集中困境，集团公司根据各自优劣势，选择性进入银行、资管与证券等特定金融领域，积极开展多元化经营战略，达到了节约成本，提高经营效率的效果。但是这一综合经营阶段，对子公司绝对控股，集团公司内部风险管控比较严格，以压缩综合成本、削减管理费用、推进业务增长方式转型，从而达到平衡子公司间利润增长的目的。也就是这一阶段集团公司采取综合经营、利益平衡风险管控模式。

第三阶段：财务投资、资本运作风险管控模式。这是保险集团公司风险治理最高级形式。采取这种形式的保险集团，不再一味追求子公司业务协同效应，而是转而财务投资为主，构建行业间更加广泛的投资组合，集团公司以投资回报率作为唯一标准，大力调整集团内部子公司的业务结构，将投资

① 刘翼广："我国保险集团的特殊风险分类与建议"，《上海保险》，2010（5）。

② 舒廷飞：《中国保险集团公司风险管控研究》，西南财经大学博士论文，2007 年 10 月。

收益率低、利润贡献少、综合成本率高的子公司或者业务剥离，也可以提供对外并购等多种方式优化集团公司资产，提升保险集团整体投资收益。这一财务投资运作阶段，集团公司更多地采取外部并购方式实现规模扩张，集团公司对子公司以控制权投资为主，采取间接的股权结构、人力资本、财务审计与资本运作等方式，更多关注在各行业投资的财务风险管控。也就是这一阶段集团公司采取财务投资、资本运作风险管控模式。

二、保险集团风险治理组织架构与因素分析

鉴于我国保险集团产生发展的复杂性、多样性，很难有绝对普遍适用的风险管控组织架构与固定的风险管理模式。各家保险集团只能结合自身发展重点和风险管控水平，吸收各种风险管控组织结构的优点，选择符合自己特点的组织架构与风险管理模式，确保有效管控整体风险。但是现阶段，国内保险集团公司大多已经发展到第二阶段与第三阶段之间，即将进入保险集团公司第三阶段，即高级阶段。这一阶段集团公司采取财务投资、资本运作风险管控模式（见图2-3）。

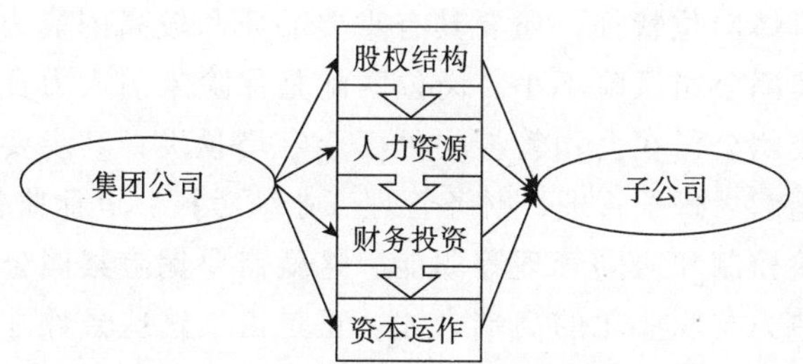

图2-3 保险集团风险治理四维度框架图

（一）股权结构治理

股权结构是公司治理结构的基础，公司治理结构则是股权结构的具体运行形式。不同的股权结构决定了不同的企业组织结构，从而决定了不同的企业治理结构，最终决定了企业的行为和绩效。① 保险集团由于组织结构复杂决定其股权结构比较复杂，导致股权结构安排存在不少问题。其中主要包括：（1）国有控股保险集团股权结构存在的主要问题；（2）股份制保险集团股权结构存在的主要问题；（3）保险集团公司与内部子公司的关系及其存在的问题。国有控股保险集团股权结构存在的主要问题是国有股权过度集中和国有产权代表自然人缺失从而导致的委托代理问题。股份制保险集团股权结构存

① http：//baike. baidu. com/link？url = MobAAy - 4N30jJOYwyrzkYJ_xxxRuizjicyZvU1wjLM_X0NIWf - nBSGVVa2EXfYDrzMdqAn1E1Wvq6oNWVEiFja.

在的主要问题是由于国有股一股独大导致的内部人控制问题严重。保险集团公司与内部子公司的关系及其存在的问题主要是集团公司对子公司管控较弱，未能通过集团内部合规的关联交易，有效发挥协同效应，实现子公司间资源整合，而仅仅在一定程度上成了控股子公司的“挡箭牌”，借此实现一些既定的政策目标。部分国有保险集团在各自的子公司上市后，集团公司主要清理子公司不良资产，对子公司的管理基本仅限于每年将子公司转过来的信息上报至监管部门，而控股或集团公司的财务部门也只是帮助子公司完成一些申报手续工作。①

（二）人力资本治理

企业的发展最终落实到人，人是企业生存和发展的基础。然而正是由于人力资本本身存在生命风险、决策风险与违约风险等许多风险，因而人力资本风险管理才成为公司风险管理的一项重要内容。保险集团公司人力资本风险管理主要体现在以下几个方面：一是错误选择导致集团公司风险增加。保险集团公司人力资本选择是至关重要的，因为选择人力资本不仅要适应集团公司的文化和具体岗位特征，还要具有重要品质和较高的能力成长性。二是不当匹配导致集团公司风险不小。岗位匹配是保险集团人力资本风险重要方面，由于保险集团公司在公司管控中处于金字塔顶尖，其主要职能侧重于战略管理、资本运营、班子管理、财务管理、业绩考核、审计监督、品牌建设、文化构建、风险控制和协同管理等职能。这就需要保险集团公司总部具有更加专业化、创造力与职业化的高端人才，正是由于这些条件才导致人力资本匹配较为困难，匹配风险较大。三是激励不当加大集团公司风险。公司激励约束机制是以员工目标责任制为前提、以绩效考核制度为手段、以激励约束制度为核心的一整套激励约束管理制度。恰如其分的激励约束机制的实施在提升企业员工的生产经营积极性的同时，还会规范员工的行为，从而促进企业经济社会效益的提高。相反，不恰当的激励约束在压制员工生产经营积极性的同时，也还会助长员工的偷懒及其他不利于企业发展的行为，从而制约企业的进一步发展。因而保险集团公司激励约束存在较大风险，激励不当加大集团公司风险。

（三）财务审计风险治理

保险集团风险主要包括传递性风险、关联风险和集团其他实体带来的风险。保险集团财务风险通常包括融资风险、投资风险、资金运营风险、资金

① 毛颖、舒廷飞：“股权结构对我国保险集团公司管控的影响分析”，《西南金融》，第 322 期。

回收风险和收益分配风险。由于风险具有传递的特征，而企业集团的财务风险与外在的经济风险之间是多层次、多途径传导和扩散的过程，而随着我国保险集团化的发展中财务管理的风险危机问题却日益严重，主要有以下原因：首先，是影响保险集团财务风险的外部因素，主要包括国际环境风险、经济环境风险、市场环境风险、监管不力、技术风险、自然现象灾害风险等。其次，是影响保险集团财务风险的内部因素，有多级法人治理结构，集团治理结构不健全；集团子单元战略和整体战略的冲突；集团风险管理能力差，集团公司多级产权主体过度担保和融资；缺乏有效的预警体系和风险防范机制。而在财务风险发生的机理中，外在的系统性风险总是存在的，经济也总会存在周期，真正能够控制的风险源头，还是存在于集团内部。①

（四）资本运作风险治理

资本运作是指以资本增值最大化为根本目的，以价值管理为特征，通过企业全部资本与生产要素的优化配置和产业结构的动态调整，对企业的全部资本进行有效运营的一种经营方式。资本运作可以通过纵横向扩张模式达到资源整合，价值快速扩张的目的，被现代企业，包括保险集团公司使用比较频繁的工具。然而，资本运作本身具有不确定性导致风险高企，所以，加强保险集团资本运作治理风险体系十分必要。②

三、保险集团组织架构与风险治理基本对策

国内保险集团公司可以借鉴国外风险管理成熟经验和做法探索并建立起符合我国国情的策略管控型集团风险管控的基本框架与风险管控模式，主要从以下四个主要方面来把握：

（一）重视股权风险的管控

优化股权结构，提高集团公司风险管控效率。可以通过定向不定向方式，向境内外战略投资者增发股票；也可以通过发行债券包括可转债、基金等方式，吸引投资者购买；还可以实施员工持股计划或权激励计划，引进民营股东，进行混合所有制改革，从而达到优化集团公司股权结构，提高企业风险管理效率。

---

① 唐兹睿：《我国保险集团之财务风险管理研究》，西南财经大学硕士论文，2011 年 8 月。

② http：//baike. baidu. com/link？ url = zH2Fk4Ao_W4kf00z8 - QPtO0TBJlYi - wadhAcjRhy0gDIXmNjlAQlHSUMWmB4Px1ug4UUNuSSEX - WBbu2eVVz3K.

（二）加强人力资源风险管控

1. 对不同类型保险集团实行差异化管理。对不同类型保险集团的人力资源风险实行差异化管理是加强人力资源风险管控的基本手段。具体有：（1）对于上市保险集团。上市保险集团可以利用资本市场竞争效用，通过股票期权等方式协调高管、股东、公司利益，减少内部人控制风险。（2）对于非上市保险集团。由于非上市保险集团缺乏资本市场外部约束，加强攻势法人治理结构建设增加董事会中外部董事和独立董事的比例，增加保险集团董事和高管兼任子公司的重要职位。（3）拟上市保险公司，应在资本市场和公司制度约束下，增加人为操作违规的惩罚成本。①

2. 完善考核制度。一方面考核要营造一个公平公正公开的评估环境。最大限度激发员工潜能有效激励是必需的。实现有效激励必须有公平、公正与公开的市场评估环境和科学的评估方法。公平要做到一视同仁；公正要做到评比方法科学有效；公开要做到所有程序、事情尽可能公开透明。另一方面考核要制定一个简单便于考核的考核指标。因为考核必然涉及考核指标，考核指标是考核制度的具体落实。科学有效的考核需要制定合理的考核指标，而合理的考核指标既不能太复杂而成本过高，也不能太过简单不能反映评价效果，适度的考核指标是必要的。

3. 改革保险集团薪酬体系。利用人力预算及薪酬杠杆，实现资源在集团内的最佳配置，保持企业的薪酬具有较强的竞争力。比如可以开展定期薪酬调查，重点参照国内外保险同行金融机构薪酬。也可以按照分级管理的原则，对各子公司的薪资实行总量管控。子公司在集团确定的薪酬制度和政策框架内，根据自己实际情况制定薪酬体系，报集团审核后执行。

（三）优化财务风险管控体系

1. 实行财务负责委派制，加强母子公司财务系统统一性。首先委派各公司财务负责人。子公司财务负责人由集团任命，对集团负责，不对子公司负责；其考核由集团总部执行，保证财务负责人不受制于子公司牵制，独立开展工作，加强子公司财务会计工作管理，保证全系统的财务体系具有统一性、连贯性的财务管控手段。

2. 加强对子公司合规审计，构建多层次财务风险管控体系。在集团财务部主导、合规部与检查审计部门协同作用下，总公司全系统形成三级财务管理分成体系，全面实施财务风险管理。第一层由本母子公司业务管理、财务、

① 舒廷飞：《中国保险集团公司风险管控研究》，西南财经大学博士论文，2007 年 10 月。

精算、投资等部门组成，对公司保费、准备金、资金管理、资本运作与资产处置各级风险进行诊断、评估与预警。第二层由各级内控合规部组成，公司从集团总公司层面建立合规考核问责制度。（1）推动内控合规考核指标纳入绩效考核。“合规从高层做起”，重点强化内控合规风险工作“一把手”责任制，将内控合规纳入绩效考核体系，督促各级机构、部门负责人履行好风险合规“第一位”的责任。（2）推动问责制度落实，做好问责工作日常管理。对于负面影响大、涉及面广、可能引发系统性风险的案件，由集团牵头，组织开展调查和处理。对全系统违法违规责任人的问责落实情况进行监督，确保问责落实到位。（3）推动审计检查发现的内控缺陷整改完善。根据内部审计部门检查发现的内控缺陷，配合审计部门推动责任部门开展缺陷整改和完善工作。

3. 严格执行预算管理，实现管理从事后向事前转换。实行全面预算管理制度，由财务部和精算部统一负责公司和各专业子公司业务规划统筹制定，在预算编制、审核、考核等方面，形成了一套完整的制度。在费用管理方面，推行费用全面预算管理，各专业子公司都制定并实施相应的财务权限管理办法，明确各层级人员的审批权限，通过在财务系统中增加预算管理模块，按科目的可控性，采取不同的管理方式，实现风险管理从事后向事前转换。

4. 转变审计理念，发挥审计平台风险预警功能，实现审计理念转换，坚强风险管理。（1）由主导监督主导审计，向服务主导型审计转变；（2）由财务报表为中心的财务审计，向以内部控制为中心的管理审计转变；（3）由事后审计为主，向事前、事中审计偏重转变；（4）审计资源高度统筹利用，实现集信息高度集中；（5）建立一体化体系，实现审计资源优化利用。保险集团公司的内部审计建立监督、评价和建议一体化的审计平台，实现审计资源的集中管理与优化利用。

（四）精心实施资本运作

资本运作是当代企业做大做强不可或缺的手段，通过资本可以迅速运作扩张规模，也可以迅速剥离不良资产，收缩企业战线。一方面是资本扩张。通过横向扩张减少竞争者数量，增强集团公司市场支配力。通过纵向扩张，延伸集团公司产业链条，提供公司对市场控制力。另一方面是资本收缩。资本收缩是公司对其规模或主营业务范围而进行的重组，其根本目的是为了追求企业价值最大以及提高企业的运行效率。收缩性资本运营通常是放弃规模小且贡献小的业务，放弃与公司核心业务没有协同或很少协同的业务，宗旨是支持核心业务的发展。实施资本收缩主要通常通过资产剥离、公司分立、分拆上市与股份回购等方式实施。

第四节 保险公司的创新驱动战略[①]

创新是推动一个国家和民族发展的重要力量，也是引领整个人类社会前进的不竭动力。面对全球新一轮科技革命与产业变革的重大机遇和挑战，公司必须加快实施创新驱动发展战略，才能在激烈的国内外市场竞争中立于不败之地。从中华保险系统的实际出发，深入研究与加快推进创新驱动战略，已成为重大而紧迫的任务。

一、保险金融创新战略的背景

（一）国家提出创新驱动发展战略

党的十八大明确提出实施创新驱动发展战略。习近平总书记指出我国经济要加快从要素驱动、投资规模驱动发展为主向以创新驱动发展为主的转变。创新驱动的本质是指依靠自主创新，实现经济社会全面协调可持续发展和综合国力不断提升。坚持创新驱动已成为新时期我国经济社会发展的客观要求，也成为指引包括保险金融行业在内的国家发展全局工作的重大战略部署。

中共中央、国务院《关于深化体制机制改革加快实施创新驱动发展战略的若干意见》要求，强化金融创新的功能，发挥金融创新对技术创新的助推作用，形成各类金融工具协同支持创新发展的良好局面。着重指出，要加快发展科技保险，推进专利保险试点。可见，深化服务国家创新驱动发展大局已成为保险行业肩负的重要职责与历史使命。与此同时，保险行业也必须深入贯彻创新驱动战略，加快推进自身的金融创新进程。

（二）“互联网 +”促进保险金融创新

近年来，我国互联网保险始终保持高速增长。2014 年，互联网保险实现保费收入 859 亿元，同比增长 195%。互联网渠道保费规模比 2011 年提升了 26 倍，对保费增长的贡献率达到 18.9%。目前，已经有 95 家公司通过自己网站及第三方建立了专业网销平台，超过了现有机构数量的 60%。互联网保险已然成为推动保险业创新发展的重大趋势。

随着互联网和移动通信技术持续进步，互联网金融快速发展。以互联网支付、P2P、众筹等为代表的新模式已渗透到老百姓的日常生活中。保险业乘势而为，以互联网为载体，不断创新产品服务，取得了重要突破和进展。国

① 作者：苏强（1974 ~），中华保险研究所。

务院《关于积极推进“互联网+”行动的指导意见》与保监会《互联网保险业务监管暂行办法》，将对未来全行业积极投入互联网新浪潮，运用信息技术推动保险业创新起到至关重要的引领作用。互联网金融发展是一场速度的较量，更是一场创新的争锋。保险业要想真正把握住这一趋势，必须认清形势，把握与顺应互联网保险的创新本质。

（三）保险公司亟待创新战略落地

全面启动与系统推进保险公司创新战略具有极其重要的意义。一是深入贯彻落实国家创新驱动发展战略的必然要求，全面服从与服务于经济、社会的转型升级与创新发展。二是积极应对日趋激烈的市场竞争的客观要求，加快布局互联网保险产业链和价值链。三是探索构建保险公司核心竞争力的战略举措，在借鉴同行业创新发展经验的基础上，结合自身实际资源条件，积极稳妥地推进保险公司创新战略落地。

二、保险金融创新战略的内涵与要素

（一）金融创新的概念与分类

保险是现代金融的三大支柱之一，保险创新战略属于大金融创新的范畴。对金融创新的定义源自于著名经济学家熊彼得的创新理论。熊彼得认为，创新是把一种前所未有的关于生产要素的“新组合”引入生产体系当中，形成新的生产能力。由此，金融创新就是在金融领域内，对各种金融要素进行重新组合和创造性变革，从而建立“新的生产函数”，以满足社会和自身需求的活动。

金融服务业的创新可分为金融服务内容创新和服务产品创新两大类。金融服务产品创新主要指金融衍生品的开发，指金融工具的核心概念发生的变化，例如，对冲基金的出现。而金融服务创新是指提供给客户的服务内容发生了变化，包括服务过程、服务形式等，例如，银行业中 ATM 机的使用，以及网上银行的出现等。保险创新作为金融创新的一种，也受到外部与内部两个方面的影响。

（二）金融服务创新的外部影响要素

从外部看，金融企业所面临的时代环境和外部因素对企业创新产生了重大的影响。一是技术：1970 年代美国银行业新技术的采用和扩散与市场结构的变化密切相关，一般认为新技术的采用是导致金融创新的主要因素。二是货币环境：金融创新可以作为抵御通货膨胀和利率波动的产物而出现。三是制度变化：制度经济学派认为任何因制度改革而引起的金融体系变动都可以视为金融创新。

（三）金融服务创新的内部影响要素

从内部看，由于服务具有无形性、不可储存性、制造与使用的同时性等特征，使得服务创新的影响要素与制造企业具有较大区别。一是项目目标：服务内容具有无形性、同时性等特征，因此在新服务内容的开发过程中，目标的清晰与否对企业创新的成败起到了重大的作用。二是团队互动：由于服务产品具有无形性与同时性等特征，使得在创新过程中团队内部、团队与客户之间的互动成为了影响创新的影响因素。三是知识：因金融业属于知识密集型服务业，专业技术、流程、知识的学习与应用对创新效果极其重要。四是信息储存与处理：在高度强调互动的服务创新项目中，信息的有效流通、处理和管理对创新的成败也产生了举足轻重的影响。

要在准确把握保险金融创新的概念分类与影响因素的基础上，密切结合公司自身实际情况，从而系统分析和科学制定公司系统创新战略的切入点与总体规划。

三、推进保险公司创新战略的思路

保险公司创新战略的目标，就是从用户需求出发，通过自己独特的资源，提供别人无法取代的、具有压倒性竞争优势的产品与服务。主要包括：

（一）培育浓厚的创新型文化

1. 创新型文化是建设创新体系的前提与基础，是创新的理念。鼓励全体员工在工作中更主动、自主并且富有创造性。同时，倡导员工不能一味模仿和跟随别人，而是要努力创造出自己独特的东西。

2. 要建立宽容探索失败的氛围。因为创新本质上是一个不断试错的过程，其间需要不断摸索与改善方式方法，所以包容创新失败的态度是这个创新环境的关键要素之一。

3. 公司领导发挥倡导作用。领导者要提出方向性的指导原则，为创新相关活动设置流程，并通过其影响力引导创新发展。特别是要求领导者敢于质疑现状，而非维护现状。还要快速地做出决策，而非过分谨慎、议而不决。

4. 打破传统行业界限的藩篱。在当今的商业环境中，行业之间的界限正在迅速模糊，跨界融合创新成为发展趋势。在保险行业来看，创新的眼光不应局限于传统的保险公司，相关联行业同样可能成为竞争对手或合作伙伴。

（二）明确创新战略的方向

从战略角度看，创新方式可归为两大类：一类是“核心创新”，寻求在原有业务框架内完善产品和服务、优化内部运营。另一类是“新增长创新”，通过改变商业模式、找到新客户群或进入新市场，建立新的增长方式。

前者的目标是强化核心业务，创新项目应紧贴现行战略，并在组织结构大框架内运行。往往需要大规模投入，并能在较短周期内带来显著回报。后者的目标是追求新价值增长，创新项目包括向现有客户提供新产品或补充产品、进入相邻品类或相邻地域市场等，不断拓展企业战略边界。当传统核心业务盈利能力不能达成预期目标，企业更需要通过后者寻找利润新增长点。

在创新战略的顶层设计上，要充分认识到两者的差别，在两者之间进行合理资源配置，并采取各自适宜的创新组织模式。一方面要运用“核心创新”方式，巩固现有核心业务；另一方面运用“新增长创新”方式，大力开发新产品、新市场。

（三）把握重大的战略机遇

宝洁、谷歌、苹果等精于创新的企业都有完善的流程，按短期和长期增长需要协调发展各类创新。要高效利用有限资源，引导创新参与者将工作热情投入到几个重点战略机遇区上。这些战略机遇区应契合新增长需求，并帮助企业显著缩小与增长目标间的差距。

通过市场调研、拜访客户，了解未满足的需求，寻找新增长创新的基础；还应调查本行业及相邻行业的最新发展动态。此外，应充分关注本企业内部已经出现的新增长创新萌芽，发现此前未得到高层重视的战略目标。重点关注三个战略机遇区：很多潜在客户有某种共同需求，而市场上没有很好的解决方案；因经济、监管、社会环境出现重大变化，而新产生的市场需求；本企业拥有某些难以复制的特殊能力或资源，能抢先抓住的某些市场机遇。

推进创新驱动战略，需要通过明确战略机遇区，能把此前可能处于边缘的创新举措引入组织的战略中心，从而集中有限创新资源，投入最有价值的潜在创新领域。

（四）确立有效的创新战略

1. 以客户需求为出发点。追求为客户创造出全新的体验，要求公司深入了解顾客需求，运用自身的资源技术优势，提供精心设计的客户体验与全面问题解决方案。

2. 聚焦于创新核心领域。关键在于发现并始终关注本公司的创新核心，持续努力才会取得成就。如爱普生公司始终认为打印机的打印头是公司的核心竞争力所在，始终通过打印头领域不断创新，有效巩固自身的核心优势。

3. 完善创新纠错机制。在创新目标推进过程中，适时进行评估总结，如果发现方向错了就不断及时进行纠错，确保创新战略方向尽可能不出现偏差。

4. 小步快走的推进方式。研究表明，国内外创新成功的企业很少采用大规模重组、大面积裁员等激进式疗法，而是实施持续不断地调整和优化企业资源配置。

（五）采用灵活的创新组织模式

创新实践表明，国内外企业创新存在着多种创新组织模式可供借鉴，风格迥异，各具特色。选择何种模式要切合企业创新实际需求，以提高创新成效为根本目标。主要有以下四种模式：

1. 内部市场模式。这是一种高度集中的模式，创新的文化与理念已经融入了企业的各个层面。各种思想能够充分交流，各个团队与每名员工都有责任推动创新。高通公司就是范例，倡导的理念是："无论你在做什么，我们通往创新的前程始终与你密切相关"。

2. 内部集中模式。赋予公司内部某一特定群体肩负起创新的重任。这个特别的团队要具有深厚的行业知识，可以采取非常规的工作流程，并能方便获取各种公司资源。梅奥医疗集团率先创立的 SPARC 创新项目是一个成功案例。

3. 异地创立模式。在远离公司总部的区域建立创新研发中心，主要从事创新理念、产品雏形以及评估创新的专门活动。这个团队可以拥有独特的文化和自由，可以采用独立的工作流程，并得到公司资源的有效支持。波音公司正是采用这一模式开发波音 787 中型梦幻客机的。

4. 合作伙伴模式。通过几家企业建立长期或短期的合作关系，有针对性地高效利用多元化能力，获取广泛资源，开展知识转移，并分担风险和成本。如苹果和耐克公司合作推出了一系列产品，如关联 ipod 感应器的 Moire 运动鞋。

第三章　互联网保险前沿

第一节　全球互联网金融发展现状及趋势[①]

伴随着互联网在全球范围内快速发展，其对传统行业的渗透日益加深，跨界融合成为行业发展的重要特征。互联网不仅在技术层面为跨界融合提供手段基础，更在观念层面提出产业发展的全新诠释——“互联网+”成为催生变革、创新模式的思想源泉。

互联网金融正是互联网与金融产业相互融合的产物。不论源于传统金融产业的“+互联网”，还是互联网产业的“+金融”，跨界融合的时代动力辅之以金融脱媒加速、金融混业放开、利率市场化推进的环境机遇，使得互联网金融具备了坚实的存在基础、完备的动力机制和颠覆传统金融产业的巨大潜力。

在此背景下，互联网金融自20世纪90年代诞生于美国以来，迅速在全球范围内渗透、扩张、成长。互联网金融是互联网技术和思维对传统金融的深刻改造，其带来的融合与创新不但颠覆了传统金融行业的竞争态势和经营模式，也必将成为重塑金融格局、推动金融体系变革的重要力量。

一、互联网金融概述

（一）互联网金融的界定

关于互联网金融的定义各界表述不尽一致，主要分歧在于其产业定位。一种观点认为其没有超越金融产业边界，是传统金融的互联网化，或者说其只是嵌入信息化特征的金融产业（+互联网）；另一种观点则认为其是互联网理念下以全新资源（互联网、信息）、技术基础（大数据、云计算）和金融模式（独特产品和组织）为表现的全新产业。但有一点已经成为共识：互联

---

① 作者：苏强（1974~），中华保险研究所；潘江玲（1974~），工信部中国电子信息产业发展研究院。

网金融的核心是互联网技术和金融业务进行全面交互、关联、延展和创新而产生的一种新型金融模式。

互联网金融是传统金融行业与互联网信息技术，特别是搜索引擎、移动支付、云计算、社交网络和数据挖掘等相结合而产生的新兴领域，是借助网络技术实现资金融通、支付和信息中介等业务的创新型金融模式。互联网金融产生和存在的独特市场意义在于其更加关注长尾市场，极大拓展了传统金融的市场空间。

（二）互联网金融的产生

互联网金融起源于互联网商业化应用最早、金融体系最为完善的美国。佣金自由化、金融混业经营放开引发的金融创新和互联网技术不断成熟带来的互联网商业化进程推进，共同催生了互联网金融的产生。1995 年美国成立了全球第一家纯互联网银行——SFNB（Security First Network Bank，安全第一网络银行），标志着互联网金融的正式诞生。随后几年，互联网金融开始在欧洲、日本以及亚洲一些国家和地区逐渐兴起。

传统金融和互联网在美国融合最早，发展程度最高，应用范围最广、体量规模最大，相关创新也最集中。因此，美国互联网金融发展的标志性事件即可以反映互联网金融的诞生和发展史：

1995 年，全球第一家网络银行 SFNB 在美国诞生。

1997 年，bankrate 最早推出金融网销业务。

1999 年，美林银行推出基于 ML direct 的网上交易。

2000 年，第一家美国本土互联网银行 BOFI 开业。

2005 年，全球第一家网上货币市场基金 PAYPLE 成立。

2007 年，全球最知名 P2P 平台 lending club 成立。

2009 年，全球最大众筹平台 kickstarter 成立。

2012 年，JOBS 法案开启了股权众筹融资的合法化进程。

中国互联网金融发展热潮始于 2012 年，并于 2013 年、2014 年进入爆发式增长时期，发展规模急剧扩大并对传统金融业形成极大冲击，因此引起社会民众、企业界、投资界、监管机构乃至各级政府的高度关注。据艾媒咨询发布的《2015 年中国互联网金融市场研究报告》数据显示，2014 年底，中国互联网金融用户规模达 4.12 亿；预计 2015 年中国互联网金融用户规模将达到 4.89 亿。

（三）互联网金融的主要模式

目前，全球范围内互联网金融主要模式主要包括两大类：互联网企业所主导的金融创新模式和传统金融企业主导的互联网化模式创新。前者包括互联网支付、P2P网络借贷、众筹融资、供应链金融等主要形式，后者包括互联网银行、互联网证券以及互联网保险等形式。我国与欧美国家互联网金融的主要模式大体一致，但在互联网直营银行、直营保险和在线折扣券商等纯线上模式方面，国外已经形成一定规模，而我国目前还尚处在起步摸索阶段。

1. P2P网贷。P2P（peer-to-peer）是一种依托互联网平台，将分散的个人的资金集中起来发放给有资金需求的个人和企业，平台的盈利来源于撮合交易的手续费、服务费和管理费的模式，具有普惠金融的典型特征。P2P的运作又分为三种模式：基于大数据分析的纯线上模式如国内的拍拍贷，平台只起信息发布作用的线下模式如爱投资，线上线下结合模式（O2O），如陆金所和人人贷。P2P行业诞生原因主要在于现有金融体系服务小微企业和中小个人投资者的效率不高，而互联网渗透率的提高推动了居民在线金融的生活习惯。

2. 众筹。众筹是指项目发起者利用互联网的社交网络传播特性，集中多种小额公众资金的一种融资方式。筹资人预先设定项目筹资目标，依托互联网众筹平台在约定的期限内为其发起的项目向出资人融资，每位出资人通过少量的投资金额从筹资人那里获得实物（比如预期产出的产品）或股权回报，到期完成筹资目标则项目开始运作，反之项目取消。众筹平台的收益来源于筹资方的交易手续费、增值服务费、流量导入费以及营销推广费。众筹按投资回报方式可分为奖励众筹、股权众筹、捐赠众筹和债权众筹。与传统融资模式相比，众筹具有融资门槛低、与市场结合紧密、注重创意创新以及依托众筹平台等特点。但值得注意的是，目前国内股权众筹尚存合法性问题。

3. 互联网支付（第三方支付）。互联网支付是指通过计算机、手机等互联网终端设备，依托互联网发起支付指令、转移资金的服务，其实质是新兴支付机构作为中介，利用互联网技术在付款人和收款人之间提供的资金划转服务。互联网支付机构的收益既包括有形的服务收益（接入费、服务费、佣金以及沉淀资金的利息），还包括客户资料与信用数据积累等无形收益。作为互联网金融的重要组成部分，其支付效率和用户体验对互联网业务拓展有着直接影响。基于其所具有的互联网金融基础设施（入口）属性，互联网支付对一系列互联网金融业务的开展和模式的创新具有重要影响。近年来国内互联网支付发展迅速，支付宝、财付通等典型代表发展迅速。

4. 大数据金融。大数据金融是以互联网平台和数据为依托，将传统的抵押贷款模式转化为信用贷款模式。从运营模式来看，目前大数据金融的典型模式有两种，即平台自营模式和供应链金融模式。

平台自营模式是指电子商务平台企业通过云计算来对交易数据、用户行为等大数据进行实时分析处理，形成网络商户在电商平台中的累积信用数据，进而提供信用贷款的金融服务。国内以阿里小贷为典型代表。这种方式具有效率高、成本低、风险低等显著优势（目前，阿里小贷服务超过了 250 万用户，贷款余额接近四千亿元，网上平均借款期限只有 127 天，坏账率仅 1%）。

而供应链金融模式则是指供应链中的核心企业依托所处产业链地位，充分整合供应链资源和客户资源而为产业链中相对弱势的中小企业提供基于真实交易的融资服务的金融模式，国内以苏宁云商、京东商城为典型代表。供应链金融本质是依托互联网实现物流、商流、资金流、信息流多流合一，有助于降低整个供应链系统成本，盘活非现金流动资产。

5. 互联网银行。互联网银行是不设立实体分支机构，完全通过互联网开展业务的银行。银行以大数据分析为核心，完成“流量导入——大数据分析——征信授信”的业务流程，通过覆盖长尾市场大幅拓宽了银行的客户边界，是传统银行努力围绕销售渠道和服务方式进行转型的结果。在国内，作为传统银行目前转型中最主要的尝试方向，直销银行是银行业推进互联网金融战略的一个主要选择，尤其对于不具有网点优势的股份制商业银行和城商行而言，具有较强吸引力。

互联网银行早在 1995 年就已经诞生于美国，但国内发展较慢，2015 年 1 月 18 日，深圳前海微众银行试营业，成为国内首家互联网民营银行。随后，依托蚂蚁金服和阿里巴巴的浙江网商银行于 2015 年 6 月 25 日在杭州开业。

6. 互联网保险。互联网保险是依托互联网，聚焦于社交化营销、场景化险种设计、便捷化投保、全景化风险评估、差别化定价的新型保险运作方式，具有迎合消费习惯碎片化需求，客户黏性较高，重复购买率高、定价精确、大幅降低渠道成本等显著优势。

互联网保险最早出现在美国（美国国民第一证券银行首创通过互联网来销售保险单），目前，美国部分险种网上交易额已经占到 30%—50%。从国内来看，近年来互联网保险虽然呈现规模增长快、参与主体日益增多的趋势，但市场渗透率依然较低，2015 年上半年互联网保险保费占行业总保费的比例为 4.7%。我国第一家获得互联网保险牌照的是众安保险，今年又有三家获得牌照，分别是易安财产保险公司、泰康在线财产保险公司和安心财产保险公司。

7. 互联网证券。狭义的互联网证券是指券商通过互联网进行网上开户、网上交易、网上资金收付、网上销户等业务环节，应该说狭义的互联网证券属于金融网销的范畴。广义上讲，互联网证券还意味着券商、金融系统开发商、互联网公司等多元化的产业链主体分别依托各自线下服务优势、技术优势和流量渠道优势开发产品，通过平台整合传递到客户的一种新型证券业态。

在国内，在互联网流量平台和混业经营的外部冲击下，随着一码通的放开，传统券商将逐渐告别传统运作模式，谋求综合服务能力更高的互联网证券模式。互联网金融将不断推动证券业向更加注重客户体验、以客户为中心转变，弱化网点功能、加速金融脱媒，逐渐改变金融业、证券业的传统边界和竞争格局。

8. 其他。除上述主要形式外，互联网金融还包含针对资金融通而进行的某些环节的服务模式，如金融信息搜索、网络征信。另外，虚拟货币、传统金融机构金融业务线上查询、转账等免费服务，也属于广义的互联网金融范畴。

二、互联网金融发展现状

（一）整体规模快速壮大，P2P 和众筹爆发式增长

1. 全球 P2P 市场高速增长，中美英位列三甲。英国是 P2P 网贷的发源地。2005 年，全球第一家 P2P 借贷平台 Zopa 在英国上线，随后在欧美国家乃至全球发展迅速。目前，英国正常运营的 P2P 平台有 40 家左右，其中包括一些跨境 P2P 平台。2015 年第二季度，英国 P2P 行业撮合了超过 5 亿英镑（48 亿元人民币）的贷款，创下新纪录。根据 P2PFA 发布的数据显示，英国八家最大的网贷平台在第二季度共发放了 5.04 亿英镑的贷款，而行业的累计贷款规模已达到 31.5 亿英镑。

美国的 P2P 市场已经形成由 Lending Club 和 Prosper 双寡头垄断的市场。据 Lend Academy 估计，两者份额合计达到 96%。2014 年，Lending Club 更是独占 75% 的市场份额，是世界第一大 P2P 网贷平台。美国 P2P 市场一直保持高速增长，以 Lending Club 为例，2008 年至 2014 年交易量平均增长率达 139.791%（见表 3-1）。

表 3-1　美国 P2P 双寡头交易量情况

时间	LC 交易量	增速（%）	Prosper 交易量	增速（%）	LC/Prosper 量比
2008	$ 19 975 025.00	—	—	—	—
2009	$ 51 814 750.00	159.398	$ 8 886 296.00	—	5.831
2010	$ 126 351 175.00	143.852	$ 26 940 486.00	203.169	4.69
2011	$ 257 363 650.00	103.689	$ 75 138 012.27	178.904	3.425
2012	$ 717 942 625.00	178.96	$ 153 175 120.77	103.858	4.687
2013	$ 1 982 003 500.00	176.067	$ 357 394 811.43	133	5.546
2014	$ 3 503 840 175.00	76.78	$ 1 598 747 693.92	347.334	2.192
平均值		139.791		193.3178	4.395

数据来源：http：//www.nickelsteamroller.com/；Lending Club 财报。

德国的 P2P 借贷始于 2007 年，目前，Auxmoney、Lendico、Zencap 是德国的主要 P2P 网贷平台。Auxmoney 自成立以来已经发行 1.28 亿欧元的贷款，目前月增长贷款额近 700 万欧元。

中国的 P2P 网贷虽然起步较晚，但后来居上。2007 年 6 月，中国第一家 P2P 平台“拍拍贷”上线，2013 年中国网络借贷市场规模达到 927.6 亿元，已经超越了网贷发源地英、美而一跃成为全球最大的 P2P 交易市场。据网贷之家的数据显示，2014 年底我国网贷平台 1 575 家，累计成交 2 528 亿元，贷款余额 1 036 亿元，位居世界第一位。国内 P2P 平台位居第一的是红岭创投，此外，有利网、微贷网、宜信、人人贷等均为较有代表性的平台（见图 3－1）。

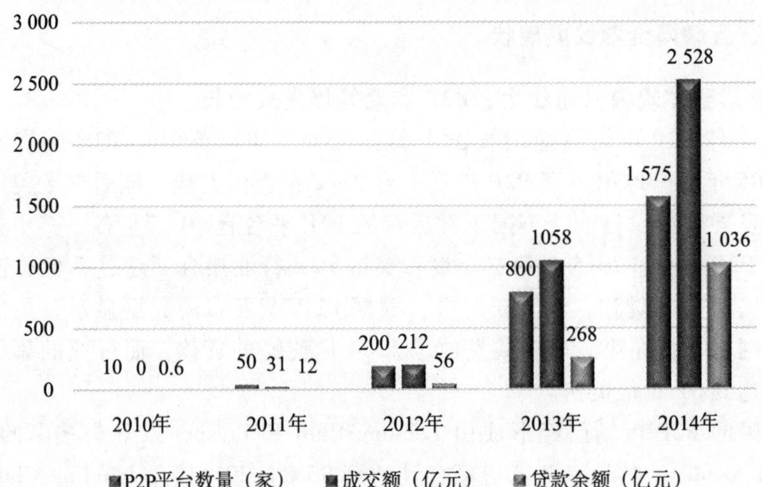

资料来源：网贷之家。

图 3－1 2010～2014 年中国 P2P 网贷情况

需要注意的是，中国 P2P 规模虽然已成为世界第一，但是与欧美相比行业市场比较分散，监管体系不甚完备，大量的 P2P 平台处于“野蛮生长”阶段，蕴含的风险也不容小觑（见图 3－2）。

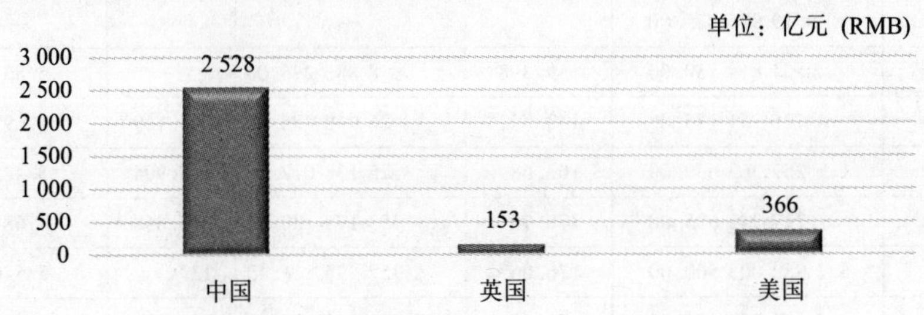

数据来源：网贷之家、英国 P2P 金融协会、Lending Club 及 Prosper 财报。

图 3－2 2014 年中英美三国 P2P 行业交易量

2. 欧美国家领先全球众筹市场，中国比重有望大幅提高

世界银行数据显示，2013 年全球众筹融资总额已达 51 亿美元，其中 90% 都集中于美英等国家。世界银行预计到 2025 年其总额将突破 960 亿美元，而亚洲市场所占比重有望大幅提高，中国有望达到 460 亿 – 500 亿美元。美国 Massolution 事务所的研究报告显示，2014 年，全球个人和机构通过“众筹”平台给予或者借贷的总金额达到 162 亿美元，比上年增长 166%，预计 2015 年这一数额将增至 344 亿美元。

美国作为众筹的发源地目前仍然是全球最大众筹平台的聚集地。2008 年 Indiegogo，2009 年 Kickstarter 这两家众筹平台的相继成立，标志着众筹融资时代的到来。Kickstarter 是目前世界最大的众筹平台，迄今为止在 Kickstarter 上的项目总数已经超过 17 万个，大约 41% 的项目融资获得成功，总融资额也超过了 10 亿美元。

英国公益机构 Nesta 和剑桥大学发布的《Understanding Alternative Finance：The UK Alternative Finance industry Report，2014》数据显示，英国股权众筹（英国将其列为“替代性金融”）2012 ~ 2014 年之间平均增长 410%，2014 年预期规模达 8 400 万英镑，平均每个项目融资 19.9 万英镑，三分之二的投资者在股权众筹上投资超过 1 000 英镑。

中国众筹在 2011 年开始出现了点名时间和天使汇等第一批众筹网站，进入 2014 年后步入快速发展通道。据融 360 金融搜索平台发布的《中国互联网众筹 2014 年度报告》数据显示，2014 年中国众筹募资总额累计 9 亿多元。另据艾媒咨询数据显示截至 2015 年 6 月底，全国共有接近 250 家各种类型众筹平台。目前国内众筹平台中，股权类众筹平台数量最多，占全国总运营平台数量的 39.8%，其次为奖励众筹平台，占 28.2%（见图 3 – 3）。

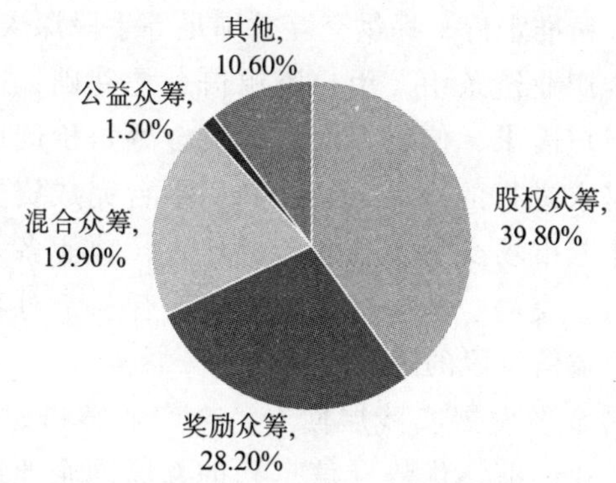

数据来源：艾媒咨询。

图 3 – 3　我国众筹平台分布情况

（二）行业主体日趋多元，商业模式日益丰富

互联网的普及和渗透、金融去管制化趋势、用户行为习惯变化、金融压抑留下的市场空白等多种因素叠加构成了互联网金融发展的内在动力机制。在强大动力作用下，各方资源纷纷介入互联网金融领域，形成了互联网金融主体多元化态势。与此同时，不同主体的创新形成了差异化的商业模式。

在互联网发展起步较早、金融体系相对成熟的美欧国家，主体多元、模式多元、内容多元的互联网金融格局早已形成。即使从互联网金融起步较晚的国内情况来看，这一态势也非常明显。

一方面，依托互联网创新的传统金融企业——银行、保险、券商、基金等成为互联网金融的积极参与者，在“＋互联网”的过程中，传统金融的产品及模式随之发生改变。以传统银行业为例，工商银行“网贷通”，建设银行“融善商务”、中国银行“中银易付”等一系列网络金融新业务或独立开展或联手信息提供商，全新商业模式纷繁呈现。再如基金业，天弘基金联合阿里推出的“余额宝”重塑了基金募集运作模式，并扮演了互联网金融的社会启蒙角色。

另一方面，立足信息优势向金融渗透和创新的互联网信息企业——电商平台类、信息服务类、技术支撑类 IT 企业也成为互联网金融的重要主体。例如阿里“小贷、支付宝”、百度的“百发、百赚”、腾讯的“微信支付、微理财”等。

（三）全产业链基本形成，多维生态系统日益完善

契合跨界融合的本质，顺应互联网时代客户需求的多样化、个性化以及多变化特点，依托云计算、大数据、移动互联等新一代信息技术，互联网金融目前已经形成了信息—平台—账户的全产业链，紧密围绕用户这一核心，以创新产品和服务、精准定价、提供交互式满足等手段深入挖掘和创造价值。

在互联网金融全产业链条中，用户资源信息是基础，通过利用大数据帮助企业精准地挖掘用户需求，使得高效率解决金融定价问题成为可能；平台是依托，针对客户需求进行的产品创新，利用平台完成资金融通过程，完成资源配置；账户意味着市场交易实现和流量导入，功能多元化的账户衍生出各类货币，实现支付、交易、消费等多种功能，有利于对客户进行深度挖掘和满足，并实现与前端信息段的闭合。

目前，从互联网金融发展实践层面看，全产业链搭建来源于两种力量：一种力量是占据着产业链前端优势（信息）的互联网企业通过互联网金融创新向产业链后端发展和演进，二是各种占据着后端优势（产品、账户）的传统金融企业通过互联网创新向前端渗透。而前后端企业各自推出的各种平台功能各异，形成了互联网金融全产业链中端（平台）的坚实基础。

无论从全球还是国内来看，可以说在各种纷繁复杂的互联网金融模式背后，互联网金融全产业链条已经搭建完毕。互联网产业链中不同环节的各种主体在模式创新过程中形成优势要素的跨环节整合和配置，形成了错综复杂的竞合关系，信息资源、流量入口、基础设施、交易支付、安全监管等相互依存、相互作用、共生发展，新型多维互联网金融生态系统日益完善。

（四）平台战略价值凸显，平台竞争分化加剧

基于互联网金融的平台具有降低信息不对称，提高资源配置的效率，实现资金和资产匹配的重要作用，平台战略从来没有像今天这样彰显其重要性。契合斯隆管理学院教授迈克尔·A. 库斯玛诺“平台战略”思想，平台战略正在成为当代互联网金融领域主要竞争模式，无论是 P2P 平台、众筹平台还是第三方支付平台，互联网金融企业之间的竞争越来越表现为综合平台的比拼和较量，互联网金融已经进入平台制胜时代。平台战略已成为极具统治力和强大赢利能力的商业模式核心，金融企业的平台化能力生死攸关。

目前互联网金融的平台可以分为三大类：一是传统金融的互联网化平台，如网络银行、网络证券、网络保险等平台；二是互联网金融创新平台，以小贷、P2P、众筹为主要代表；三是产业 + 互联网 + 金融融合的“互联网 +”产业互联网金融平台，如车联网等。虽然各平台模式不一，但平台竞争的关键均在于其可持续发展的能力。由于互联网金融相关立法滞后、平台监管存在缺失以及竞争激烈等多方原因，平台发展既存在法律风险，也存在市场风险，“遍地开花”的阶段正在远去，平台正迎来加速分化的阶段。

以国内 P2P 平台为例，由于监管滞后、野蛮生长，截至 2014 年 9 月底，全国问题平台共 193 家，其中 2014 一年就已达到 101 家。再以众筹平台为例，虽然国内股权众筹平台占比很大，但由于股权众筹合法化进程滞后，大量平台游走于非法集资边缘，即使引入了“基金 + 平台”、“领投 + 跟投”、“线上立项线下操作”等变通方式，依然难以回避众多风险。模式创新及风控能力的差异使得各类平台加速分化已成为常态。

（五）信息安全形势日益严峻，安全防护体系亟须构建

随着互联网金融的高速发展，互联网金融信息安全形势变得日益严峻。2014 年 2 月 28 日，世界最大规模的比特币交易所运营商 Mt. Gox 宣布破产，因交易平台的 85 万个比特币被盗一空。2014 年 3 月，国内最大、最具影响力的 P2P 网贷门户网站网贷之家官网持续多日受到黑客的严重恶意攻击。另据不完全统计，截至 2014 年底，已有近 165 家 P2P 平台受到黑客攻击造成系统瘫痪、数据被恶意篡改。

目前，传统金融机构的信息安全防护相对于新兴的互联网金融企业来说保障更为完善，业务系统运行也比较稳定。而新兴互联网金融企业在安全系统建设方面明显投入不足，应用系统安全和业务连续性问题非常突出，可能导致支付中断、客户信息流失以及客户信息泄密等问题。除此之外，由于互联网金融业务模式大多基于大数据，但在世界各国目前都没有数据安全边界的明确规定，个人隐私数据面临泄露风险。日益严峻的信息安全形势会极大阻碍行业的高速、健康、可持续发展，完善相关立法、建立高效完备的互联网金融信息安全体系以及加大信息犯罪行为打击力度变得尤为重要。

三、全球典型互联网金融公司商业模式分析

（一）全球最大的众筹平台：Kickstarter

Kickstarter 是一个专为具有创意方案的企业筹资的众筹网站平台，于 2009 年 4 月在美国纽约成立。公司成立后发展迅速，目前已经是全球最大的创意项目募资平台。2014 年，Kickstarter 共有 22 252 个项目筹款成功，最终成功的实际投资额为 4.44 亿美元，成立五年累计总实际投资额达到了 12.7 亿美元，其中 2014 年实际投资额占了五年投资总额的一半。在所有项目中，募资金额最多的是电影、视频、音乐、游戏。

Kickstarter 平台的一方是有创意或项目但缺乏资金的人，另一方则是愿意为他们投资的人。Kickstarter 作为中间平台，使用亚马逊支付系统作为资金存管方，只有当募资目标完全实现，资金才会划转至募资者。平台既是项目发起人的监督者和辅导者，又是出资人的利益维护者。Kickstarter 盈利模式来自募资成功后的佣金，固定为募资额的 5%（见图 3－4）。

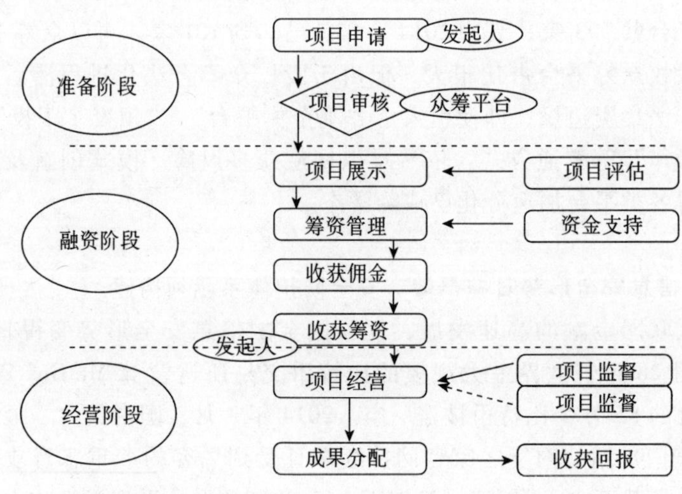

图 3－4　Kickstarter 众筹平台的运作方式

数据来源：根据相关资料整理。

（二）全球 P2P 行业的领先者：Lending Club

LendingCLub 于 2007 年成立于美国，是目前全球最大的撮合借款人和投资人的线上投融资平台，它利用纯线上的技术创新性地建立了一种比传统银行系统更有效率的资本配置机制。它的核心优势在于全线上低成本、纯平台无担保以及完善的风控体系。2014 年 12 月 11 日，LendingClub 登陆纽约交易所，成为全球首家上市的 P2P 企业。

LendingCLub 的 P2P 业务包括四个主要环节：贷款项目获取、贷款项目审核及定价、贷款资金获取、到期还款交易结束。LC 属于纯线上平台，因此 LC 的贷款资金以及所有贷款项目都来自网上，依托其严格的风险定价体系对贷款项目进行严格审核，依托贷款监控体系保证贷款回收。LendingCLub 的收入主要有三个来源：向借款人收取的贷款促成费用，向投资者收取的服务费和对投资其信托基金的投资人收取管理费（见图 3－5）。

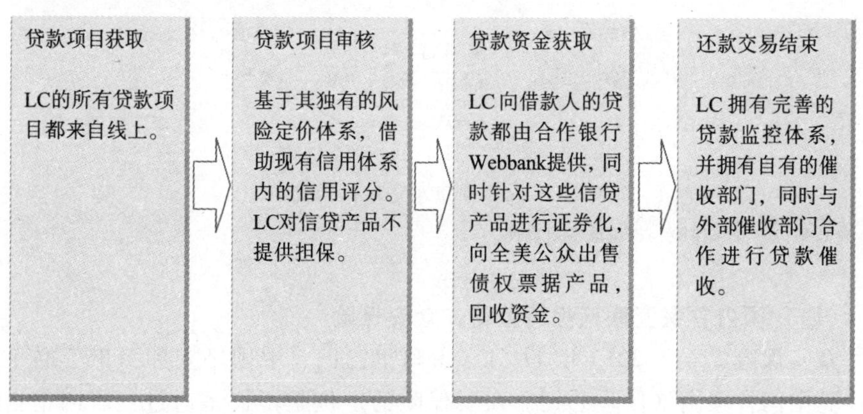

图 3－5 Lending Club 运作模式

资料来源：Lending Club 招股说明书。

（三）国内大数据金融的领导者：阿里小贷

阿里小贷成立于 2009 年，发展初衷是为淘宝和天猫上的卖家提供小额贷款业务，实现“让天下没有难做的生意”的目标。伴随着产品形态的丰富，服务对象的扩展，小贷业务以年均增长四到五倍的速度高速发展。阿里小贷业务在 2015 年一季度新增获贷企业超过 25 000 家。至此，阿里小贷累计服务小微企业已经超过 25 万家。

与传统金融机构不同，阿里小贷的小额贷款模式不需要抵押物，是纯信用贷款。阿里小贷实现了与阿里巴巴、淘宝网、支付宝底层数据的完全打通，小企业在阿里巴巴、淘宝网等平台上的经营数据、信用记录、投诉纠纷情况等数百项指标信息在评估系统中通过计算，最终作为贷款的评价标准。这种方式通过整合电子商务过程中所形成的数据和信用，解决了传统金融行业对个人和小企业贷款存在的信息不对称和流程复杂的问题（见图 3 -6）。

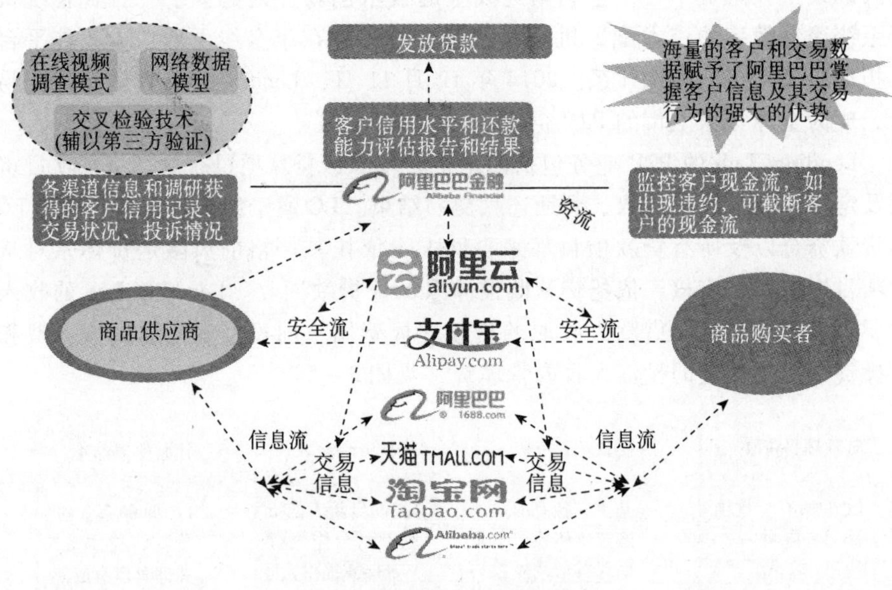

图 3 -6 阿里小贷运作模式

资料来源：安邦保险，长城证券研究所。

（四）国内首家互联网保险公司：众安保险

众安保险成立于 2013 年 11 月，由阿里巴巴、中国平安和腾讯等联手设立，是中国首家网络保险公司。众安保险的定位是不仅是通过互联网销售既有保险产品，而是力图通过产品创新，为互联网的经营者和参与者提供整体解决方案，化解和管理互联网经济的各种风险，为互联网行业的高效运行提供保障和服务。

众安保险的业务可以分为三类：互联网生态的保险，用户直达的保险和空白领域的保险。其设计思路是基于碎片化的应用场景，向海量互联网用户，提供高频次小额支付的保险产品。受益于扁平化的组织架构、碎片化的产品形态、数据驱动的产品设计、快速迭代的互联网思维，公司步入快速发展通道。截至 2015 年 6 月 30 日，众安保险累计投保单数近 20 亿，客户数超过 2.86 亿（见图 3 -7）。

1. 扁平化的组织架构：有别于传统金融公司的金字塔结构，众安保险采取的是去中心化的网络型结构。公司除了中后台的支持部门，总经理下面直接就是产品经理，完全垂直化管理。内部以产品经理为主导，所有部门都是

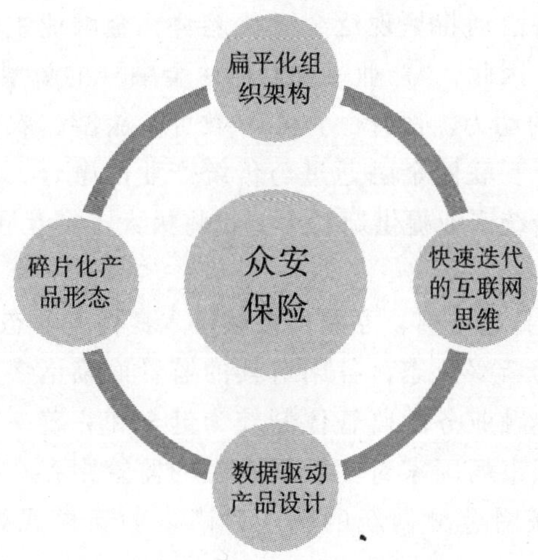

图 3-7　众安保险公司运作模式

资料来源：根据相关资料整理。

围绕产品而运转。

2. 碎片化的产品形态：与传统保险产品追求“大而全”不同的是，公司产品实行“碎片化”的设计，即把过去一张保单承保的风险项目一一拆开变成若干个小单。如此，开发周期缩减，运营流程简化，产品定价也变得较为容易。

3. 数据驱动的产品设计：充分运用阿里和腾讯的数据优势，运用大数据分析技术，精准对接客户需求进行产品设计。用阿里找业务，用腾讯做营销，用两家数据精算出最好的产品是众安保险的绝对优势。

4. 快速迭代的互联网思维：作为国内首家互联网保险金融机构，众安保险业务流程全程在线，全国均不设任何分支机构，完全通过互联网进行承保和理赔服务。其所有产品均实现了从研发到理赔全链条互联网化，提高效率的同时大幅降低了代理销售成本。

四、全球互联网金融发展趋势

（一）跨界融合态势逐步增强，“互联网+金融+产业”成为重要演进方向

随着互联网金融的快速发展，越来越多的行业和企业加入到互联网金融的领域中来，跨界融合成为常态。这不仅极大地丰富了互联网金融的内涵，也有助于多元、多维、充分竞争的互联网金融业态的形成。最初的跨界融合体现在传统金融机构和互联网企业的跨界融合：传统金融机构通过互联网化向产业链前端延伸，互联网企业通过金融化向产业链后端延伸。双方通过深度融合实现了产品创新、业务流程创新和商业模式创新。

未来，社会经济活动将呈现泛金融化趋势，金融业主体将泛化，金融服务和内容也会泛化。因此，“产业 + 互联网 + 金融”的新型跨界融合模式将为众多产业提供成长的动力。医疗、汽车、教育、旅游、农业、物流等行业纷纷拥抱互联网金融。互联网金融通过与传统产业的融合，不但会改变传统产业的商业模式，为传统产业提供新动力，也将极大丰富互联网金融的内涵。

（二）行业监管日趋成熟，互联网金融步入良性竞争态势

互联网金融作为新兴业态，各国对其的监管面临诸多挑战。但在欧美发达国家由于对各类金融业务的监管体制较为健全和完善，基本不存在明显的监管空白。但在新兴市场国家对互联网金融的监管则存在严重滞后现象，监管步伐无法跟上互联网金融创新的脚步，诸多创新模式处于“野蛮”生长状态。

目前世界各国都在根据形势发展，不断创新监管理念，针对监管漏洞，通过立法、补充细则等手段，延伸和扩充现有监管法规体系。中国互联网金融虽然起步晚，但发展迅速，现有监管体系存在诸多法律空白，也导致行业乱象丛生。针对这些乱象，中国政府逐步加大对互联网金融的监管力度，通过明确监管责任、加快监管法规体系建设、加快社会征信体系建设等手段规范互联网金融发展环境。

未来，随着监管法规的完善、监管手段的丰富，监管体制得以理顺，行业监管将逐步成熟，互联网金融行业也将告别“野蛮”生长的发展态势，逐步步入良性竞争及良性发展的轨道。

（三）互联网金融移动化趋势增强，移动端成为重要发力点

随着移动互联网、智能手机以及4G通信的快速发展，人们的行为、生活方式以及消费习惯都发生了很大变化，这将助推移动金融服务模式的发展壮大，并将逐步占据金融服务的重要甚至是主导地位。未来，移动支付的线上线下应用场景逐渐增多，移动支付将成主流。

据高盛公司估计，全球移动支付交易额从2012到2016年将以年均42%的速度增长，2016年将达到6 169亿美元。远程支付、近场支付、手机刷卡器支付、手机扫码支付等逐渐得到大规模应用。移动银行会以丰富的业务、贴切的服务和灵活的个性化服务进一步开疆扩土，服务范围也会逐步扩大。互联网金融的APP应用不断丰富，吃穿住行、财务管理、社交购物等都能在移动终端上得到满足。

未来五年，移动互联网金融进入高速发展时期，各类金融企业也将加速布局移动金融，移动端将成为拓展用户的新渠道和主渠道，也将为成为互联

网金融持续发展的重要动力。

（四）大数据和云计算深入运用，互联网金融更趋高效智慧

金融业是典型的数据驱动行业，大数据在降低成本、精准营销、市场预判、风险防控等方面发挥着积极而不可替代的作用。未来，大数据和云计算技术将会进一步渗透进互联网金融的各个环节。以保险行业为例，大数据在其核心产品开发、营销销售、保单管理和理赔管理等环节均发挥着越来越显著的作用：在产品开发环节，东京海上日动火灾保险株式会社利用大数据精准推出基于位置的新产品和服务；在营销环节，The Climate Corporation 依托大数据对 250 个天气数据点进行精确定价；在保单管理环节，HCF 利用大数据对保险中断采取早期预警机制，降低保险中断率；在理赔管理环节，利宝互助保险集团利用大数据进行早期干预使得平均长尾异常索赔成本降低 20%。伴随着大数据和云计算的深入运用和普及，在渠道入口、产品风控和基础设施三大互联网金融价值链关键环节将发生愈加深刻变革，信息自主分析、客户自动筛选、自主差别化定价、自主触发交易、自主预警管理都将得到实现，互联网金融将变得更加精准、高效和智慧。

第二节 移动互联网时代下构筑险企营销服务矩阵①

随着中国移动互联网的快速发展，传统产业领域也不断被渗透和连接，无论是互联网的创业者，还是传统领域的创新者，都要更加主动、更加积极地参与到这场变革中来，需要更多的创新来改变原有的业态模式，更快速高效地转化为更强的科技生产力。保险业在移动互联网金融时代具有巨大的创新机遇和创新潜力，如果能够把传统保险业和移动互联网新技术结合起来，将会给保险业带来新的增长动力和空间，在这个背景下，创新较快的公司，可能会更快地摆脱传统发展模式的瓶颈，将来在市场上占有更多的主动权。

一、移动互联网上的营销服务契合社会、行业、公司发展趋势

2014 年 8 月，国务院颁布《关于加快发展现代保险服务业的若干意见》（简称“新国十条”）。其中第（十九）鼓励保险产品服务创新。切实增强保险业自主创新能力，积极培育新的业务增长点。支持保险公司积极运用网络、云计算、大数据、移动互联网等新技术促进保险业销售渠道和服务模式创新。

---

① 作者：张杰（1982～），万联电子商务股份有限公司。

大力推进条款通俗化和服务标准化，鼓励保险公司提供个性化、定制化产品服务，减少同质低效竞争。推动保险公司转变发展方式，提高服务质量，努力降低经营成本，提供质优价廉、诚信规范的保险产品和服务。发展现代保险服务业就不能绕开移动互联网这一当下炙手可热的话题。

2014 年 11 月 11 日，天猫双十一购物节销售额达 571 亿，其中移动端成交量占比 42.6%，是去年的 4.54 倍，创造了高达 2.78 亿个物流订单。互联网社交工具腾讯 QQ 月活跃账户 8.29 亿，其中智能终端账户 5.42 亿，微信月活跃账户 4.68 亿。数据显示，中国参与网购的人数比英法德意四国人口总和还多，中国已成为世界上电子商务发展最快的国家，无线化是电商的未来，移动网购成为市场的主流大势。

2015 年 8 月 17 日，中国保险行业协会发布的《2014 互联网保险行业发展报告》，数据显示，2014 年保险业互联网保险业务收入为 858.9 亿元，同比增长 195%，保费规模比 2011 年增长了 26 倍，在保险业总保费收入中的占比由 2013 年的 1.7% 增长为 4.25%。2015 年上半年互联网保费收入 816 亿元，是上年同期的 2.6 倍，开展互联网保险销售业务的保险公司达 85 家，超过我国现有财险、寿险机构数量的一半。由此可以想象，互联网保险的发展将对整个保险行业带来深远的影响和变革，并将改写保险业的原有格局。

早在 2014 年年初，中华保险发布了“三三九”五年战略规划，其中明确提出的“电商战略”定位于主动进攻型，以客户为核心，充分发挥网电融合、线上线下融合优势，改善客户体验，在移动互联网实现突破，建立高效、低成本的商业模式。电商渠道成为公司未来最具成长性的重要渠道之一。

从国家宏观政策优势、市场环境大势、行业发展趋势以及公司战略局势来看，公司在移动互联网时代构建社会化营销服务体系、建立与客户之间的深度连接、整合优质资源服务目标客户、建立公司品牌社群黏度和社会影响力的任务和使命已摆在眼前，公司利用移动互联网实现转型升级、卓越发展乃至弯道超车的机会已悄然来临。

二、明道：社会化营销服务体系下的客户体验创造公司品牌溢价

社会化营销就是利用社会化媒体，如网站、微博、微信、博客、论坛、SNS 社区、APP、图片和视频通过自媒体平台或者组织媒体平台进行发布和传播品牌信息。社会化营销的精神，就是要和消费者“社交”起来：聊天、互动、玩游戏、开玩笑，放下身段，让他们成为口碑传播者，让品牌活在人群里，成为一个鲜活的品牌！根据统计数据显示，2014 年中国社会化媒体用户将占到全球的 48.5%，这让社会化营销者越来越清醒地认识到，原本被动的消费者，已经成为内容传播和内容分享者，他们按照不同兴趣爱好组成数以

万计的小圈子，从而形成强大的口碑营销能量。社会化营销已经成为企业品牌和价值观传播的重要手段。

保险业作为一个古老的传统行业，经历数百年的发展已经与我们每个人的生产生活息息相关，但在发展实践中我们与客户之间的连接是弱化的或者是断层的，再加上格式化保险条款、同质化产品服务、高成本市场竞争以及繁琐的业务流程、不畅的交流通道、舆论的负面影响等等因素，造成行业服务和公众需求之间的滞后和缺失，逐步形成一层坚硬的认知壁垒、信息壁垒和信任壁垒。破冰之策唯有以平等、开放、真实、互动的态度融入公众，倾听他们的声音，了解他们的需求，创新我们的产品和服务，完善公司的运营和管理，传播公司的知识和价值理念，将保险文化融入到客户的生产生活之中。社会化营销媒体为我们提供了这样的工具和途径，消费者不再为买保险而买保险，保险将随着移动互联网润物细无声地渗入到衣、食、住、行、玩、购、医甚至感情生活，从经济补偿升格为对冲负面体验的工具，“保险生活化”成为公司重要的创新方向。

保险是属于“产品即服务”的强体验行业，客户体验的优劣直接影响购买决定，公司在经营管理各个环节如何提高客户参与度、信息透明度、诉求响应及时性和互动友好性是决定客户体验的重要方面，公司要积极创造与客户接触的点，利用新闻、资讯、案例、互动、游戏、知识、情感等载体和媒介与目标客户产生共鸣，满足客户的需求，最大程度的解决目标客户的焦虑，就能获得目标客户的选择。让客户感受到被重视、满足感、成就感、获得快乐和成长是创造公司品牌溢价的唯一理由。这也意味着，在移动互联网平台，谁能提供真正有价值的产品和内容，谁才能赢得未来。

三、优术：通过移动互联网应用平台让我们和目标客户成为朋友

尽管我国互联网保险保持高速发展，但其在整个保险市场中所占的比重不足5%，这和欧美发达国家相比还有巨大差距，而且当前互联网保险产品结构尚不平衡、产品单一化、缺乏创新和互动服务等问题还比较突出，这也正是我们所面临的市场机遇。

社会化媒体平台格局可分为“社会化营销核心平台”和“消费者细分兴趣社区”两部分，不同平台的营销价值各有千秋。社会化营销核心平台，是指拥有大规模用户并占据用户大量时间的社会化媒体平台，主要包括即时通信（如微信）、视频音乐、博客、微博、社交网络、论坛、移动社交、社会化生活、电子商务9类平台。消费者细分兴趣社区，主要包括：旅游社交、婚恋交友、商务社交、企业社交、轻博客、图片社交、短视频社交、百科问答、社会化电商9类平台。

我们要根据公司品牌定位与目标市场，按照“建立知名度→内容/互动→服务/交易”这样一个简化的营销价值链来对这些平台做初步的梳理，这些平台相当于一个个垂直的消费者兴趣群组，为公司提供了相对精准的营销环境。在这两类平台中选取最受欢迎的应用来建立不同的商业策略，比如选择：微信、新浪微博、天猫商城、大众点评作为公司品牌推广、信息传播、互动交流的客户端流量入口，同时将公司开发的官方 APP 作为支持客户端的底层功能应用，彼此之间实现实时连接，从而构建公司的社会化营销服务矩阵。

公司官方 APP 的核心功能是：交易和服务。其主要功能应包括：（1）交易类：产品展示、投保销售、在线支付、卡单激活、续保服务、优惠活动、限时抢购等；（2）服务类：保单查询、自助报案、赔案跟踪、在线客服、互动交流、意见反馈、人工座席等；（3）增值服务类：会员验证、我的积分、有奖问答、掌上生活、保险百科、知识速递、服务锦囊、分享赚钱、微社区等。

微信和微博的功能定位为主流量入口，作为公司自媒体肩负着品牌推广、信息传播、互动交流、吸引潜客的职责，微信公众号和微博认证号将作为首选的传播工具，首先在公司员工群、客户群之间进行传播推广，其次再通过媒体、社群、热点事件等媒介在公众之间传播，将公司优质的理赔服务、客户服务、公益服务从线下搬到线上，以获取社会大量的关注和传播，为潜客转化率提供流量支持。

天猫商城和大众点评的功能定位为销售窗口，肩负着公司产品销售、营销策略实施的职责，是公司的网上品牌旗舰店，网销产品具有天然的“去中介化”特征，可以为公司节省大量的销售费用，为销售策略的实施提供了空间。

各个应用平台之间以公司官方 APP 的功能为基础，各平台可以自由调用官方 APP 的应用功能来为客户服务，平台之间实现实时连接，增强客户体验。同时，根据公司发展的需要可以向内深入开发业务功能、向外扩展推广平台应用，不断扩大社会化媒体应用领域。

为保证公司各个社会化营销平台的顺利运行，公司要成立一支专业化平台运营团队，负责对各平台应用的日常维护和迭代更新，以更加通俗化、个性化、生动、有趣的方式，借助于社会化媒体平台的传播来引发的客户与客户、客户与公司之间的互动交流，逐步建立起公司的粉丝社群，和目标客户成为朋友，最终实现公司老客户的维系和新客户的开拓。

同时，我们在构建起适合自身产品的社会化营销价值链的过程中，要十分注重公司品牌文化的融入，我们认为，最高级别的营销是文化营销。也寄希望于通过移动互联网技术的应用来推动公司产品创新、销售渠道创新、客户服务创新、运营模式创新和管理技术创新，为公司未来的发展抢得先机。

第三节 险企网电一体化的营销策略①

近年来，电话营销作为传统营销方式的补充，市场已经趋于饱和，并且保监会监管趋于严格，发展空间受到限制。随着经济全球化、信息网络化，保险产品在网络上销售成为可能，开始作为一种新兴的营销渠道和服务方式。本文通过分析保险业电话营销与网络营销现状，指出了电话营销的不足，阐述了网电一体化营销模式的概念及其优势，提出了建立以客户体验为核心的网电一体化营销良性循环体系。

一、电销业务发展遇到瓶颈

（一）扰民侵权，损害险企品牌形象

品牌形象是指企业或其某个品牌在市场上、在社会公众心中所表现出的个性特征，它体现公众特别是消费者对品牌的评价与认知。品牌形象与品牌不可分割，形象是品牌表现出来的特征，反映了品牌的实力与本质。企业在公众心目中的品牌形象，是一个由以产品服务为主的“硬件”和以企业文化为主的“软件”所组成的复合体。保险公司的品牌形象应建立在诚实信用与稳健合规经营的基础之上，保险公司以诚信为立司之本，以稳健合规经营为生存之道。电话营销在兴起之初尚未达到饱和的状况下，潜在的客户体会到了电销带来的便捷服务，并对其品牌有了一定的认知，起到了良好的品牌宣传作用并带来了保费收入的持续增长，随着越来越多的保险主体加入到电销的市场，市场趋于饱和，并且由于保险监管的滞后性，使得各险企的电销业务出现重叠呼出的现象，扰民的现象开始凸显。电话营销过程经过引发兴趣、获得信任、有利润的合约三个阶段，当保户有过电销的经历或者已经对电销有一定了解的情况下，话务员在“非面对面”交流的情况下，不能够捕捉到有效的表情语言，并不能够引发客户兴趣；另一方面，话务员的长时间、高频度的呼出，形成固定的语速、语式、语调，造成话务员与客户的无效沟通，并在未知客户是否在重要场合、是否有闲余时间的情况下，突显其冒昧，易使客户产生厌恶抵触心理，更谈不上对品牌的认同感。

（二）监管趋严，压缩业务发展空间

电销扰民现象越来越突显，保监会发布了一系列的规定。2010 年 11 月

① 作者：王学敏（1985～），中华财险河北分公司。

19 日和 12 月 1 日中国保监会分别发布《关于进一步加强财产保险公司电话营销专用产品管理的通知》和《关于进一步规范人身保险电话营销和电话约访行为的通知》，两项《通知》均要求保险公司电话销售人员对于客户明确表示不投保或拒绝继续接听电话的，应及时结束通话，并录入禁止拨打名单，且一年内不得对相同客户再次滋扰。同时，对保险公司的电话营销内部管理、产品管理、销售过程管理、售后服务管理和获取客户资料等内容进行了规定。2012 年 12 月 11 日保监会发布了《关于尽快遏制电销扰民有关事项的通知》，要求尽快遏制保险电话销售扰民事件，并且严禁非法买卖客户信息。保监会要求各家保险公司尽快建立完善电销电话号码屏蔽制度，同时各保监局可以结合实际情况，指导当地保险行业协会建立电销禁拨系统，避免客户拒听一家保险公司后又被其他公司拨打的情况发生。2013 年 1 月 18 日，针对电销扰民的现象，中国保监会再次重拳出击，发出《关于规范财产保险公司电话营销业务市场秩序禁止电话营销扰民有关事项的通知》，明确规定：对续保客户的呼出时间不得早于保单到期日前四十天；保险公司应当制定合理的呼叫时间，避免打扰接听客户的正常工作生活。此外，对于不投保或拒绝继续接听电话的消费者，保险公司应通过技术手段对有关电话号码进行屏蔽。由此可以看出，保监会发布的规定一次比一次严格，险企呼出受到了极大的限制，业务发展空间逐渐减小。

（三）运营成本上升，边际收益递减

呼叫中心作为企业与客户的关键联络平台，无论在建设阶段还是运营阶段，也无论业务定位是电销营销还是客户服务，都具备“高、难、贵、低”的高成本特点，即系统成本高、运营管理难、人力资源贵、工作效率低等很多问题。电销业务在运营初期，呼叫系统的购置成本较高，人员培训投入产出期较长，前期投入高。随着电销业务走向正规，投入固定的运营维护成本，能够带来收益的明显递增，由于市场慢慢达到饱和状态，加大电销投入，收益并不会有明显的增速。电销收益增速逐渐达到峰值，虽然收益值在不断地增长，但是增速开始呈现下降的趋势。

二、电一体化营销模式概念及优势

（一）网电一体化营销概念

保险网络营销即网电一体化营销，是指保险企业以利用电话、网络、移动设备、社会化网络，进行市场调查、产品推销、在线网络增值服务的一系列经营活动，从而更有效地促成个人和组织交易活动的实现，以达到企业营销目标的一种营销方式。两者的主要区别是，前者只是简单在互联网开了一

虚拟店面，后者致力于与客户通过多个互联网工具，多点位多层次地与客户实现互动交流，推广企业文化与企业品牌，实现客户对企业的认可，培养客户对企业产品的忠诚度。

（二）网电一体化营销模式的优势

1. 以客户体验为中心，提高获客转化率。所谓体验，就是企业以服务为舞台、以商品为道具进行的令消费者难忘的活动。在保险营销中，保险公司提供的保险产品、理赔服务对保户来说是外在的，体验是内在的、存于个人心中，是个人在形体、情绪、知识上参与的所得，客户体验是保户根据自己与保险企业的互动产生的印象和感觉，邀约邀请是保险公司做的第一步，这种互动过程更容易在网络中推广。保户对保险企业的印象和感觉往往是从他开始在互联网或者网络社交工具中接触到其广告、宣传品，或是第一次访问该公司就产生了，此后，从接触保险的销售，到接受险企提供的额外的增值服务或其理赔服务，这种体验得到了延续。因此，客户体验是一个整体的过程，一个理想的客户体验必是由一系列舒适、欣赏、赞叹、回味等心理过程组成，它带给客户以获得价值的强烈心理感受；它由一系列附加于产品或服务之上的事件所组成，鲜明地突出了产品或服务的全新价值；它强化了企业的专业化形象，促使客户重复购买或提高客户对企业的认可，提高了获客转化率。

2. 短时间获大空间，提高市场占有率。2010 年以来，保监会陆续批复泰山财险、锦泰财险、弘康人寿、诚泰财险等地方性保险公司筹建。这是自 2001 年加入世贸组织，中国保险业加大对外开放后迎来的第三轮扩容潮。这些地方性保险公司大部分由地方政府金融办或财政厅牵头，由当地具有国资背景、有资本实力、战略投资目的和可持续出资能力的大型企业做股东。保监会下发给这批公司的批文中，规定开业后的两年内，只能在注册地所在省开展业务，两年后根据相关情况逐步在外省开展业务。两年限制展业区域的规定一方面是基于地方性保险公司建立之初的抗风险能力弱的考虑，另一方面新成立的保险公司完善运营模式、管理制度、长远规划的制定等基础性工作也需要一定的时间。地方性保险公司可以充分利用网电销售不受时间与地域影响的特点，在两年的时间内，完成与解禁后预期发展速度相匹配的软硬件建设，以短时间获得预期的市场空间，望在解禁之后，电网销售能够在新建立的分支机构起到业务排头兵的作用，促进市场占有率的提高。对于网电销发展滞后的全国性保险公司加大网电销售的投入，根据市场反馈不断改进调整实施计划，同样能够在短时间内获得较大的业务发展空间，能够起到立竿见影的效果。

3. 网络销售、电话销售、售后客服有机结合，互补短板。客户投保流程可灵活转换（电销转网销、网销转电销、网销转移动终端等），方便客户投保，从而为客户提供更优的用户体验。网络销售的兴起，使得汽车用户能够随时随地购买保险防止出现脱保的状况，用户可通过企业的官网或者第三方网络平台了解到企业的背景、险种条款费率、并且通过对比选择最适合自己的保险方案，在此过程中难免会对某些保险种类、条款费率有不理解之处，这就要求网络客服人员在线与客户电话沟通，尤其是在官网购买，试算保费一般都会要求留手机号码，方便电销人员及时与客户联系，争取保户投保。网销有直观感强的特点，能够在客户的意识中留下长久的影响，对其险种有初步的认识，但是涉及具体的保险责任，还需要电销人员从专业的视角做详细的说明，使客户买到与其风险度相匹配的险种组合。

汽车保险竞争日趋激烈，为了吸引客户投保，赠送礼品的种类和花样日益增多，在发生保险责任事故后，理赔服务的不到位又给前期良好的客户体验打了折扣，问题的关键是其并没有抓住客户的核心需求——优质的理赔服务。汽车保险市场目前在理赔服务上趋于同质化，全国通赔服务、小额案件现场赔付、代办年检、酒后代驾、全年免费且不限次数的道路救援等服务已经屡见不鲜，但是保险公司还是在不断优化服务，形成差异化竞争，旨在为客户使用车辆的过程中遇到的各种问题提供更全面便捷的增值性服务。网络销售与电话销售推广顾问式、跑腿式、提醒式以及关怀式的各类服务的过程中，售后服务也应及时跟进，确保服务不打折扣地兑现，运用多种通讯方式，通过更密切、互动性更强的交流，及时化解问题，维系客户关系，同时还能沉淀优质资源，促进二次开发。

三、建立以客户体验为核心的网电一体化营销良性循环体系

人类社会正在逐渐由农业经济、工业经济和服务经济进入体验经济时代。在整个经济形态转变的过程中，消费者的需求发生了很大的变化：一方面，消费层次逐渐从实用层次转向体验层次；另一方面，产品和服务的同质化趋势也逐渐抹杀了给人们带来的个性化、独特性的感受和体验。在这样的形势下，企业必须不断寻求新的独特卖点，重新审视客户的需求。

（一）客户体验管理概念

客户体验管理是以提高客户整体体验为出发点，注重与客户的每一次接触，通过协调整合售前、售中和售后等各个阶段，各种客户接触点，或接触渠道，有目的地，无缝隙地为客户传递目标信息，创造匹配品牌承诺的正面感觉，以实现良性互动，进而创造差异化的客户体验，实现客户的忠诚，强

化感知价值，从而增加企业收入与资产价值。通过对客户体验加以有效把握和管理，可以提高客户对公司的满意度和忠诚度，并最终提升公司价值。

（二）实现客户体验良性循环

保险行业是专业性、服务性很强的行业，由于其售后服务的好坏无法有一个很明确的量化标准。这样，消费者对专家、同伴和曾经使用者等“意见领袖”的意见更为重视。因此，要成功塑造消费者对保险产品和保险企业形象的认同，保险企业必须重视对目标市场的研究和需求的细分，努力提供多种业务应用，满足不同目标客户群的个性化需求，努力为其实现良好的客户体验，对意见领袖人群首先进行传播，即“一次传播”。所谓“意见领袖”就是指在大批消费人群当中，一小部分善于交流沟通和发表自我鲜明观点的消费者，而且，他们的意见受其他人欢迎和认同，对其他人的消费行为也起到影响和带动的作用，从某种意义上说他们是企业在营销活动中的“核心目标消费者”。企业的营销力量毕竟有限，不能时时针对每一个消费者，所要做的是抓住这些核心人物。首先影响“意见领袖”，使他们对企业的服务或者产品有良好的信赖度和认同感，形成良好的客户体验，再通过他们优秀的交流沟通以及传播能力，将其传播给人际圈中的群体，形成“二次传播”，通过群体传播、群体感染，随后会产生更多新的意见领袖再次进行传播，如此往复，形成了客户体验的良性循环（见图3－8）。

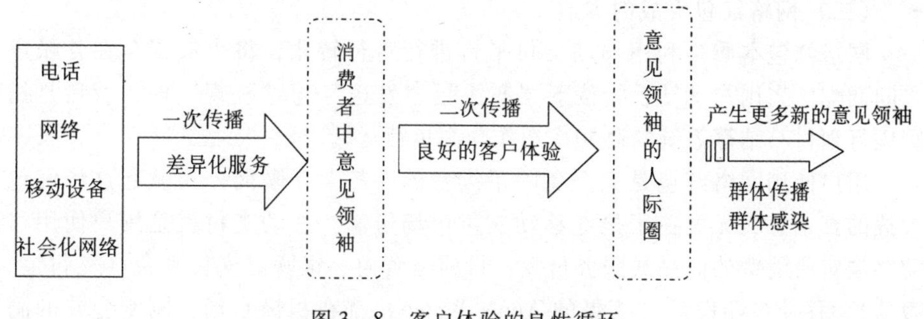

图3－8　客户体验的良性循环

第四节　网络红包现象对互联网保险的影响[①]

在互联网大潮下，保险融入互联网已经成为不可违的必然趋势。但受保

① 作者：李征途（1971～）、郝悦晨（1992～），中华控股战略发展部。

险产品条款复杂、风险多变、监管严格等多重因素影响，当前保险业与互联网的融合尚处于探索期，发展进程较为缓慢。这里以今年春节期间“抢红包”为例，深入分析互联网产品的设计思路、本质特性和普及推广等，为保险尽快融入互联网探寻一些借鉴。

一、网络红包现象

（一）网络红包现象

“你抢了多少红包”，这句话在一夜之间成为 2015 年春节最流行的话语。这里所谓红包，指的是网络红包，是网民在线上互相派发现金，或平台、商家等通过线上活动派发现现金及优惠券的互联网工具。其中，使用范围最广的有腾讯微信红包、阿里支付宝红包和新浪微博红包。

据统计，春节期间各类红包收发次数超过 40 亿人次。其中，微信红包除夕至初五的收发总量为 32.7 亿次，而除夕当日收发总数就达 10.1 亿次、参与人数约 2 000 万；支付宝红包除夕至初三，剔除重复后的参与人数超过了 1 亿，除夕当日收发总量超过 2.4 亿个，总金额达到 40 亿元，共有 6.83 亿人次参与；新浪微博红包，除夕当日参与抢红包人次超过 1.01 亿，抢到现金红包的网友超过 1 500 万，日活跃用户达 1.02 亿新高（来自公开数据及团队成员微博）。

（二）网络红包大战的本质

网络红包本质是利用移动支付平台进行跨行转账，将小额资金在各账户之间调配。当用户动动手指按下“塞钱”、“发送”与“提现”时，背后是托管银行划付与结算系统的高频率运作与高负荷运转。

用户使用网络红包是完全免除手续费的，各大互联网公司掀起这场红包大战的真正意义无疑在于抢夺移动支付市场份额。移动支付就是用户使用移动终端对所消费的商品或服务付款，目前运营商、银联、支付平台（支付宝、微信）、移动终端设备（苹果的 Apple Watch）都在积极布局，刚刚合并的滴滴打车与快的打车补贴大战的背后也是阿里与腾讯两家巨头对于“打车”这一生活服务场景中移动支付市场的争夺。

移动支付之所以成为必争之地，是因为它的背后隐藏着大生意。一是用户量大，根据中国互联网信息中心日前发布的《第 35 次中国互联网络发展状况统计报告》，截至 2014 年底，我国网民规模达 6.49 亿人，手机支付用户规模为 2.17 亿。据央行近日发布的数据显示，2014 年移动支付业务快速增长，业务笔数和金额同比分别增长 170.25% 和 134.30%，移动支付市场的现有规模和增长空间都非常可观。二是产业延伸性强。移动支付由交易开始，通过积累大量的用户数据以及打造资金闭环，可以逐步延伸到电商或征信、理财等互联网金融服务。

二、红包快速积累用户的原因分析

（一）发挥口碑营销在社交网络时代的巨大力量

在社交网络时代下，相同背景、相同消费能力的人群之间的营销方式变得越来越重要，口碑营销对于指向性地赢得客户很有成效。网络红包能够在2015年春节引爆市场的一个关键原因在于，利用一些重度互联网用户通过口碑传播扩散至更多的用户。

以微信红包为例，2014年1月上线，马化腾在著名企业家群里发红包以及给用户派发现金红包等方法推广，在2014年春节掀起了一阵热潮。从除夕到初八，逾800万用户参与了抢红包活动，超过4 000万个红包被领取（腾讯官方数据），培养了一大批红包用户。2015年春节，这些红包用户显然起到了“传教者”的作用，他们在春晚电视机前、家庭聚餐饭桌上及时地解释了红包的使用方法，并且为红包安全性做了背书，对于红包用户指数级增长起到了关键作用。

（二）通过游戏化的产品提高客户参与度

游戏化（Gamification）这一概念早在2002年就有人提出，但直到2010年后才逐渐被关注。德勤咨询2012在报告《参与性经济：游戏化如何重塑商业》（The Engagement Economy：How Gamification Is Reshaping Businesses）中即提到，成功的游戏化商业运作有如下四点关键要素：（1）设置叙事路径：具有互动性、故事性的指导和任务；（2）反馈和回报：迅速从视觉上以及实质上奖励成功；（3）社交连接：具有支持和竞争设计使得可以赢得响亮；（4）互动和用户体现：精良的设计和平台以提高使用乐趣和简便性。

网络红包的产品设计简单、明了并且富有趣味性。2015年年粉丝不仅可以在新浪微博抢明星发放的红包，还可以往里面塞钱，和明星一起发联名红包，给了粉丝表达真爱的机会，为了加大激励，微博还在明星主页放置塞钱榜，塞钱多就能上榜。微信群红包的随机功能也极为巧妙，所有群成员都可以看到红包额度，每个红包还会评出“最佳手气奖”，把游戏性中的竞争乐趣发挥到了极致。

另外国外一些保险公司也在产品营销等领域运用了游戏化以区别于竞争者：Sun Life公司2013年在官网上线了Money Up，通过游戏帮助购买了养老金储蓄和投资计划的客户公司的职员了解相关条款。同时，以“学更多，奖更多（Learn More，Earn More）”为口号，设置一定奖金，通过活泼的多媒体游戏设计、同事之间的竞争、在 Facebook 和 Twitter 上分享等方式，鼓励客户参与游戏。经过 2 个月左右的试验，Sun Life 官网注册用户中 80 后、90 后比率提高了 8 个百分点。

（三）快速迭代是互联网产品开发推广的主要方式

当前，互联网产品快速立项、快速研发、快速发布的小步快跑、快速迭代的发展特征极为明显。2014 年微信红包刚上线时，功能较为简单，主要包括收发红包、查收发记录和提现等。2014 年腾讯还未打通和电商平台的连接，因此用户绑卡后面临基本没有移动支付场景的问题；另外一些小问题，包括最初红包入口不明显、访问量巨大造成线上不稳定等等，都在后期的更新中进行了完善。到了 2015 年，微信红包已经升级为不再只有“提现”这一个使用渠道，而是可以在京东、美丽说等多个商户使用，这吸引了更多人的兴趣，同时收发红包也不再强制绑定银行卡，大大降低了使用门槛和风险，为引爆用户奠定基础。

（四）产品组合是提高客户黏性的重要方式

创立摩尔定律的、被称为高科技营销魔法之父的杰弗里·摩尔（Geoffrey Moore），在《跨越鸿沟》一书提到，新兴产品特别是高科技产品，从早期市场进入主流市场，从早期用户到大众用户，需要跨越一道鸿沟。为了成功跨越，公司最好与其他的产品或公司结合起来，组成“整体产品”策略，特别是随着市场规模扩大，将有更多竞争者加入，组合中其他的外围产品和服务可能反而成为决定哪一家公司在竞争中胜出的原因。

与早期市场用户追求新鲜和个性不同，大众市场的用户为实用主义者，他们希望产品功能最大、代价最小。红包本质上只是“线上转账”，如果不是因为附带了丰富多彩的服务和产品，恐怕很难轻松跨越从早期市场向主流市场的鸿沟。红包的发展也遵循这样的发展节奏。新浪微博的服务价值在于具有媒体属性的弱连接，其红包特色是附带了明星拜年服务，较好地挖掘了粉丝经济；微信红包的服务价值是熟人之间的强连接，其红包特色在于随机群红包，发挥社交功能。另外，微信红包还与春晚对接，加入了“摇一摇”节目单、明星拜年等服务，春晚在大众市场具有绝对优势和话题性，也是微信红包引爆市场关键因素之一。

三、对互联网保险的借鉴意义

互联网对于保险行业的影响正在发生，很多用户已经习惯于在互联网上购买车险、意外险等简单的保险产品。2014 年，我国保险网销规模约为 858

亿元，占行业总保费比为 4.2%。但总体看，我国互联网保险发展较为滞后，需要保险业尽快形成数字化思维模式、互联网时代的商业逻辑，推动互联网保险的快速发展。

（一）建立适应社交互联网时代的营销模式

当前，传统的保险营销模式发展到了一个瓶颈，已经不能适应互联网时代的发展新形势。借助互联网，所有的消息更加公开透明，人们获取信息也更加便捷，获取成本也更低、甚至于趋零。对此，保险业应主动转变、积极变革，尽快把握适应互联网时代下人际交往、销售方式、信息传播等新特点，挖掘人们购买行为方式的新变化，促进保险销售互联网化，建立新的互联网保险营销模式，打开保险业发展新引擎。

（二）及时、透明、有趣和个性化的产品设计

传统行业需要经过较为严苛的研究、开发和测试等过程才将产品推向市场，周期较长，在互联网时代，容易丧失市场商机。互联网经济，既有赢者通吃的特点，更有快鱼吃慢鱼的特点。互联网保险产品的开发，从创意产生到产品上线不可有太多的拖延，即企业要从内部封闭创新到开放式、迭代式创新，迅速推向市场，抢抓眼球、先入为主，这样才能吸引更多的客户，才能在市场竞争中占有一席之地。如，2014 年 2 月，泰康人寿借鉴了红包的创意，做出了“微互助”保险尝试。借用微信平台推出“求关爱”防癌健康险，每份保费 1 元，用户投保后，可将自己的分享页面转发至微信朋友圈，好友只需使用微信支付 1 元钱，便可为该保单最高增加 1 000 元保额。除推广方式新颖独特，这款产品在核保上采用了免核保和健康告知的创新模式，一时在朋友圈里十分流行。

我国保险产品目前存在着同质化严重同时条款复杂难懂等不足，然而新技术所引发的销售过程有助于提高产品透明度，并且促使保险公司为客户提供个性化的保险。目前有些保险公司在产品的透明度提高方面做出了尝试。阳光人寿在 2014 年 11 月上线了“健康随 e 保重疾保障计划”，这款产品最大的特色是在产品销售页面公开了产品精算报告，使得消费者在购买之前可以清晰地看到各项成本、保费构成。

（三）打造服务能力作为保险核心竞争力

“移动技术和远程信息处理技术正改变着保险公司与客户之间的互动方式，并且使得客户几乎可以随时随地检索和分享信息”。随着保险业的发展，客户对保险服务的要求越来越高。保险服务既包括传统的保单保全、信息咨询、理赔等客户服务，更包括基于保险产业链延伸的服务，诸如与健康保险相关的健康管理、诊疗体检，与养老保险有关的养老服务，与车险有关的汽车修理等等。传统的服务有些可以在线上实现，而有一些则必须在线下提供。保险公司应充分发挥线上平台与线下渠道互动优势，与客户建立高粘度的长期关系。保险公司应通过充分利用线下资源，包括其自身的销售体系和服务团队，与线上渠道形成协同效应，打造良好的客户体验，真正实现客户生态系统的闭环。

第五节　中国保险机构的 P2P 网贷平台收购策略①

网络借贷是指在借贷过程中，资料、资金、合同和手续等全部通过网络实现，是随着互联网的发展和民间借贷的兴起而发展起来的一种新的金融服务模式。P2P 行业在中国大致与美英等发达国家发展同步，借助信息技术的发展，将过去分散的民间借贷搬到了互联网上，从而让出借人与借款人在网络上实现点对点的对接。相对于信托（12 万亿元）、基金（5 万亿元）的规模，目前 P2P 网贷的规模仍然十分微小，但增长空间非常大。根据相关数据，2014 年全年，全国 P2P 平台的成交额超过 2 000 亿元，比 2013 年的近 900 亿元，增长超过 100%。中国 P2P 网贷行业如此野蛮地快速发展，凸显了 P2P 行业风险和机遇并存。P2P 借贷行业的目标贷款用户，是中国最庞大的金融弱势群体“中低收入工薪族、小微企业主和个体工商户”。当前的金融体系中，这些群体从传统金融机构中获得所需要的金融服务非常困难，这也成为 P2P 借贷行业稳定的需求市场，给行业提供很大的空间。

2015 年 1 月，央行明确了 P2P 资金托管机制，在 3 月份迎来行业的“四条红线”：一是要明确平台的中介性；二是明确平台本身不得提供担保；三是不得搞资金池；四是不得非法吸收公众存款。从目前中国 P2P 行业的运行情况来看，绝大多数平台均是以信息中介的角色来运作，强调平台本身不搞资金池、不非法吸收公众资金，也强调与第三方合作建设独立的资金账户，用于区别平台自身运作资金。但是大部分平台仍然在利用不同的方式对投资者进行担保（有平台自身进行本息担保或利用第三方担保机构对项目进行担保等等）。这点与“四条红线”的规定有一定出入，但其中并没有明确具体的细节，也成为了一个灰色地带。另外，这“四条红线”的指导意见，也并没有确定行业进入门槛、运作细节、惩罚制度等方面的内容，而在平台运作的监

① 作者：邬润龙（1979～），中华财险信用保险部；任国良（1984～），中华保险研究所。

管方面，对平台的信息监管、股东信息、交易信息等记录数据的公开、统计口径、取证方式、违规惩罚等方面均需要细节的落实。所以当前的指导意见，对行业的规范化起到的作用有限。

2015 年 3 月在“两会”期间，李克强总理的政府工作报告对互联网新经济给予厚望，报告中把互联网金融表述为“异军突起”，要求促进“互联网金融健康发展”，这意味着互联网金融发展春天的到来，鼓舞了 P2P 行业的发展。后续一旦监管层确定 P2P 行业的具体监管细节，P2P 行业的生态环境将会产生巨大变化。届时，行业的格局和发展将会受到很大影响，一些缺少长期规划和资质不足的平台，将会逐渐被淘汰。在监管靴子落地之前，目前的上千家网贷平台，需要在长远发展的角度积极准备应对监管的来临。在这种情况下，可以预见，后续 P2P 将开始具备一定的牌照价值或者行业壁垒，现在建立做大 P2P 平台，则有利于抢抓互联网时代的金融机遇，有利于获取很大的牌照溢价。另外，如果能结合线上运营体系，结合 P2P 平台实现 O2O 的线上线下协同，将带来极大的经济价值。

一、中国 P2P 行业运行概况

春节过后，P2P 网贷行业成交量强势反弹，2015 年 3 月 P2P 网贷行业整体成交量达 492.60 亿元，创历史新高，环比 2 月上升了 46.98%，是上年同期的 3.51 倍。P2P 网贷行业历史累计成交量已突破 5 000 亿元，预计 2015 年 P2P 网贷行业全年成交量将突破 6 000 亿元。伴随着网贷成交量的快速增长，P2P 网贷行业贷款余额已增至 1 518.03 亿元，环比 2 月增加 21.83%，是上年同期的 3.97 倍，按照 2014 年以来网贷余额增长速度，预计到 2015 年底网贷余额或突破 3 500 亿元。2015 年 3 月网贷借款人数为 18.17 万人，是上年同期（4.38 万人）的 4.15 倍。另据相关研究数据显示，2015 年 3 月，我国网贷行业综合收益率为 15.02%，环比上月下降了 44 个基点，同比上年（21.01%）下降了 599 个基点（见表 3－2）。

表 3－2　　近期我国 P2P 平台运行情况表

时间	运营平台数量（家）	贷款余额（亿元）	综合利率（%）	平价借款期限（月）
2014.01	880	308.7	19.75	5
2014.02	948	336.8	21.63	4
2014.03	1 023	381.9	21.01	5
2014.04	1 073	400.2	20.20	5
2014.05	1 125	426.9	19.60	5
2014.06	1 184	476.9	18.54	5

续表

时间	运营平台数量（家）	贷款余额（亿元）	综合利率（%）	平价借款期限（月）
2014.07	1 283	522.9	17.84	6
2014.08	1 357	580.9	17.46	6
2014.09	1 438	646.1	17.14	7
2014.10	1 474	744.1	16.46	7
2014.11	1 540	896.4	16.30	7
2014.12	1 575	1 036.1	16.08	7
2015.01	1 627	1 120.6	15.81	7
2015.02	1 646	1 246.1	15.46	7
2015.03	1 728	1 518.1	15.02	7

2015 年 3 月网贷平台的活跃投资人和借款人扭转了今年前两个月的下降趋势，且投资人比借款人增长得更快。其中，投资人数为 96.16 万人，较上月上升 18.92%，创历史新高；借款人数为 18.17 万人，较上月上升 12.31%，但仍然没有恢复到2014 年年底的水平（19.10 万人）。网贷投融资人数的恢复性增长，除了春节假期造成的 2 月基数较低，还因为 2015 年 3 月“两会”，李克强总理的政府工作报告对互联网新经济寄予厚望，同时监管条例的发布越来越近，也加速了行业的正规化，有助于提升网贷投融资的安全性（见图 3－9）。

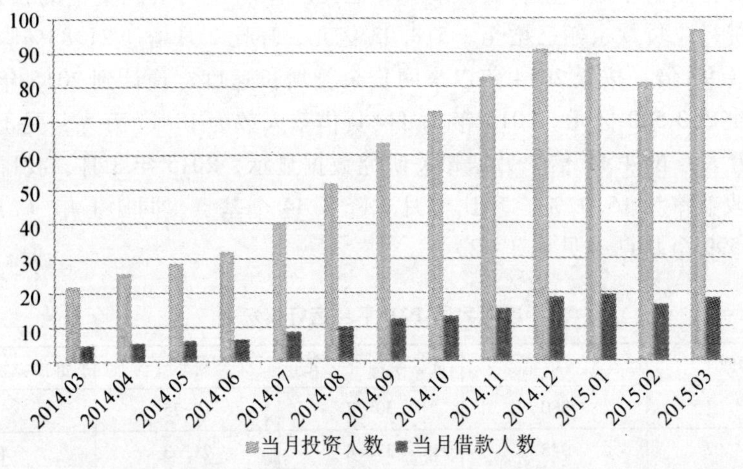

图 3－9　近期各平台投资人数和借款人数

从目前网贷平台的整体运行情况来看，高息不再是平台吸引投资人的唯一策略。为了降低运营成本，从开发更多优质的借款人扩大业务量以及稳定经营角度考虑，不少平台逐步下调收益率水平，低收益率大型平台的成交量不断扩大。另外，受央行相关政策的影响，P2P 行业综合收益率持续下滑。相关数据显示，3 月份，主流综合收益率区间仍然是 15% ~20%，占比为 33.96%。值得一提的是，利率区间 40% 以上的高息平台数量进一步下降，占比为 2.61%；同时，12% 以下的平台数量有所增长，占比达到了 11.54%（见图 3 -10）。

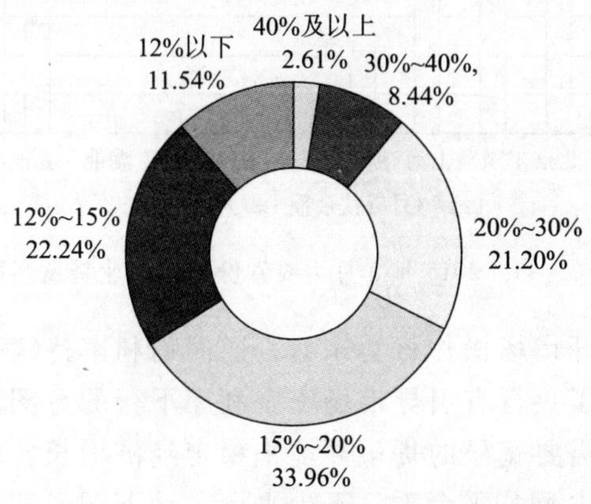

图 3 -10 各综合收益率区间的平台数量分布情况

从地域情况来看，与 2 月呈现多数省市成交量下降不同，3 月绝大多数省市网贷成交量大幅上升，其中 11 个省市网贷成交量涨幅在 50% 以上。从省份分布上来看，广东、北京、上海、浙江网贷成交量仍位居前四位，分别达 184.94 亿元、90.4 亿元、64.03 亿元和 56.47 亿元，环比 2 月分别增加 63.08%、28.43%、57.88% 和 44.90%，累计成交量占全国的 80.36%。这些地区文化教育、经济金融业较为发达，在现有征信体系不健全的情况下，广东、北京、上海、浙江的 P2P 网贷平台主体资信质量相对较高，因此也备受投资人青睐，加上地方性扶持政策的颁布，使得众多平台涌入，成交规模区域性优势逐渐深化。虽然区域性优势已经凸显，但是对于一些内陆省市的 P2P 网贷平台来说，仍然大有可为。随着平台业务模式细分，这些地区的平台可结合其当地产业结构，规划自身发展方向。另外，2015 年 3 月重庆、安徽、山东、福建、江西等地网贷成交量虽不到 20 亿元，但上升幅度均在 50% 以上。

从省份分布上看，北京、广东、上海、浙江、江苏和山东仍然位列前六，总贷款余额达到 1 327.22 亿元，占全国贷款余额的 87.43%，环比上月增长 21.03%。北京仍然延续上月的高增速，本月贷款余额为 458.31 亿元，环比增加 20.58%，进一步确立领先优势；广东、上海、浙江三地网贷贷款余额也都有不同程度的增加，环比 2 月分别增加了 24.38%、16.61% 和 27.83%；江苏、山东、四川、湖北网贷贷款余额平均增长速度也在 15% 以上。以重庆、安徽为代表的其他地区贷款余额平均涨幅达 33.47%（见图 3 -11）。

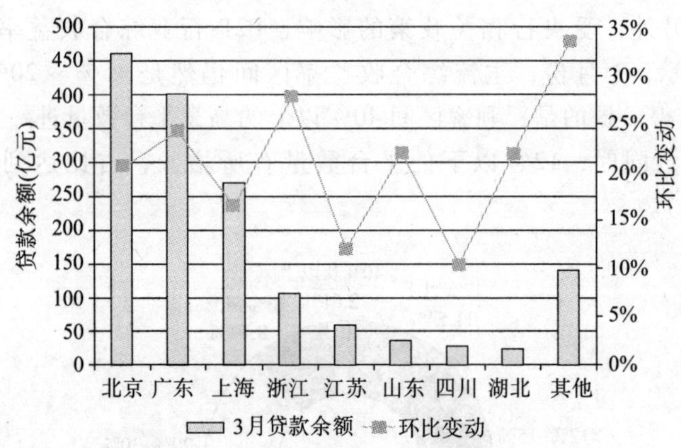

图 3－11　2015 年 3 月主要省份 P2P 行业贷款余额

从 3 月份的公开市场操作行为来看，逆回购利率持续下行。逆回购中标利率持续下行反映了央行有引导市场资金利率下行的意图。市场预期随着经济下行压力增大，需要宽松的货币环境来稳定经济增长，后期降准的脚步渐行渐近。从各大 P2P 网贷平台看，不少平台主动下调了利率。同时低收益率大型平台的成交量不断扩大，以及央行相关政策的影响，进一步带动了行业综合收益率的下滑。预计至 2015 年年底行业综合收益率将跌至 12%～13%。3 月的主流综合收益率区间仍然是 15%～20%，平台数占比为 33.96%，比上月上升 3.29 个百分点。利率区间为 40% 以上的高息平台数量进一步下降，本月占比只达到 2.61%，同时相对的 12% 以下的平台数量有所增长，本月占比达到了 11.54%（见图 3－12）。

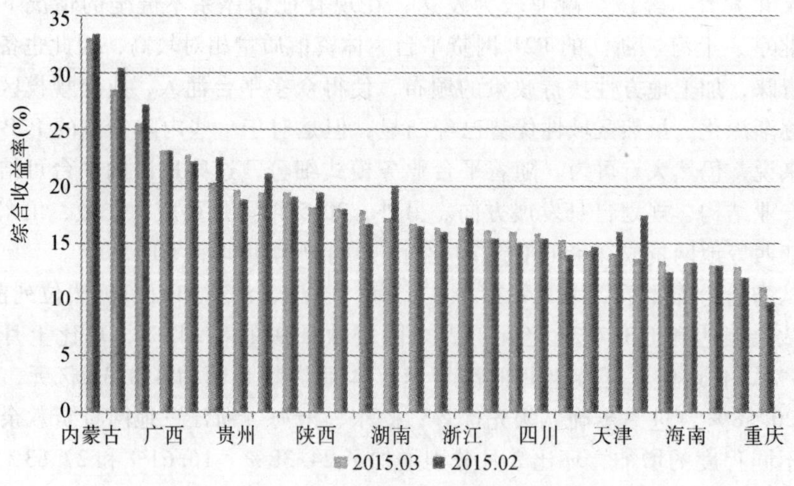

图 3－12　各省综合收益率对比

2015 年 3 月有 20 个省市的综合收益率高于全国平均水平。与上月一致，内蒙古、安徽和甘肃收益率仍然排名第一至第三位，但从数据看，内蒙古、安徽、甘肃三个省份的收益率都有小幅下降。3 月综合收益率超过 20% 的省份还有广西、江西、山西，江西本月的综合收益率上涨 0.6 个百分点，而山东的综合收益率下滑达 2 个百分点。反观低收益率的省市排名，继续由重庆、上海、辽宁、北京和海南所占据。不过从数据看，这五个省市的综合收益率比 2 月都有一定程度的上涨，其中重庆上涨幅度最大，上涨幅度为 1.35 个百分点。上海、辽宁相比上月上涨幅度约为 0.8 个百分点，海南、北京 3 月综合收益率与 2 月相比几乎保持不变。3 月湖南、宁夏、天津的综合收益率出现了比较明显的下滑，而河南、云南出现了较为明显的上涨（见图 3－13）。

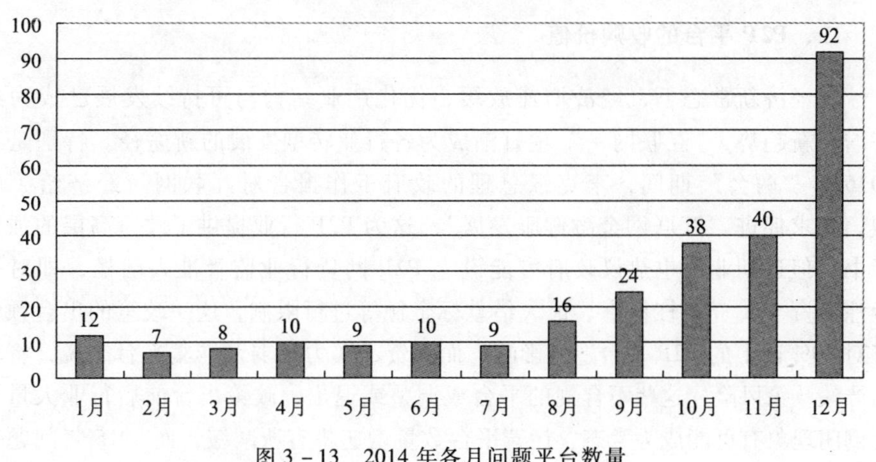

图 3－13　2014 年各月问题平台数量

在 P2P 平台数量和成交量一路狂飙的同时，P2P 公司“跑路”事件也越来越频繁。根据相关数据，2014 年全国问题平台高达 275 家，是 2013 年的 3.62 倍。仅 12 月份就出现问题平台 92 家，超过了 2013 年全年的问题平台数量。根据网贷之家公布的行业数据，平台爆发问题的时间集中在 10～12 月，尤其是 12 月份问题平台达 92 家，占了全部问题平台数量的三分之一。2015 年 3 月新上线平台 138 家，爆发问题平台 56 家，正常运营平台 1 728 家，环比上月上涨 5.0%。3 月各省新上线平台较上月有所提速，山东、广东和北京位列前三，分别上线 37 家、21 家和 16 家，浙江、上海紧随其后上线 15 家和 10 家。目前，各省份正常运营平台数量最多的仍是广东，有 359 家，平台数量继续了 2015 年以来的增长势头，问题平台爆发数量比上月增加 1 家，达到 10 家。浙江仍然排名第二，正常运营平台比上月增加 11 家，达到 248 家。山东由于新上线平台数量最多，超过北京，进入运营平台数量前三，但问题平台多达 15 家，也是各省之最，问题平台爆发的形势有所抬头。延续上个月的情况，3月问题平台数量继续减少，问题平台发生率虽然下降到3.40%，但仍然远超上年同期水平（0.84%）。这些问题平台爆发呈现地域性分布，多位于山东、广东、北京、四川和浙江。此外，问题平台的平均运营时间达到7.51个月，较上个月有所缩短，绝大多数都是1年以内的新平台。锐忻投资、盛泰投资、安贷创投和欧亿投资等新平台上线不到一个月即跑路。由于银监会对P2P行业的监管条例发布在即，许多自知无法达到监管条件的小平台选择跑路或停业来应对，三人贷宣布4月2日将关闭网站，要求投资人尽快提现；闽台贷也发布公告，由于公司盈利未达理想状态，将从即日起（3月23日）停止发布新标，进入财务清算程序。总起来看3月的问题平台原因表现为跑路最多（占比55%），其次是提现困难（占比32%），最后是停业。

二、P2P平台的收购价值

在经济新常态下，经济增速放缓，优化产业结构与可持续发展已成为经济增长新趋势，“互联网+”也日渐成为各行业转型发展的新途径。特别是在2015年“两会”期间，李克强总理的政府工作报告对互联网新经济给予厚望，要求促进“互联网金融健康发展”，这为P2P行业提供了政府高层的强力背书。但近期业内也热议政府可能设立P2P网贷行业监管准入门槛，即对平台注册资金、资金杠杆率、最大借款标金额等进行限制，这一政策的出台预计将对80%以上的P2P平台造成影响。而对资本实力较弱及诈骗平台来说，将面临严峻政策风险，这些不合规的平台或调整或退出，政策出台前后行业大量平台倒闭现象有可能成为常态，运营平台数量增速将有所减缓，而2015年问题平台数量预计将达到一新高峰。我们认为这恰是进入P2P行业的好时机。

首先，与我们的竞争对手对P2P的渗透相比，我们对P2P还大多停留在一种后知后觉的状态上。随着社会各界对P2P网贷发展前景的看好，不单是一些创业公司进入P2P行业，很多资金雄厚的企业，特别是一些金融保险机构也开始进入这个行业，根据我们的统计，国企和上市公司入股的P2P平台均为17家，银行系平台达12家。除了最近进入P2P网贷行业的银行业，还有一些国企和上市公司，依靠母公司的资金和信用为新成立的P2P公司隐性背书，增加客户对自己资金安全性认可。2012年12月在江苏成立的开鑫贷，是当时国内网贷平台唯一的国资背景平台，仅一年多时间，全国各地国资背景的P2P平台纷纷成立，如众信金融、晋商贷、金开贷等。目前国企背景的P2P平台主要有两种模式：一种由国企全资筹办，包括陕西金融控股集团与国开行陕西分行设立的“金开贷”，北京市海淀区国有资产投资经营有限公司投资的“众信金融”；另一种由国企控股和参与管理，如由安徽省供销社参股、安徽新力投资有限公司控股和管理的“德众金融”。

另外，单从保险公司控股或参股的 P2P 平台发展来看，除了平安在 P2P 行业的“领头羊”陆金所，近期（4 月 12 日）阳光保险集团宣布，由阳光保险发起设立的互联网金融平台——北京中关村融汇金融信息服务有限公司（简称“惠金所”）成立，而这也是继平安陆金所后，第二家由“保险系”设立的 P2P 公司。2014 年，阳光保险集团与清华大学五道口金融学院联合成立了互联网金融智库——阳光互联网金融创新研究中心，专门从事互联网金融的研究工作，成为惠金所提供在大数据和互联网科技方面的强力支持。惠金所将成为包括 P2P、C2C、B2C、B2B 等金融资产交易信息服务在内的综合互联网金融服务平台。阳光保险对外宣称，惠金所将为广大合格投资者提供多样化的投资理财选择，为个人消费和中小微企业提供安全、高效、便捷的融资通道，为非标金融资产提供透明便捷的转让平台，为发展普惠金融、改善民生、促进消费、推动中小微企业发展、提高金融资产的流动性、支持创新型国家建设发挥积极的作用。该平台将会与医疗、教育、创新创业型高科技企业等产业链和企业的投融资需求深度融合，构建“互联网金融 +”生态创新模式，走出一条有特色的互联网金融“普惠”之路。不过，客观来看，惠金所的设立将为阳光保险优质资产的获取、风险控制、投资客户获取、平台运营提供更加专业、宽广的创新平台（见表 3 – 3）。

表 3 – 3　国资背景 P2P 平台运行情况

平台	成立时间	股东背景	产品
开鑫贷	2012. 12	国开金融、江苏金农公司	商票贷、银鑫贷、保鑫贷、开鑫保、惠农贷、苏鑫贷
众信金融	2014. 03	北京海淀区国有资产投资公司	环保新能源实体项目
晋商贷	2012. 06	新晋商电子商务股份有限公司	担保标、抵押标、信用标、净值标
金开贷	2013. 05	陕西金融控股集团、国开行陕西分行	小微企业贷款
德众金融	2014. 04	安徽新力投资有限公司	企业经营贷、个人消费贷、债券转让项目
民生易贷	2014. 07	民生电商	如意号、满溢号
小马 bank	2014. 06	包商银行	千里马、马宝宝

资金实力雄厚的传统金融机构也在加速布局 P2P 领域，比如民生电商旗下的“民生易贷”和包商银行的“小马 bank”，均在 2014 年上线。对于银行业来说，P2P 网贷的本质就是将自身的信贷经营模式从线下放到了线上，而且在 P2P 网贷平台跑路风潮不断的情况下，银行做 P2P 网贷有着天然的安全口碑。面世之后受到很大的追捧，“民生易贷”如意 3 号 1 000 万元项目额度 4 分钟售罄，招商 P2P 产品，5 000 万元投资额度当天售罄。一些上市公司也

看好 P2P 网贷行业的发展前景，积极投资加入其中。深圳鹏鼎创盈金融信息服务股份有限公司当前业务以 P2P 网贷为主，未来将打造成综合互联网金融平台。这家 P2P 公司的 27 位股东中，有 16 家是上市公司，包括新纶科技、汤臣倍健、天源迪科、沃尔核材、科陆电子等等。一方面上市公司希望通过涉足 P2P 网贷这个高速发展的行业来吸引投资者的目光，提升资本市场融资能力；另一方面也希望借助上市公司自身的资源，为所投资的 P2P 网贷公司搭建信用平台和借贷需求，从而为公司注入新的增长机遇。总起来看，国资背景和银行背景的 P2P 由于较强的信用背书，使得平台一上线，便获得普通投资人的资信认可，也引起行业的重视。

第二，从短期收益来看，收购 P2P 平台将产生资本溢价。对于资本市场来说，P2P 网贷行业的互联网规模效益、借贷双方的巨大市场需求以及简洁清晰的商业模型，均显示 P2P 行业是一个值得进行资本运营的行业。2014 年 12 月 12 日，全球最大 P2P 平台 Lending Club 成功登陆纽交所，上市首日涨幅高达 56.2%，成交量近 4 500 万股，市值高达 85 亿美元。Lending Club 上市是 P2P 行业发展的里程碑事件，为国内 P2P 平台带来了较强的示范效应，提振了 P2P 市场的整体士气，诸多 P2P 平台加速 IPO 计划。2014 年底，陆金所引入战略投资者摩根士丹利，估值达 100 亿美元，大摩持股比例 5% ~10%，成为国内首家公开寻求海外 IPO 的 P2P 平台。红岭创投、拍拍贷、91 金融等 P2P 平台也传出筹备上市的消息，若干新兴的 P2P 平台陆续挂牌区域股权交易中心。人人贷、有利网、点融网、爱投资、信而富等优质 P2P 平台均已经收获了千万级别的投资。其中人人贷获得 1.3 亿美元的融资，成为资本市场对 P2P 网贷认可的标志性事件。近日，拍拍贷也宣布完成 C 轮融资，融资额近亿美元。据了解，进入 2015 年以来，已有约 14 家平台获得风投，仅 2015 年一季度风投签收 P2P 平台的数量就达到了上年全年的一半，而且其中多家融资额超过千万元。

第三，从长期收益来看，P2P 产业链金融相结合，不仅为 P2P 平台提供了优质资产端，也给产业链金融提供了丰富的资金端，解决了产业链金融过度依赖自有资金和银行的问题。另外，对 P2P 平台的收购整合，也将与 P2P 平台发挥的线上作用相结合，与线下的产业链金融进行线上线下互动，通过这种 O2O 模式提升行业竞争力和运营效率。如果将上述对 P2P 平台收购产生的资本溢价或平台增值看作一种短期收益的话，从长期来看，对 P2P 平台的收购整合也将对金融机构和 P2P 平台带来 1 +1 大于 2 的效果。

1. 对于产业链金融来说，对 P2P 平台的收购整合一方面能够给产业链金融提供丰富的资金来源，另一方面是能够通过 P2P 平台开展资产转让或资产证券化业务，盘活存量资产。这两条路径都可以有效解决产业链金融过度依赖自有资金和银行的问题。产业链金融主要致力于服务实体经济特别是产业链上下游众多中小企业，在产业链金融服务中，作为核心企业依靠自身的优势地位和良好信用，帮助甚至直接给予产业链中的弱势中小企业融资，维持产业链的稳定性。但金融机构自有资金毕竟有限，在项目需要的时候也要去银行等金融机构筹资。如果能够实现对优质 P2P 平台的收购，将有效丰富自身的资金来源和资金渠道，充分将金融服务与产业链对接，通过金融服务获取更大的收益。除了直接通过 P2P 平台获取闲散社会资金，P2P 平台也能够帮助开展资产证券化业务，将房地产、信托、租赁、小贷类项目通过打包方式在 P2P 平台兜售（类似于陆金所的模式），盘活存量资产。

另外，对 P2P 平台的收购，除了解决资金来源外，也将推动 P2P 平台与线下的产业链金融进行线上线下互动，通过这种 O2O 模式提升行业竞争力和运营效率。目前，线下的产业链金融布局、经营网络覆盖、金融牌照体系都较为完备，后续如果能加大对线上布局的改善，通过收购 P2P 平台介入金控集团发展模式和房地产金融产业链，将对目前东产业链金融体系进行更有效的整合，进一步提升金控平台的核心竞争力。

2. 对于 P2P 平台来说，对 P2P 平台的收购整合将帮其降低项目风险，获取优质的资产端和项目来源。这主要体现在以下两方面，一是通过产业链金融的风控模式来降低 P2P 平台的风险。目前有较为成熟的产业链金融风控模式，产业链金融或供应链金融主要是通过对产业链的商流、信息流、资金流、物流进行控制，来降低银行风险，如果 P2P 平台能够与产业链金融相结合，也将降低 P2P 平台的风险。另一方面是通过体系向 P2P 平台提供优质项目。P2P 平台规模和风险成为短期难以调和的主要矛盾，如何源源不断地获取优质资产，是 P2P 平台正在或将要面临的最大挑战，这恰恰也是大型金融机构的优势所在，这些企业在全国各地都有经营网点和项目资源，可以为 P2P 平台提供大量优质项目。我国 P2P 行业的突飞猛进，实际上更多是传统民间借贷市场的搬家，大部分 P2P 都和小贷公司、财务公司等形式的影子银行有着紧密合作，有些 P2P 是平台类型的，聚集多家小贷，有些 P2P 是直接归属某家小贷公司的，民间借贷市场规模巨大，所以如果能将 P2P 和金融机构进行系统联结才更有价值。本质上来看，跟小贷联系到一起的 P2P 平台，是小贷公司给 P2P 提供了资产端。但是小贷公司这种资产端难以规模化和标准化，风险可控程度也相对较低，如果 P2P 与资产端分离，P2P 盈利将难以持续，风险也将难以控制。金融行业盈利本身依靠规模和杠杆，利差和风险不可兼得，利差越小风险越小，安全、可持续的发展需要解决规模和风险的问题。所以 P2P 与规模大、风险可控的金融机构相对接，是安全、可持续发展的重要手段之一（见表 3 - 4）。

表 3-4 我国 P2P 平台与优质资产端的对接情况

P2P 平台/产品	对接资产端	服务领域
招财宝	阿里巴巴	阿里电商平台供应商
京宝贝	京东	京东电商平台供应链
新浪微财富	金银猫、票据宝	供应链金融
宜信	Ebay	Ebay 电商平台供应商
云融网	淘车无忧	二手车商和购车者融资服务
积木盒子	大搜车	二手车经销商库存融资
中瑞财富	瑞贸通	大宗商品供应链
金联储	金银岛	大宗商品供应链
陆金所	绿地、世贸	房地产首付款、尾款
广州 e 贷	方圆地产、美林基业	房地产首付款
房金所	新浪易居	房地产首付款
银湖网	熊猫烟花	熊猫烟花供应链企业融资
投哪网	跨国采购中心	供应链金融

从国内这方面的发展现状来看，产业链金融已经成为 P2P 的优质资产端，随着垂直电商由传统的资讯、广告、会员等服务向产业 O2O 延伸，产业金融已经开始将相关业务引入线上，并且跟线下的产业链资源整合打通，初步形成了闭环可控的支付场景。目前国内成功的 P2P 平台基本都与优质资产相整合，2014 年以来，已经构建形成可控闭环的产业 O2O 平台、综合电商平台、大型供应链体系等成为 P2P 积极拥抱的优质资产，供应链或者电商平台提供风险控制和融资需求，成功与 P2P 对接，形成真正闭环。目前，产业链或供应链金融主要是阿里、京东、苏宁这样的电商平台在做，主要面向电商供应链上的中小企业。电商巨头做金融业务的优势是掌握中小企业资金流、信用、订单等大数据，通过数据分析 + 信用体制来控制融资风险。除了阿里、京东等综合平台，房地产、汽车、大宗商品平台或产业链，由于其天然的巨大市场规模和较强的金融属性成为 P2P 比较欢迎的资产端。经过近几年的用户习惯培育和国内互联网环境的成熟，不同领域的产业互联网支付端已经产生了较高的交易额，给予配套供应链金融服务以较大的施展空间。平台通过自建 P2P 模式或者引入成熟的 P2P 平台跟平台对接，基于支付场景提供融资服务，P2P 从理论逻辑上解决了产业互联网提供供应链金融的资金来源瓶颈（见表 3-5）。

表 3-5 我国 P2P 平台与各行业对接情况

相关上市公司	互联网主体	所属行业	行业年成交规模
未上市	淘汽档口	汽车配件 B2B 采购	数千亿规模
上海钢联	钢银	钢铁 B2B	万亿规模
未上市	找钢网	钢铁 B2B	万亿规模
物产中拓	中拓钢铁网	钢铁 B2B	万亿规模
欧普钢网	欧普钢网	钢铁 B2B	万亿规模
隆基机械	车易安	汽车配件 B2B 采购	数千亿规模
生意宝	网盛大宗	化工 B2B	万亿规模
辉丰股份	农一网	化肥农药 B2B	千亿规模
腾邦国际	信心旅游	旅游 B2B	数千亿规模
广联达	旺财	建材 B2B	万亿规模
三五六网	装修宝	家居建材 B2B	万亿规模

结合国内上述 P2P 与优质资产端的对接情况来看，P2P 平台只有与东方公司这种规模大、风险可控的资产端对接才能更好地实现可持续发展。P2P 平台收购后怎么选择细分市场，这是另外一个重要的问题。P2P 平台在收购后，除了要与产业链形成线上线下协同的产业链模式，也要结合金融机构的优势，寻找差异化定位。目前一些差异化定位的平台运作的都非常成功，有 P2P 平台专为大学生、公务员、IT 工程师等细分人群，有的 P2P 则服务农业、林业、养殖业等特定行业，也有部分瞄准用户行为或使用场景，如结婚贷、装修贷，票据质押、保理、融资租赁等传统金融业务，也被创新者搬到了互联网上，形成诸如票据客、E 租宝等平台。一些区域性 P2P 平台的崛起成为行业的新力量，比如江浙一带票据业务比较发达，一些传统票据业务公司开始转战线上；再如天津融资租赁业务发展，许多针对融资租赁的 P2P 平台从天津起家，保理公司从深圳、天津起步，借互联网的快速扩张能力，推向全国。这些 P2P 平台，借由对金融、实业细分行业的熟悉，多数寻找资产端项目较强，风控能力比较强，再借助互联网，可以较快弥补资金端的不足，值得我们深入学习借鉴。

三、P2P 平台的收购策略

（一）国内优质 P2P 平台的运行概况

从各平台成交量来看，2015 年 3 月红岭创投、陆金所、PPmoney 网贷成交量位居前三位。春节过后，许多平台运营恢复正常，成交量出现大幅上升。如图 3-14 所示，这些平台 3 月成交量平均增幅达 62.71%。其中，红岭创投

3 月成交量较 2 月翻番，成为绝对增量最大的平台，3 月成交量达 85 亿元，遥遥领先于第二位的陆金所，平台规模优势凸显，但也不能忽略其大标模式所存在的违约风险和政策风险问题（见图 3 – 15）。

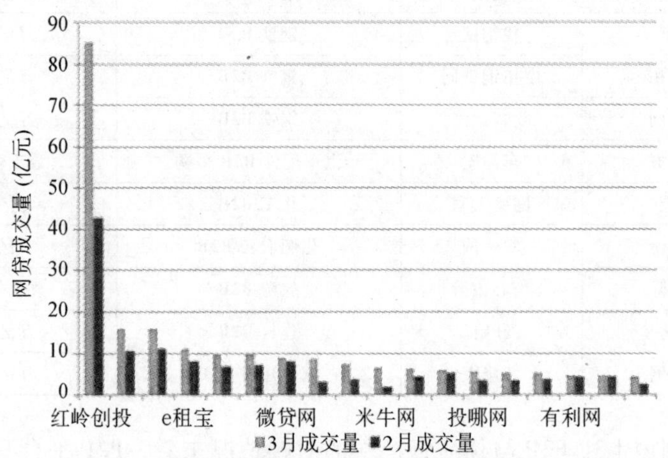

图 3 – 14 部分平台近期网贷成交情况

图 3 – 15 中国优秀 P2P 平台汇总

受股市利好和风投入股效应影响，3 月米牛网网贷成交量大幅上升，较 2 月增加了 240.63%。另外，以陆金所为代表的银行系平台高净值客户较多，易受股市影响，如陆金所 3 月债权转让标明显增多，除去季节性影响，其成交量出现一定程度地增长乏力。

从各平台的贷款余额上看，多数平台贷款余额在上升，贷款余额超过5亿元的平台达62家，环比2月增加40.91%。红岭创投由于3月成交量大幅上升，其贷款余额已超越陆金所位居第一位，高达137亿元。陆金所、人人贷则紧随其后，位列第二、三位。在变动幅度方面，e租宝、红岭创投由于本月成交量大幅上升，使得贷款余额显著增加，环比2月分别增加50.02%和48.82%。此外，PPmoney、积木盒子、金信网3月贷款余额增速也在20%以上。陆金所、人人贷、有利网、爱投资、向上金服等平台贷款余额上升幅度在10%左右。随着平台贷款余额的上升，多数平台的杠杆率已超过10倍，甚至百倍。在未考虑担保公司保证金及平台的风险准备金的情况下，红岭创投、有利网、爱投资的杠杆率均超过200倍。陆金所、人人贷、宜人贷的杠杆率也超过10倍。若监管政策对平台杠杆率有所限制，许多大平台将面临政策风险。另外，我们也对国内优秀P2P平台从上线时间、历史交易、年化收益、项目来源、担保情况、平台产品、债券转让等几个方面进行了对比分析，具体参见表3-6。

综合来看P2P网贷平台的运作模式大同小异，最大的区别在于各平台的获客模式、风控理念和操作方法、获取项目的来源、是否有资金雄厚的母公司进行隐性背书等多个方面。根据不同的借贷平台的情况来看，获取借款人的需求并形成上线标的主要有以下几个方面途径：第一种是通过P2P平台在线申请，在线审核申请人资料，或同时线下进行调研评估，最后授予信用额度。拍拍贷、信而富等平台基本是采用这种模式；第二种是通过P2P平台的线下分支机构进行申请，各分支机构进行审核，然后上线贷款需求，形成标的。目前人人贷、宜人贷等平台主要采用这种模式；第三种是通过P2P平台的合作机构（比如有资质的小额贷款公司）推荐项目到平台公司，然后公司再进行评估，最终确定借款人资格，形成上线标的，目前有利网主要是这种模式。另外，在上述对各P2P平台的各个维度进行对比分析的基础上，我们可以发现前几大优质P2P平台的经营都有自己的侧重点和特色。

红岭创投在风险控制方面不同于大部分平台所强调的通过小额分散的方式降低风险，红岭创投也倾向于采用严格调研大金额项目来提升项目上线金额。目前红岭创投主要有两个平台提供服务：红岭创投和投资宝。前者大部分的项目金额均在1千万元级以内，属于传统意义上的P2P网贷平台范围。而投资宝的项目金额非常大，接近亿元级别。拍拍贷的特色在于其对借款人资格的审查是纯线上审查，他们控制风险的办法主要依靠平台的线上评估技术，他们今后更希望深耕自建征信体系，甚至期望自身征信体系达到一定规模时，不但可以为自身网贷平台提供更好的服务，也希望为其他公司提供服务。信而富集团的特色在于他们在风控方面具有丰富的实践经验，曾多次参

表 3－6 国内主要 P2P 平台表

P2P平台	上线时间	历史交易额	历史年化利率	项目来源	项目风控方法	提供担保的资金来源	平台产品	债权转让	资金托管情况	平台收入来源	项目逾期情况	信息披露情况
点融网	2013	2013年底总交易额超过1亿元	14.07%	通过点融网进行网上申请，当借款人完成身份认证之后获得信用等级。根据信用等级的不同，获得不同的贷款利率。然后将所有评估信息和贷款需求上线成为项目标的	将贷款人划分为个人贷款、海外留学和中小企业贷款三个类型，对应在线收集其对应的资料，然后利用平台信用评估手段，设定相应凭借评级和贷款利率	有条件的提供本金保障，条件较为苛刻，包括：分散投资30笔以上、单笔投资不超过此笔借款金额的5%，等等。本金保障的资金来源为平台专项拨款建立“风险准备金”	散标：有中小企业、个人等需求的标的，采用等额本息还款 团团赚：分为不同投资起点的新手团(100元)、稳健团(1万元)、高手团(500元)、VIP团(30万元)	提供债权转让	所有借贷的资金都是通过第三方支付公司汇付天下实现资金托管	出资人费用：收取出借人利息收益10%作服务费。若出借人转让债权时收取交易金额2%手续费。借款人费用：针对商业类或者个人类贷款，收取贷款金额2%起作为服务费，另外每月将收取贷款金额的0.2%起作为账户管理费。贷款逾期的罚息提供4天宽限。如果仍未还款，则从逾期当日开始按照逾期本息总额计算每天0.1%罚息	未披露	面向投资者披露团团赚的资金项目流向，但是，并未针对网站运作定期公开披露

续表

P2P平台	上线时间	历史交易额	历史年化利率	项目来源	项目风控方法	提供担保的资金来源	平台产品	债权转让	资金托管情况	平台收入来源	项目逾期情况	信息披露情况
人人贷(母公司:人人友信集团)	2010	截至2014年6月30日，平台的交易额突破30亿元	12.85%	人人贷采用多种项目获取途径，主要的项目来源有：1. 通过与同属于人人友信集团的友众信业金融信息服务（上海）合作，从线下友信的门店获取。2. 有借款需求的用户经互联网向人人贷提交完整的信用审核材料，线上完成信用评估。据人人贷报告显示，通过线下认证的方式获取的项目占据大部分，达到87.74%		平台专项建立“风险备用金”针对出借人进行本金保障。风险准备金的来源有两个：每次成交时按照信用等级收取的0到5%的借款服务费，以及在借款人出现逾期后追回的本息及罚息	散标投资：人人贷列出通过审核的借款需求，供出借人进行投资。投资人将资金投入所选择的项目，完成每月的本息返还。优选计划：具有优化的自动投资功能的计划，对参与计划的出借人，自动分散投资至不同的项目（只投资机构担保项目和实地考察认证项目），并且可以选择性的实现利息收入每月提现或再投资。12个月的锁定期，在锁定期内可以进行债券转让	提供债权转让，并收入相应服务费用，对人人贷的风险准备金托管的数据进行公告	招商银行上海分行提供资金托管服务	借款人：借款管理费：收取借款本金的0.3%；债券转让，收取转让方0.5%的金额转让管理费。逾期罚款、逾期管理费、出借人（目前出借人费用为0）：选理财计划费用为：加入费用、服务费用、退出费用	以2014年上半年为例，考虑逾期30天以上定义为坏账，考虑坏账与历史成交额的比例为坏账率。目前的坏账率在0.49%。目前备用金余额与待还本金之比为2.31%坏账率的定义为：逾期30天以上的金额/历史成交金额	资金托管报告每月披露，招商银行上海分行按季度发布发布业绩公告，包括公司业绩回顾、产品研发优化进展、企业动态等。其中，公告中包括公司的项目逾期情况、补偿金使用情况等信息

续表

P2P平台	上线时间	历史交易额	历史年化利率	项目来源	项目风控方法	提供担保的资金来源	平台产品	债权转让	资金托管情况	平台收入来源	项目逾期情况	信息披露情况
红岭创投	2009	截至2013年，交易额达到22亿元	15%~18%	红岭创投从线上线下多种途径收获项目。红岭创投官方网站线上申请。平台的投资人，根据其在本平台上的净值额度，向平台申请借款，此类借款标的将自动复审。可信担保推荐标的（可信担保是红岭创投全资拥有的子公司）	由可信担保根据借款人扫描上传的资料进行审核，如果借款人信用良好，将授予其部分信用额度，正常还款下额度可循环使用。如借款人到期还款出现困难，逾期十天之后由可信单板垫付本金还款，债券转让为可信担保所有。信用借款标逾期第10天由可信担保先行垫付本金还款。可信担保经过严格核查借款人资产负债，根据借款人的资信状况，办理抵押担保手续，确保风险在合理的范围内。对于大额项目风控，进行尽职调查	成为VIP会员，100%本金先行垫付，所垫付资金预计来源平台收入	快借标：企业抵押快速借款标；推荐标：企业或个人足值抵押借款；公信贷：公务员个人信用借款；信用标：通过用户资料审核获得喜用借款额度；净值标：投资待收款、账户余额获得借款额度；资产标：通过资产评估获得借款额度；秒还标：借款完成后自动审核并还款的娱乐标	不提供债权转让	与平安银行签约，实现银行资金存管，用户资金将专户专款专用，保障资金与交易安全	VIP费，每年180元；投资管理费：用户成功投保之后，在解困用户还款时，按投资者利息收益的一定比例收取利息管理费。利息收益的0~10%；借款管理费：按照标的类型不同收取借款管理费，在借款标的审核通过时一次性扣除，年化率3%~6%	截至2014年3月27日，累计成交51.06亿元，已计入坏账总额为3 505万元，累计坏账率为0.686%	从2014年起开始按照半年度为期发布公开报告，就目前的报告来看，其中主要介绍平台发展的数据、借贷双方的人员组成结构、逾期情况以及大金额项目的尽职调查情况

续表

P2P平台	上线时间	历史交易额	历史年化利率	项目来源	项目风控方法	提供担保的资金来源	平台产品	债权转让	资金托管情况	平台收入来源	项目逾期情况	信息披露情况
拍拍贷	2007	截至2014年一季度，累计交易额逾14亿元	12%~15%	通过网上申请，并提供相应的资料，由拍拍贷审核评估之后，完场项目线上	所有认证均是在网上完成，在完成基本信息认证后，如身份认证、学历认证、工作证明等，还会进一步进行视频认证。如果是网商借款，还会进一步对其网店进行认证。这些环境审核之后，会发布借款信息，并将借款原因、所认证信息，与拍拍贷的历史数据一同发布，供投资者投资。拍拍贷对借款人资格的审查是纯线上审查。控制风险的办法，主要依靠平台的线上评估技术，一旦借款人逾期，超过5天会通过电话催收，超过30天则在平台上曝光借款人信息	从2014年7月4日开始，提供有条件的本金赔付保障，由平台专项拨款建立“风险备用金”用于赔付投资人的投资损失。预计使用平台收入作为“风险准备金”资金来源。目前提出审错就赔的规则，如果项目出现审错导致的逾期，将由拍拍贷或者第三方提供相应的赔付服务。但是，具体的操作细节并没有在显著位置进行解释	拍拍贷可供投资的产品均属单独标的，返回等额本息。也可以设定要求，完成自动投标。审错就赔：经拍拍贷的最新风险控制系统加专业审核人员双重审批，历史坏账率保持在0.5%以下；同时，如拍拍贷审核过程中出现符合审错就赔规则人列明的错误或过失，一经审核，即提供相应的赔付服务。网商专区：专门为网店卖家提供的借款项目作为标的。二次借款：非首次在拍拍贷进行借款的标的。合作机构专区：由拍拍贷挑选的优质第三方合作机构向拍拍贷推送优质借款用户发表的借款标的	无债权转让，资金投资出去之后，在锁定期内无法提前收回	拍拍贷强调使用第三方资金托管业务，但是并没有公布合作单位名称	VIP会员费；拍拍贷实行单向收费，根据期限不同对借款人收取借款金额的2%~7%作为服务费	没有公开具体项目预期数据	没有定期向公众披露平台运作信息

续表

P2P平台	上线时间	历史交易额	历史年化利率	项目来源	项目风控方法	提供担保的资金来源	平台产品	债权转让	资金托管情况	平台收入来源	项目逾期情况	信息披露情况
陆金所（母公司为中国平安保险集团）	2011	无披露	没有披露	通过网站申请，或者在指定担保公司门店提出申请，获得陆金所或者担保公司评估审核之后，成为借款人。但是稳盈—安e项目的项目信息中，并不展示出借款人的信息以及本次借款的用途。只是提供统一标的投资入口	依托平安保险集团积累的丰富金融经验，线上评估或者线下担保公司评估的方式完成	平安集团旗下的担保公司——平安融资担保（天津）有限公司为稳盈—安e提供全额担保；担保范围包括本金、利息和逾期罚息		提供债权转让	陆金所委托第三方对资金进行管理，但并未透露具体单位	债权转让服务费；借款人服务费	并未公开披露	披露每周平台注册人数、投资人情况、交易数量、债权转让数量和交易所需时间。但未披露项目逾期金额和比例、担保赔付情况

续表

P2P平台	上线时间	历史交易额	历史年化利率	项目来源	项目风控方法	提供担保的资金来源	平台产品	债权转让	资金托管情况	平台收入来源	项目逾期情况	信息披露情况
信而富	2010	无披露	6%~12%	信而富在全国50多个城市开设分公司，截至2013年，有员工2 000多人。项目标的来源为各个分支结构获取的借款需求	依据风控评估系统对客户进行评估，并且坚持100%访问客户家庭、100%访问客户单位、100%征信数据评分、100%核查客户银行信息的原则。通过小额分散借贷有效降低风险，绝大部分贷款额度在8万元以下	对借款人评估之后获得风险评分，按不同比例向交易方收取“信用风险评估工具质量保证服务费”，并划入信而富单独设立的专用账户。如该信用风险评估工具出现误判，给出资人造成损失，则由公司提供质量保证服务：即在信而富所收取的质保服务费的范围内，补偿出借人的本金或利息损失。机构每季度对“质保计划”资金使用情况进行审阅，并在官网对外公开披露	散户直投：手动投资不同的项目标的，每月获取本息收入返还。出借方案：分为出借方案A、B、C。三种方案均为锁定期的循环投资，即在锁定期内，每月收到的利息自动加入到项目投资中去，在锁定期结束之后返还全部本金和利息。其中A、B方案的锁定期分别是6个月、12个月，对应不同的年化利率。方案C是需要提前预约的，定制化利率和期限的方案，需要成为网站的VIP会员可以实现	提供债权转让	第三方资金托管，第三方机构审核财务数据。并未披露第三方机构名称	并公开披露，很可能是以收取借款方的服务费作为其主要收入来源	根据平台公布的第三方审计报告，截至2013年12月31日，借款段累计总体90天以上的逾期率为2.71%	公布第三方（立信会计事务所）审计报告，定期披露平台运作信息。其中信息包括借款资金增长、逾期率等信息。其中所披露的信息数据并不算详尽，不过这是唯一一家通过第三方机构披露平台运作关键信息的

续表

P2P平台	上线时间	历史交易额	历史年化利率	项目来源	项目风控方法	提供担保的资金来源	平台产品	债权转让	资金托管情况	平台收入来源	项目逾期情况	信息披露情况
有利网	2012	无披露	12.15%	与全国领先的小贷机构合作，接受合作伙伴的推荐项目，再通过有利网的风险评估体系进行项目过滤，最后挑选出项目标的	有利网利用自身设计的合作机构评估体系，用于对合作机构筛选。在启动合作之后，有利网风控团队对合作机构实行贷后跟踪管理，从而调整合作机构的授额度。收到合作机构的推荐项目之后，有利网进一步通过审核评估贷款人信息确定上线项目	首先，合作小贷机构，为其推荐的每一笔借款提供100%连带责任担保，进行全额赔付。其次，有利网在与合作机构合作之时，要求合作机构提供保证金，一旦合作机构无法实现逾期项目的赔付，有利网启动保证金进行代偿	定存宝：根据年限的不同，提供不同年化利率，可以选择每月返还固定本息，或在收取利息之后滚动投资，在锁定期到期之后，一次性返还本金和利息。月息通：每月还本付息的投资项目，投资的本息将以等额本息的方式返还给投资者	提供债权转让	与招商银行达成合作，在招商银行开设有利网第三方专用资金账户	从贷款方收取一定比例的管理费用，出借方并无管理费用	根据2013年年度报告，逾期坏账比例在0.52%，已经完成全额代偿	半年度为期，发布平台运作和风险报告，报告包括平台整体发展情况、逾期数据、借款金额增长等信息

续表

P2P平台	上线时间	历史交易额	历史年化利率	项目来源	项目风控方法	提供担保的资金来源	平台产品	债权转让	资金托管情况	平台收入来源	项目逾期情况	信息披露情况
宜人贷(宜信集团)	2012	无披露	10%~12%	线上申请，宜人贷完成审核之后，上线投资项目标的	线上信用审核	与专业担保公司合作，实现本息保障（针对精英标产品）、本金保障（针对普通产品）但是并未披露担保公司名称	精英标：针对工薪、白领等阶层，平台依托多年累积的信用审核分析技术，针对借款人的资金使用情况及还款能力进行多方面审核。理财服务(宜定盈)：帮助投资人实现自动投标，利息循环投资，在锁定期（9个月或12个月）之后返还本息	提供债权转让	第三方支付平台为所有出借人建立了虚拟账户，对其资金进行托管，并未披露第三方支付平台名称	借款人的服务费用；债权转让的服务费用；出借人的服务费用	未披露	披露了七天平台成交人数、获得利息人数、债权转移人数等数据，无其他信息披露

与银行风控系统的建设，为中国建设银行、中国银行、民生银行提供多层次的信用贷款的风控评估和决策系统。在信息披露方面，信而富也独具特色，在所有网贷平台中，只有信而富一家平台的信息披露报告是经由第三方机构进行审计发出，体现了一定的客观性。而几乎其他所有平台在信息披露方面表现均不够详细及时，除了信而富，只有有利网、人人贷、红岭创投能够相对及时地进行平台运作信息的披露。但就披露的信息来看，除了逾期数据之外，并没有涉及太多重要信息，数据的翔实程度仍需提高，对于一些数据指标（如逾期率）并没有统一的定义标准，在宣传中横向对比会有些误导。

（二）优质 P2P 标的的评判

根据上述分析，我们认为优质的 P2P 平台在运营模式、资金安全性、平台风控能力、平台获客能力、平台代客获利能力、寻找优质投资标的能力，基础数据建设和大数据分析能力等方面都非常优秀，在这几个方面都比较全面的 P2P 公司都是值得收购的优秀标的。首先，从当前我国 P2P 平台的成功运营模式来看，中国三类互联网金融平台比较成功。第一类是发展比较成熟、盈利能力稳定的互联网金融账户、支付类企业，主要看其导入用户流量和向产业链前端延伸的能力；第二类是资产和资金端风险能匹配的互联网金融平台，主要看其获得优质资产和风险控制的能力；第三类是互联网金融信息技术类企业，包括大数据分析和征信类企业，主要看其将大数据商业化应用的能力。符合这些运营模式的平台都是金融机构的潜在收购标的，这些企业不缺资产端，缺的是大数据的获取和分析的能力，P2P 线上业务本身的风险控制能力（见表 3－7）。

表 3－7　P2P 平台的重要判别因素表

	金融资产来源	金融项目审核	投资资金获取	资产逾期处理
重要性	最重要	最重要	重要	重要
重要原因分析	· 源源不断的优质资产是 P2P 平台发展的最健康因素 · 目前中国个人和企业都缺少稳定的投资渠道 · 非金融机构一般可以通过与金融机构的合作将这些资源引入平台	· 对于金融资产项目的审核是 P2P 平台长期生存的重点 · 违约的项目不仅会影响客户的投资收益，同时会连带影响平台的收益 · 初期可以通过与金融机构合作，中后期可以建立自身风控团队	· 稳定的投资资金供应也是重要的，但是目前阶段的中国，只要有稳定的风险可控的金融项目，吸引到投资资金问题不大 · 同时未来可以考虑导入大型平台的流量	· 目前阶段无担保的信用贷款无法成为主流 · 一定规模的担保、风险备用金等保障机制是 P2P 平台发展必备的

其次，P2P平台的资金安全性也是最重要的考量因素，安全性包括风控能力、数据安全性、本金保障、第三方托管、信息披露、使用便利性、平台利润等几个方面。具体来看，对上线项目的风控能力是一个平台能够生存下去的最关键因素。目前主要的风控方式有之前提到的线下拜访、信用评估、实物抵押等方式。从国内的相关平台运作情况来看，一般通过授予小额的信用额度的项目，使用线上信用评估的手段比例更大。通过对申请人的身份、银行流水、工作单位等信息进行线上审核。也有少数平台会在此基础上进行电话、实地拜访进一步核实确认。而在大金额项目的评估方面，更多的是进行线下尽职调查，并且一般要求抵押。最终项目的逾期率的指标体现了每个平台的风控水平，这是一个平台运作水平的重要指标（见表3-8）。

表3-8 P2P平台的运行方式

	金融支持来源	金融项目审核	投资资金获取	资产逾期处理	典型企业	总体
金融/集团背景型	依托金融机构传统金融资产	金融机构传统风控手段	网上平台依托金融集团品牌效应	由担保抵押向无担保发展	陆金所（平安）	各环节都有优势
企业客户拓展型	主业积累的广大企业客户	借助金融合作伙伴	网上平台	担保抵押为主	友金所（用友网络）	需要依赖合作伙伴
新业务兼顾上下游客户型	主业的上下游客户	自身风控水平	网上平台	担保抵押为主	银湖网（熊猫烟花）	优势不明显
信贷业务扩展型	主业开展的信贷业务，但受限于总量	自身风控水平	网上平台	抵押为主	房联宝宝（世联行）	拥有垂直领域优势
独立平台	自身拓展同时与合作伙伴合作	自身风控，同时借助合作伙伴	网上平台	多种方式并行	人人贷	品牌和风控打造

从本金保障层面来看，为了吸引出借人，很多平台对出借人的资金实行本金或者本息担保。一些平台向出借人承诺，如果项目还款逾期，那么平台或者与平台合作的第三方担保机构对出借人投资的本息进行提前赔付，从而保证出借人的资金安全，提升平台的安全信用度。在资金第三方托管方面，需要将投资者的资金与平台自身资金分离开来。实行资金第三方托管制度，一方面防止平台跑路带走所有投资者资金，另一方面也能为平台规避政策风险，因为监管层的指导意见中，强调平台不允许做资金池。在数据安全和数据构建上，要考虑基础数据构建较为完善的平台。这类平台信息披露及时全面，项目来源金额不大，投资资金流向分散，重视网站的数据安全软硬件建

设。数据安全主要体现在网站运作过程中对数据信息的保障。平台在运作过程中，需要收集借贷双方的许多个人信息，同时在资金操作上面有大量的交易数据。这些信息都需要非常准确安全，才能保障交易的进行。平台是否有足够安全的软硬件来完成金融级别的数据交换和信息安全就显得非常重要。而且这部分软硬件系统的费用支出，将成为平台运作成本的重要支出。在信息披露方面，需向公众定期披露平台运作信息，将提高行业透明度和监管力度。为了体现平台运作的安全性，需要及时公开平台的重要信息，比如定期向外界披露当前尚未还款资金总额、逾期率、坏账规模、第三方托管证明、风险准备金的使用情况等等。定期的披露数据将有利于接受公众监管，增加投资者的安全度。在使用便利性方面，在出借人将资金投资到 P2P 网贷平台之后，希望能将资金最快地投入在项目中，并且最大限度地产生收益。这样，对平台的要求便是投标的便利性和减少资金站岗时间两个方面。对这两方面均有较大影响的在于是否有充足的标的，让出借人进行投标。优质的平台基本能够实现项目上线之后在极快的时间内满标。而项目数量和质量的供应则是项目来源通道和审核方面的效率问题。另外，还要考虑平台的服务水平、重点考察服务论坛口碑、客服人员服务能力等等。除了上述因素，如果能够加上有实力的母公司的隐性背书（比如陆金所），则 P2P 网贷平台将更受青睐。

第六节　大数据时代财险公司营销策略①

大数据技术，指的是所涉及的资料量规模巨大到无法通过目前主流软件工具，在合理时间内达到提取、管理、处理，并整理成为帮助企业经营决策更积极目的的资讯。大数据的特点：大量、高速、多样、有价值。大数据技术的应用将助推保险网络营销升级。大数据本身是杂乱无章的，碎片化的，需要加以筛选和分析才能在网络营销过程中发挥巨大的价值。通过筛选、分析之后的大数据，可以让营销变得更加精准，从而提高营销效率。其作为一种新兴的营销渠道和服务方式，在现代保险市场营销中具有明显的比较优势。

网络营销以互联网作为营销载体，具有方便快捷、信息量大、即时交流、无时间地域限制等众多便捷特点，是一种低能耗、高效率的绿色保险新营销模式。财险公司作为公众性金融服务性机构，主要经营非寿险业务，在互联网的推动下，积极探求有效的网络营销绿色保险方式，以实现客户服务最优

① 作者：许树仁（1977～），中华财险广东分公司。

化和利润新增长点。

一、保险网络营销的现状

真正的互联网保险不仅仅是销售渠道的网络化，更重要的是以互联网思维充分运用大数据和云计算的巨大潜力对现有的保险产品、运营和服务模式的重构。

经过十余年的努力，中国保险业已经形成了以官方网站模式、第三方电子商务平台模式、网络兼业代理模式、专业中介代理和专业互联保险公司模式为主导的互联网保险商业模式。保险业在互联网金融时代具有巨大的创新机遇和创新潜力，如果能够把传统保险业和互联网新技术结合起来，将会给保险业带来新的增长动力和空间，在这个背景下，创新较快的公司，可能会更快地摆脱传统发展模式的瓶颈，将来在市场上占有更多的主动权。

（一）国外保险网络营销发展迅速，保费收入占比较高

保险网络营销起源于20世纪90年代，发展于20世纪末至今。在西方发达国家，随着互联网的高速发展，通过网络来营销保险产品的模式已逐渐被人们接受。以网络保险先驱美国为例，据美国CELENT咨询公司预测，美国车险保费收入中，网上直销业务将占到30%。据Cyber Dialogue调查，目前美国约有670万消费者通过互联网选购保险产品，其中20%是通过在线保险市场财险公司设立的网站进行的，近80%在非财险公司网站进行。美国独立保险人协会在其发表的“21世纪保险动向与预测”报告中称，未来十年个人险种的37%和企业险种的31%将通过因特网完成。而在欧洲，2010年，英国车险和财险的网络营销保费占比分别达到了47%和32%；目前法国安盛保险集团8%的新单业务通过互联网签订。

（二）国内保险网络营销前景广阔

我国庞大的网民群体和井喷的网购热潮为财险公司发展网络营销提供了良好的基础。截至2015年6月，中国网民数量超过6.68亿，互联网普及率为48.8%，网购用户规模达到3.8亿人，同比增长21.8%。据统计，我国网络保险保费收入占总保费收入的4.7%。

2014年11月11日，天猫“双十一”购物节销售额达571亿元，互联网社交工具腾讯QQ月活跃账户8.29亿，其中智能终端账户5.42亿，微信月活跃账户4.68亿。数据显示，中国参与网购的人数比英法德意四国人口总和还多，中国已成为世界上电子商务发展最快的国家，无线化是电商的未来，网购成为市场的主流大势。截止到2015年初，我国智能手机用户超过6亿。智

能手机和4G网络的普及，让消费者时时刻刻处于联网的状态，给网络营销提供了非常好的机会和非常大的空间。一方面，消费者接收资讯的方式发生了变化。现在人们主要通过手机，利用碎片化的时间获取资讯；另一方面，资讯传播的途径发生了变化。现在人们可以通过社交媒体（QQ、微信、微博等）发布消息，向周围的世界发布资讯，随时都可能处于营销与被营销的状态，随时都可以被成交。因此，网络营销具有很大的前景与空间。

庞大的网民规模为保险网络营销的发展提供了坚实的潜在消费者基础，而相对滞后的保险网络营销则意味着更大蓝海。

（三）多家财险公司已涉足网络营销，但对大数据运用程度尚不充分

巨大网民群体和财险公司的商业模式思维新变化，为网络营销提供了广阔的空间。近年来，我国保险网络营销大部分财险公司已涉足，2015年前三季度，财险网销保费为345.3亿元。虽然保费收入取得不凡业绩，但是对客户数据的挖掘、分析不深入，尤其是对于网络上获得的客户消费偏好、风险要素、风险类型，大部分财险公司未应用大数据技术进行评估、应用。普遍只是将网络作为一种新兴渠道，以拓展业务，扩展市场的手段，网络营销获取的基础数据与信息有待进一步挖掘与开发，以便对消费者进行精准营销以及二次营销。

（四）保险网络营销同时引起了第三方平台渠道的关注和参与，但尚未形成系统的营销策略

由于网络营销方式高效率、低投入，符合绿色保险的发展方向，并已在网络购物中突显优势，国内不但大多财险公司均已对网络营销给予很大关注和进行深入探索，而且第三方平台渠道也高度关注和参与。但是，从保险网络营销的运作过程来看，财险公司专注于电话车险的营销，采用电话及人工配送的方式得以完成，而因网站开发、投保确认、保费支付、理赔服务等核心保险网络营销功能的建设显得复杂且投入周期长，故尚未形成系统的营销策略。

中国保险行业协会发布的数据显示，2015年上半年我国通过互联网渠道销售的保险累计保费收入816亿元，是上年同期的2.6倍，这一收入已逼近上年互联网保险全年保费水平，对全行业保费增长的贡献率达到14%。其中互联网财产保险实现保费收入363.2亿元，同比增长148亿元，同比增长69%，占产险累计原保费收入的8.5%。截至2015年6月，全行业经营互联网保险业务的产寿险公司达到96家，较2014年底新增11家。当然不排除传统渠道业务为了价格竞争，人工干预到网销渠道，导致个别数据虚高。

二、财险公司网络营销亟待解决的问题

尽管我国互联网保险保持高速发展，但其在整个保险市场中所占比重低，这和欧美发达国家相比还有巨大差距，而且当前互联网保险产品结构尚不平衡、产品单一化、缺乏创新和互动服务等问题还比较突出。尽管网络保险发展速度较快，且已涉足多个领域，但也存在发展阶段不可避免的问题。

（一）对财险网络营销与大数据技术的实证研究的重视及投入不够

近年来，国内财险公司一直尝试多途径、多方式地来降低运营成本，建立高效率、低成本的新营销模式，尤其在电话营销方面已取得重大突破。但大数据技术因投入产出周期相对过长，见效慢，多家财险公司虽然有一定的涉足，但相比于电话营销来说，保险网络营销实证与仿真研究较少，投入相对不足。我们应清晰地看到，保险电话营销存在一定程度的扰民，群众也有所诟病，监管更是逐步在规范方面予以相应限制，况且电话营销人员成本、配送成本仍然居高，其弊端也日渐显现。而精准营销，可以做到在正确的时间将正确的产品推送给精准的潜在客户，不仅可以减少对非精准用户的骚扰，还可以大大提高营销的效果。技术上，数据收集有难度，而且涉及用户隐私；数据筛选与分析对技术要求较高，必须要有强大而专业的技术团队支持，这些都给大数据精准营销带来了较大门槛。

（二）保险网络营销全流程成熟运营模式尚未建立

虽然保险网络营销市场潜力巨大，但现阶段定位仍有待明确。保险网络营销的运营模式未完全理顺，尚未找到网民所普遍接受的运作模式，还存在投保、收费、理赔、服务跟进等流程衔接不顺畅的问题。从大部分财险公司现有运营的模式来看，目前保险网络营销仍只停留在购买方式的层面上，网络营销专属产品较少。大部分产品还需要在线下操作完成，未形成完整的销售闭环，支付还是在线下完成，因此也未能完全通过网络进行大规模的销售。

（三）保险网络营销的安全性需待进一步提高

网络的安全、“认证”问题未得到有效解决。目前我国网络安全问题尚未稳妥解决，网络安全协议亟待确立。实现安全的保险网络营销，建立安全认证体系已成当务之急，最受关注的就是网上支付的安全性。目前，通过互联网技术诈骗、盗窃的案件并非少见。网络营销需要一个安全的平台或载体支撑，才能保障保险消费者的安全和财险公司的数据安全。不管是财险公司还是中介机构，都亟待建立稳定、可信赖的网络营销品牌。

（四）保险网络营销的监管存在一定的滞后性，影响了网络营销的推进

监管制度的建设必须具有前瞻性，以防范新模式新风险。监管制度的建立是保险市场的规范“防火墙”，同时，对保险消费者来说更是一种可以信赖的基础。但目前，针对保险网络营销的规范性监管制度刚刚出台，需要尽快制定实施办法，就保险网络营销有关技术标准等方面对财险公司和保险中介机构开展网络营销做出具体、细致要求，以更好推动保险网络营销的有序发展。

三、当前财险公司实施网络营销的策略建议

结合营销管理理论，探讨我国财险公司在大数据技术背景下，尝试实施网络营销策略，推动财险业绿色发展，实现客户服务最优化和财险公司利润新增长点。

（一）将大数据技术运用网络营销提升为财险公司顶层设计的关键战略

大数据战略将是企业未来创新、竞争和生产力提高的前沿。应该从被动接收数据和主动收集数据入手，思考如何收集、采集、保存、维护、管理、分析、共享数据，作为开展保险网络营销策略的依据。

1. 以“保险生活化”为导向，挖掘现有业务数据，分析确定网络营销策略。财险公司可根据公司和行业现有业务数据的整理、分析、挖掘。了解客户保险消费偏好、现实需求、潜在需求，以及历史数据中各类险种的风险点、制定具体的专属产品、服务方案。

保险是属于“产品即服务”的强体验行业，客户体验的优劣直接影响购买决定，保险公司在经营管理各个环节如何提高客户参与度、信息透明度、诉求响应及时性和互动友好性是决定客户体验的重要方面，保险公司要积极创造与客户接触的点，利用新闻、资讯、案例、互动、游戏、知识、情感等载体和媒介与目标客户产生共鸣，满足客户的需求，最大限度地解决目标客户的焦虑，就能获得目标客户的选择。让客户感受到被重视、满足感、成就感，获得快乐和成长是创造公司品牌溢价的唯一理由。保险将随着互联网润物细无声地渗入到衣、食、住、行、玩、购、医甚至情感生活，“保险生活化”成为保险公司重要的创新方向。在互联网平台，谁能通过大数据技术应用、分析、挖掘提炼有针对性的险种与服务，提供真正有价值的产品和内容，谁才能赢得未来。

加大数据技术投入，实现精准营销和二次营销。大数据必须要通过筛选、过滤以及分析之后，才能发挥巨大的价值。比如，在车辆保险中通过分析消

费者的行为，可以收集消费者的相关数据。通过分析消费者在网站上的购物情况，可以知道其性别、受教育程度、家庭成员、家庭收入、是否拥有汽车，从而进一步给消费者“贴上标签”，然后筛选出来精准潜在客户，再对其进行营销。

要科学、合理地采集、存储大数据。用户在互联网上的行为，比如通过社交软件聊天、发布动态，通过搜索引擎搜索，通过电商平台购买产品等行为会留下海量的碎片化数据。

同时，要投入技术支持，或者直接与其他可提供大数据服务的互联网公司（比如百度、腾讯、阿里巴巴等）合作，获取他们的大数据服务，筛选、分析出有价值的数据并得出结论。对于精准的潜在用户推送保险产品，一方面可以减少对非精准用户的骚扰，另一方面，可以提高营销的转化率，节省营销成本，提高投入产出比。对大数据进行建档、分析和维护，以便在更加精准的时间进行营销。通过建立客户购买行为的数据，可以分析客户下一次购买保险的准确时间，达到二次营销和多次重复销售的目的。

2. 探索 B2C 和 O2O 并行保险网络营销模式，实现网络营销新突破。一方面是对于简单的险种，采取 B2C 模式，即财险公司直接对客户，也就是通常的在线零售，直接面向保险消费者销售和服务。随着移动电子商务迅猛发展，财险公司的 B2C 网站除了要有 PC 端的官方网站，同时更加注重布局移动端，以更好地满足用户的需求。例如车险、意外险、家财险等简单险种，财险公司建立财险网上商店，客户通过网络在网上投保、在网上支付，享受保险公司理赔服务。同时客户可通过微信公众号以及官方网站，获取保险的最新资讯和相关服务，也可以随时咨询保险相关业务。

另一方面是对于复杂的险种，需要实地查勘标的、了解风险状况。采取 O2O 模式，即财险公司通过线上线下完成营销，线上营销接触发现客户，线下接触体验，开展风险调查、风险评估、风险分析。例如企业财产险、责任险、信用保证保险等，O2O 模式将会达成较好的效果。对财险公司来说，O2O 模式要求客户网站支付，支付信息会成为财险公司了解客户信息的渠道，方便财险公司对客户投保数据的搜集，进而达成精准营销的目的，更好地维护并拓展客户。此外，O2O 模式在一定程度上降低了财险公司对办公职场地理位置的依赖，减少了租金方面的成本支出。对客户而言，O2O 提供丰富、全面、及时的财险公司全面信息，能够快捷筛选并投保适合的险种或服务。O2O 模式可带来大规模高黏度的客户，掌握庞大的客户数据资源，有利于进一步挖掘资源。

财险公司探索 B2C 和 O2O 并行保险网络营销模式，有利于实现网络营销新突破。

（二）推动网络营销与传统营销协同配合，促进网络营销发展

目前，我国保险网络营销处于初级阶段的起步期，重点应在探索、引导阶段，需要线上、线下的协同，尤其是大额保单，保险消费者出于安全、详细知情的考虑，对于电子保单的接受程度不太高或不认可，要求在线确认后，线下对投保单进行送签并出具纸质保单。在此过程中需要网站的详细营销宣传，更需要传统面对面的营销服务。因而，财险公司积极研发有特色的官方微信、APP 等软件，将网络营销与传统营销协调配合，并不就是淡化或轻视传统营销的作用，而是应实现两者互为补充，相互支持的局面，才能促进保险网络营销的发展。

（三）建立健全客户信息安全制度，为网络营销提供安全保障

笔者曾通过问卷调查的形式，从消费者对网络基本认知、个人偏好、网络建设、公司技术支持等方面收集客户和员工对公司实施网络营销的意见和看法。从消费者行为偏好来看，担心个人网上登记信息容易被滥用、信用卡支付被泄密、网购实际交易时间过长、网购消费者权益难以保证和发生商业纠纷后难以解决的比例均在 30% 以上，而不同意存在上述问题的比例均在 10% 上下，这说明消费者对网络营销的安全性和网络维权问题关注度高、信任度低，这也是制约网络营销发展的重要因素。

目前，互联网功能强大的同时，保险消费者对于个人信息资料安全也存在担忧。要让更多消费者接受网络营销，必须保证他们在网上投保信息不会泄露。同时，财险公司要建立和承诺对客户资料的保密措施，建立电子保单的备份安全保障机制，或者与已具有客户良好口碑的中介网站商建立中介支付协议，增强保险消费者网上消费的信心，同时建立健全诚信规范制度，主动接受网上商业监督，及时妥善解决服务争议，畅通保险消费者诉求机制，为保险网络营销的发展提供良好软环境，让网络营销成为绿色保险的增长极。

（四）建立专业的保险网络营销团队，适应网络营销发展的需要

1. 应加快网络营销人才的培养和储备，网络营销集传统营销和 IT 技术为一体，因此核心网络营销人才不仅需要懂得书本上学到的网络营销知识以及基本的 IT 技术，还需要一定的实践经验。而对于在企业内担任网络营销经理或主管的中高级人才，不仅要求其具有基本的实操能力，还需要具备对网络市场的分析能力和应变能力，能够实时适应信息时代千变万化的市场，因此，财险公司要发展网络营销，应当注重网络营销方面的人才培育，积极通过培

训等方式培养和提高员工的网络营销能力，同时注重加大对高素质具备 IT 技术人才的引进力度，逐步组建一批集网络、营销、IT 技术及经营管理等多层次专业人才，这样才能为网络营销的发展提供坚实的人才保障。

2. 逐步建立起专业的网络营销队伍，推进网络信息力向现实的市场生产力转化，利用专业的营销团队真正地做成网上保险、真正开拓保险新渠道、新市场。并且这支专业营销团队要求不仅仅是销售专家，更应当是服务专家，除了能够务实地应用各种网络技术来拓展业务，更要能和潜在客户真正地进行实质性沟通，能处理客户提出的各种各样的问题和诉求。由于网络销售多个渠道的保险产品，就要求专业销售团队对所有网上销售的保险产品要非常熟悉，对各个渠道的特点和特性十分专业，对不同客户的需求均能提供综合、合理、全面的保费计划书。网络营销作为一项实践性非常强的工作，只有通过不断实践、反复探索、经常总结、实时优化，才能融合到日常的商务拓展工作中。因此，专业网络营销队伍的成员必须是典型的复合型人才，才能更好地适应网络营销发展的需要。

第七节　大数据与车险反欺诈模型①

保险欺诈自保险诞生之日起就如影随形，而且随着经济的发展和科技的进步，欺诈形式更隐蔽，欺诈手段更多样。一起起保险欺诈案件如巨坝之蝼蚁，不断侵蚀着保险公司的利益，扰乱了正常的经济秩序。严厉打击保险欺诈，已经形成了行业共识。保险公司在与不法分子“道高一尺魔高一丈”的往复较量中，反欺诈投入越来越多，科技化水平越来越高。本文将以大数据应用为蓝本，就如何构建车险反欺诈模型进行探讨。

一、问题的提出

（一）欺诈数量呈上升趋势

马克思曾经说过，如果有 300% 的利润，就会有人铤而走险，甘冒上绞刑架的危险。对投保人和被保险人而言，付出较少的保险费，就可能得到高额的保险金赔偿。在这种巨大利益和不良动机的驱使下，保险欺诈如洪水猛兽，咆哮而来。而且受商品经济和市场经济发展的冲击，保险欺诈正呈逐年上升态势。

表 3－9 是某保险公司近两年的反欺诈数据统计情况。

---

①　作者：卢文龙（1979～），中华财险总公司。

表 3－9

年份	2013 年	2014 年（预计）
公司员工拒赔减损金额	9 317 万元	14 550 万元
拒赔奖励金额	420 万元	717 万元

注：2014 年的数据以截至 10 月底的数据预测而来。

从数据来看，该保险公司的保险反欺诈金额和拒赔奖励金额大幅增长。这既与该保险公司加大了反欺诈力度有关，也反映出行业反欺诈形势日趋严峻。

从国外来看，保险业发达的美国，保险欺诈犯罪仅次于毒品犯罪，1995 年保险欺诈金额就高达 853 亿美元。再如英国，2006 年保险欺诈金额占总赔款金额的比例为 23%，2008 年则上升到了 27%，这其中还不包括虽有怀疑但无法拒赔的案件。

可见，保险反欺诈已经成为全球性课题。

（二）欺诈类型日趋多样

从目前情况看，保险欺诈类型呈多样化、隐蔽化趋势。就车险而言，主要有以下几种情形：伪造事故现场骗赔，更换驾驶员骗赔，车辆套牌骗赔，虚构第三者骗赔，重复索赔，“倒签单”骗赔，扩大损失骗赔，伪造理赔单证骗赔，等等，骗赔形式五花八门，给保险反欺诈工作带来了诸多挑战。传统的反欺诈手段已经难以适应当前反欺诈工作的需要，如何快速锁定欺诈案件，并有针对性地开展调查，是保险反欺诈工作的重点。

（三）欺诈手段呈团伙化趋势

从目前情况看，保险欺诈分工更细、专业性更高，呈团伙化作案趋势，也就是我们常说的串谋欺诈。就车险欺诈案件而言，可能会涉及被保险人、维修厂、医疗机构等多个串谋方，甚至保险公司员工、公安机关也会参与其中。由于串谋方往往与保险公司共同拥有一部分客户资源（如车主既可能是保险公司的客户，也可能是修理厂的客户），导致串谋方为了维护其所谓的“客户利益”，不经意间就会成为骗赔的参与者。由于保险欺诈加入了串谋方利益，导致欺诈金额越来越高，保险公司的反欺诈成本也随之增高。同时，由于串谋方多为专业机构，反欺诈难度也越来越大。随着经济全球化的不断发展，有的保险欺诈案件已经呈现跨国作案的趋势，为保险反欺诈工作的开展带来了更大挑战。

就保险公司而言，如何提高保险反欺诈成效，主要取决于自身的反欺诈能力。就传统的反欺诈手段而言，主要依赖于保险公司反欺诈人员的责任心和工作技能。但是随着反欺诈难度的不断加大，单纯以保险公司反欺诈人员为主导的反欺诈模式不仅费时费力，而且反欺诈质量难以保证。这就需要探索新的保险反欺诈技术，弥补单纯依赖人力的不足。以大数据应用为基础的保险反欺诈模型的诞生正顺应了这种要求。

二、大数据应用

（一）大数据的定义

大数据又称海量数据，是指涉及的资料量规模巨大，无法通过目前主流软件工具撷取和处理，需要通过新的处理模式才能具有更强的决策力、洞察力和流程优化能力的信息资产。

（二）大数据的特点

一是数据体量巨大，数据基础是全数据而非样本数据，其数据规模已经从 TB 级跃升到 PB 级。二是数据类型繁多，涵盖了网络日志、视频、图片、地理位置信息等。三是着眼于预测，抛去了群体化，更注重个性化特征，预测结果更完善、更准确、更具体。四是处理速度快，物联网、云计算、移动互联网、手机、平板电脑、PC 终端以及其他各式各样的传感器，无一不是数据来源或承载的方式。

（三）大数据在保险领域的应用

目前，大数据已经在各行各业有了广泛应用，涉及航空、医疗、气象预报、灾害预警等多个领域。具体到保险领域也将大有作为：

1. 承保环节，可以快速高效地获取投保人、被保险人的个人信息，准确判断其投保意图和出险概率等，防范风险于未然。

2. 保险期间，可以通过大数据网络及时获知被保险人或保险标的风险状况的变化情况，以便采取有针对性的防范措施。

3. 出险时，通过大数据应用，建立反欺诈模型，实现案件与大数据“记忆”的比较，快速准确地获取相关情况及数据，有效识别欺诈案件。

（四）大数据应用面临的若干问题

1. 欺诈风险信息库的建立。大数据应用于反欺诈工作的第一步是欺诈风险信息库（也称之为数据平台）的建立。就好比厨师能否做出一桌好菜，既取决于厨师的厨艺，还取决于原材料是否充足，否则就会“巧妇难为无米之炊”。欺诈风险信息库是否足够强大，完全取决于数据量的大小及其规范性和完整性。目前，由于各保险公司的信息录入要求和提取方式不尽相同，所以统一行业理赔服务标准和评价模式，实现理赔基础信息尤其是欺诈风险信息的无缝对接、实时查询和有效回溯，是建立欺诈风险信息库的前提条件。

2. 客户理赔信息的共享。目前，国内有50多家财险公司，市场竞争之激烈程度有目共睹。千方百计获取客户信息、主动挖掘客户，是各保险公司参与市场竞争的主要手段。基于竞争考虑，各保险公司都不情愿让竞争对手获知本公司的客户信息。所以，共享客户信息并做好信息保密，是大数据应用面临的难点。要解决好这一问题，需要保险监管部门的有效监管，需要社会各界的大力支持，更需要各保险公司的强力推动和有效配合。

3. 商业保险和社会保险之间信息的实时对接。商业保险和社会保险有很多区别，就数据性质而言，社会保险有很多商业保险难以企及的优势：一是社会保险数据更全面。社会保险的对象是所有劳动者，具有强制性和法定性，参与投保的群体很大，这正是大数据应用的前提条件。二是社会保险数据质量更高。社会保险由政府主导，很多信息可以在政府部门间实现数据交换和验证，参保人造假空间很小，数据质量更高。三是社会保险数据更权威。随着社会保险管理体制的不断健全，与社会保险相关的政策信息日臻完善，充分体现着国家一段时期的政策导向，权威性较高。所以，实现商业保险和社会保险之间信息的实时对接，可以充分利用社会保险的信息资源，进一步丰富大数据模型风险处置工具箱。

4. 客户隐私的保护。客户隐私保护已经成为一个时代难题，每天无休止的垃圾短信和骚扰电话已经让我们不胜其烦，这都是客户隐私泄露产生的副产品。确保客户信息安全，有效应对数据裸奔，是大数据应用必须面对的大课题。

5. 大数据风险的防范。相信很多人都了解光大证券的乌龙指事件，由于系统缺陷，导致大盘在一分钟内上涨超5%，对公司经营业绩产生了重大影响。乌龙指事件给大数据应用敲响了警钟，否则一个小小的技术问题，就可能产生灾难性后果。

三、保险欺诈的风险因子

对车险理赔数据进行分析，结合反欺诈工作实际，就可以总结出车险欺诈的主要风险因子。这是建立反欺诈模型的重要依据。就目前车险经营情况而言，常见风险因子主要有以下几种：

小碰撞却产生了大损失；车辆损失与报告的交通事故无关；被保险人购买的是最新型的汽车，出险车辆是破旧车型；出险时间离保险起讫较近；短期内车辆连续出险多次；出险时间是夜间；报案人与驾驶员不一致；车辆多次出险但驾驶员不同；车辆多次出险但报案电话不同；车辆批增险种后出险；同一报案电话涉及不同的出险车辆；非被保险人代报案、代领赔款；车损险赔款金额高于车辆实际价值；车辆出险后超过48小时报案；出险地点在承保机构以外的地区；有过历史拒赔案件；一定统计区间内，同一三者车出现过多次；出险前，被保险人曾反复找机动车保险代理人确认该车的承保范围；公司的业务代理人没有见过该投保车辆；被保险人投保时或出险时处于经济困难时期；被保险人的职业、收入与车辆价值不相符；被保险人申请索赔的态度急切；被保险人愿意接受比损失金额小的赔款金额；被保险人对车辆维修知识非常了解；索赔单证有伪造痕迹；被保险人或驾驶员有过犯罪记录；被保险车辆曾经转卖过；报案时车辆已脱离事故现场；出险地点较为偏僻；出险时没有目击证人或目击证人的证明与索赔要求不一致；事故涉及身份不明的第三方；被保险车辆属于高额租赁；被保险车辆属于贷款购买；被保险人失业或经济状况不佳；被保险人提出威胁性索赔；被保险人拒绝回答细节问题；事故调查期间，被保险人精神紧张；被保险人曾有大量索赔记录等等。

以上风险因子，大部分都是定性因子，要植入反欺诈模型，关键是如何把定性因子合理地转化为定量因子。在数据转化过程中，要重点关注以下几点：一是风险因子的定量分析直接影响风险结果，需要专业人员科学评估并反复验证；二是数据转化过程中不能使重要信息弱化，不能突出了某一方面的风险，而弱化了其他风险，如不能过于关注案件夜间出险而忽略了老旧车型等风险因素。

车辆风险因子会随着保险市场环境、公司经营管理状况以及国家法律法规和诚信体系建设进程而改变，不同的时期有不同的特征，而且各地区由于民风民俗和地理环境等不同，也有较大差异。所以，设定车辆风险因子不能一刀切，而应结合公司实际情况，因时因地而定。

四、反欺诈模型的建立及应用

（一）反欺诈模型运行原理

基于欺诈案件的风险因子和大数据支持，再经过一定的数理处理，就可以建立反欺诈模型。反欺诈模型建立后，就可以形成一个闭环式的案件循环处理系统（如图 3－16 所示）：

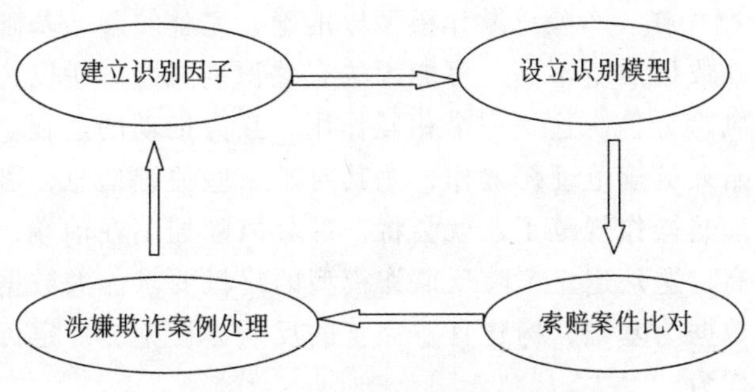

图 3－16　闭环式案件循环处理系统

闭环式案件循环处理系统主要有四个处理环节：一是对日常处理的欺诈案件进行分析，提炼出欺诈案件风险因子；二是根据提炼的风险因子，设立数理识别模型，实现风险状况量化处理；三是将日常处理案件导入识别模型，经过一定的数理运算，识别出疑似欺诈案件并进行验证处理；四是根据新的欺诈案件风险状况提炼新的风险因子，不断丰富反欺诈模型，如此循环往复。

（二）主要反欺诈模型简介

最早的欺诈风险识别主要集中在统计回归工具的应用，如 PROBIT 模型、LOGIT 模型，这是最早的反欺诈模型。20 世纪 90 年代末至 21 世纪初，又进一步扩展了模型参数和识别因子，一些功能强大的反欺诈模型相继出现，如 AAG 欺诈识别模型、决策树模型、RIDIT 欺诈识别模型、专家识别系统等。以专家识别系统为例，目前应用较为广泛，能够处理非线性数据；能够随时调整风险因子，提高识别效能；而且具有缩短学习曲线的效应。

（三）反欺诈模型主要功能

就当前车险反欺诈现状而言，反欺诈模型至少应具备以下三项主要功能：

1. 防范理赔风险。主要是实现风险预警和风险定位。一是通过将欺诈风险因子植入反欺诈模型，实现高风险案件的理赔前自动风险预警，以便采取有针对性的处置措施。二是根据已有的风险规则，对高风险案件赋予相应的风险分值，进一步提高案件风险识别效率，也为后续的 KPI 考核提供依据。三是对于已经处理过的风险因素，反欺诈模型应保留修改轨迹，为后续的理赔稽查提供参考。

2. 提高理赔效率。车险反欺诈模型可以帮助我们有效识别欺诈案件，但是对案件风险点和真实性还需要人工确认。车险反欺诈模型不能成为提高理赔效率的羁绊，更不能因风险认定错误而影响了客户服务水平。所以，快速准确地锁定欺诈案件及其主要风险点，逐案生成赔案审核报告，是车险反欺诈模型的一项基本功能。

3. 规范理赔操作。车险反欺诈模型以准确、完整的理赔基础数据为运行条件，如果基础数据质量不高，可能无法有效识别风险。所以，应对此类案件设置较高的风险分值。这是一个相互作用、互为推动的过程。较高的风险分值会促使理赔人员规范理赔操作，尤其对于一些关键信息，可以设置为强制必录字段。理赔操作规范了，就会将一部分风险控制在前端，理赔管理水平自然水涨船高，这是建立车险反欺诈模型的终极要求。大数据是信息时代的宠儿，以大数据为基础，构建日益完善的反欺诈模型，一定可以在保险反欺诈领域大有作为。

第四章　保险业务探究

第一节　寿险市场发展模式及新设寿险公司发展模式选择[①]

目前我国寿险市场仍处于较高速发展期，寿险市场发展呈现规模与效益、传统渠道与创新渠道、保障与理财产品并重等趋势。新设寿险公司宜顺应市场发展趋势，规模效益两手抓，多种渠道、多种产品并举（尤其不能放弃银行主渠道），大力发展互联网保险等创新渠道，建立持续资本补充机制，以最终实现做大规模、稳定盈利的目标。

一、2012 年以来人身险市场发展的现状与特征

（一）发展速度略降，触底回升趋势凸现

自 2011 年我国人身险保费收入首现负增长后，我国人身险进入了相对低迷期（见图 4－1），这与 21 世纪前十年约 27% 的年均复合增长率形成鲜明对比。2012 年人身险实现保费收入 10 157 亿元，同比增长仅为 4.4%，主要是因为银保渠道面临较大挑战，同时人身险发展的自身竞争力不明，长期发展粗放的路径使其进入了瓶颈。2013 年，受行业改革、产品创新、网络营销等方面的影响，人身险业务有了触底回升的迹象，保费收入 11 009.98 亿元，同比增长 8.4%，虽不及市场迅速扩充时期的高增长，但触底回暖迹象已经显现。2014 年，人身险保险收入 13 031.43 亿元，同比增长 18.36%。总体来说，人身险中，寿险增长较慢，人身意外伤害险和健康险增长较快。

2012 年人身险保险金赔付支出为 1 899.99 亿元，较 2011 年增长 9.04%，其中主要是寿险与人身意外健康险增长 15.69% 和 18.28%，健康险的赔付则降低了 17.1%。另外，2012 年退保金额高达 1 200 亿元，同比增长超过 30%，

① 作者：莫骄（1982～），中华保险研究所；参考《人身保险行业竞争力报告》。

数据来源：保监会网站。

图 4－1 我国 2011 至 2014 年寿险保费收入及增长率

不过也出现了退保高增长的保险公司保费规模增速也较高的情况。2013 年人身险保险金给付支出 2 773. 77 亿元，同比增长达 45. 99%，主要是由寿险支出增长 49. 71% 引起，包括定期寿险到期给付、退保金等，其中 2013 年寿险公司退保金 910 亿元，同比增长 53. 2%，集中于银保渠道销售的产品。2014 年，寿险公司退保金 3 239. 05 亿元，同比增长 69. 89%；退保率 5. 62%，同比增加 1. 82 个百分点。其中，分红寿险退保金 2 902. 52 亿元，占寿险公司退保金的 89. 61%；普通寿险退保金 287. 34 亿元，占寿险公司退保金的 8. 87%（见表 4－1）。

表 4－1　　人身险赔付支出总额及增长率

	2012 年		2013 年		2014 年	
	总额（亿元）	增长率（%）	总额（亿元）	增长率（%）	总额（亿元）	增长率（%）
人身险	1 899. 99	9. 04	2 773. 77	45. 99	3 428. 01	23. 59
（1）寿险	1 505. 01	15. 69	2 253. 13	49. 71	2 728. 43	21. 09
（2）健康险	298. 17	－17. 1	411. 13	37. 88	571. 16	38. 92
（3）人身意外伤害险	96. 8	18. 28	109. 51	13. 13	128. 42	17. 27

数据来源：保监会网站。

就横向比较而言，我国保险业与世界发达国家相比还有较大差距，在保险密度和保险深度方面，据《Sigma》统计，我国人均人身险保费 2013 年仅为 110 美元，人身险占 GDP 比重仅为 1. 6%，低于 2012 年美国 1 808. 1 美元、3. 65% 的水平，也低于 2012 年全球平均 283. 1 美元和 2. 81% 的水平。

我国保险资产在家庭金融资产中配置比例处于较低水平。2012 年我国金融总资产占全球的 7. 61%，而美国为 37. 91%，日本为 12. 58%，相对于我国作为世界第二大经济体的实力而言稍显逊色。从人均总金融资产看，中国仅为 6 146 欧元，远低于 22 918 欧元的世界平均水平，这说明我国金融总体发展不足。从各类金融资产占比情况来看，2012 年末全球平均情况为，证券类占 36%，银行存款占 32%，保险及养老金资产占 30%。从美国、欧元区及亚洲各国（地区）的发展水平对比来看，2012 年我国保险资产占比仅为 8.7%，低于美国（占 29%）、欧元区（占 32%），以及亚洲的新加坡（占 43.9%）、马来西亚（占 36.4%）等国的发展水平（见表 4-2）。

表 4-2　2012 年部分国家和地区金融资产结构情况

国家（地区）	金融资产				人均 GDP（欧元）
	占全球比重（%）	总资产（百万欧元）	人均总资产（欧元）	人均净资产（欧元）	
美国	37.91	42 169	132 813	100 711	37 527
日本	12.58	13 991	109 947	83 610	32 833
中国	7.61	8 463	6 146	4 719	4 529
英国	5.04	5 605	89 277	58 905	30 309
德国	4.44	4 940	61 437	41 954	32 891
法国	3.80	4 228	66 128	44 306	31 790
意大利	3.34	3 718	61 062	45 770	25 749
加拿大	3.29	3 655	104 916	66 553	39 772
澳大利亚	2.38	2 651	114 990	57 401	50 688
中国台湾	1.59	1 764	75 648	65 076	15 705
韩国	1.58	1 761	35 935	19 181	18 602
瑞士	1.57	1 744	218 098	141 895	61 467
西班牙	1.53	1 706	36 485	17 211	22 493
巴西	1.14	1 272	6 403	2 730	8 189
印度	0.94	1 043	843	747	1 120
比利时	0.92	1 026	92 810	73 523	34 118
瑞典	0.79	879	92 462	54 065	43 626
新加坡	0.46	515	97 186	66 403	40 373
南非	0.45	501	9 565	7 016	5 438
以色列	0.43	475	62 160	49 394	24 114
俄罗斯	0.41	453	3 164	1 705	10 224
挪威	0.37	414	82 842	10 589	79 254
马来西亚	0.37	410	14 007	7 803	7 960
泰国	0.28	316	4 732	1 459	4 246
印度尼西亚	0.25	277	1 123	695	2 616
智利	0.24	267	15 277	10 970	11 902
希腊	0.23	259	23 261	10 977	18 078
土耳其	0.22	248	3 354	1 614	8 255
阿根廷	0.07	76	1 839	1 200	7 678
世界		111 220	22 918	16 241	

数据来源：Allianz Global Wealth Report 2013。

（二）市场结构尚未集中，竞争格局逐渐酝酿

2014 年，在各寿险公司中，国寿股份、太保人寿、平安人寿三家原保费收入合计的市场份额为 52.87%，较上年同期减少 1.86 个百分点，各寿险公司保费收入规模占比如图 4－2 所示。

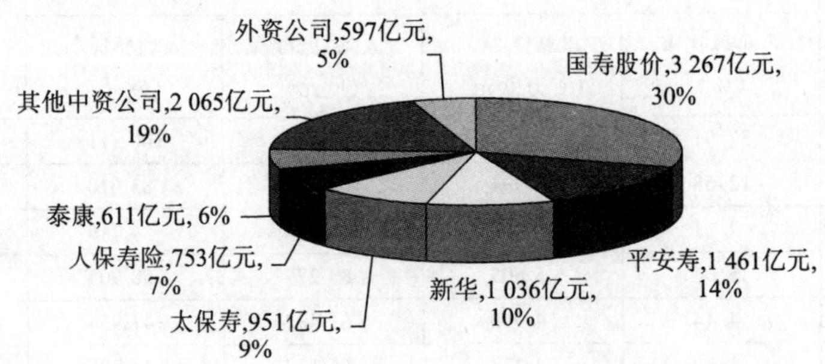

图 4－2　2013 年寿险公司市场份额图

数据来源：保监会网站。

近年来我国人身保险市场的 CR1、CR4（前 4 家公司市场占有率）、HHI[①] 等指标均呈缓慢下降趋势（如图 4－3），其竞争程度正逐步加强，市场份额呈走向均匀趋势但垄断特征明显。2013 年 HHI 指标降为 0.14，属于低寡占Ⅰ型。

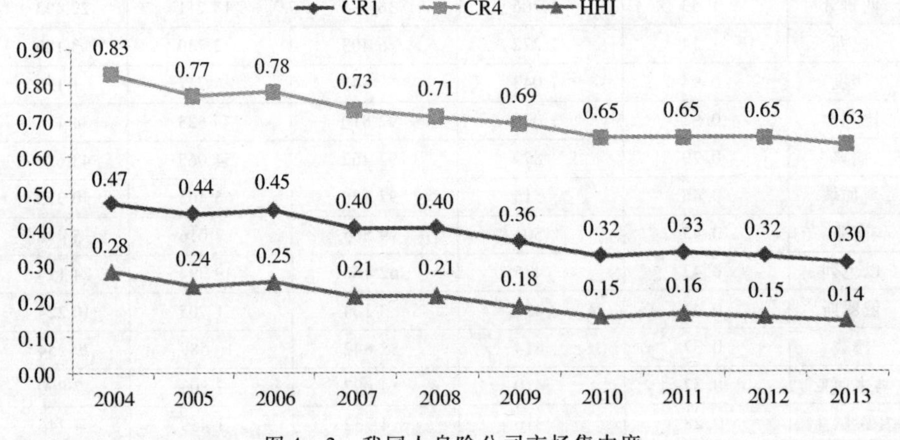

图 4－3　我国人身险公司市场集中度

数据来源：保监会网站。

① HHI（赫芬达尔—赫希曼指数），是一种测量产业集中度的综合指数，指一个行业中各市场竞争主体所占行业总收入或总资产百分比的平方和，用来计量市场份额的变化，即市场中厂商规模的离散度。赫芬达尔指数是产业市场集中度测量指标中较好的一个，是经济学界和政府管制部门使用较多的指标。HHI 越高，表示市场集中度越高，HHI 为 1，表示市场只有一家竞争主体。

表4－3和图4－4为人身险公司家数按市场规模统计情况，近年来保费规模为1亿至10亿元的保险公司占比已经由比重最大降至第二位，其地位由保费规模为10亿元至100亿元的公司取代，这一方面是因为我国保险公司总体规模提升，另一方面是我国保险市场结构布局正向均匀化方向发展。

表4－3　　我国人身险公司家数按市场规模统计　　单位：家

年份	1亿元以下	1亿至10亿元	10亿至100亿元	100亿元以上	合计
2004	8	10	5	6	29
2005	11	17	4	7	39
2006	10	20	8	7	45
2007	15	10	21	7	53
2008	8	12	27	9	56
2009	12	14	25	8	59
2010	6	16	29	10	61
2011	7	17	27	10	61
2012	10	17	30	11	68
2013	8	17	31	12	68

数据来源：保监会网站。

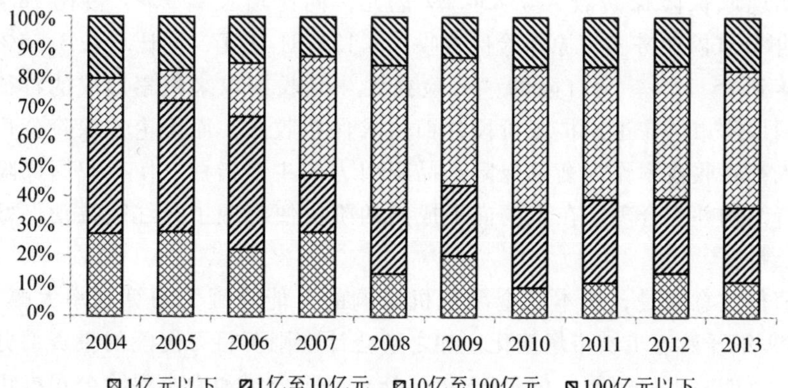

图4－4　人身险公司家数按市场规模占比分类图

数据来源：保监会网站。

（三）产品结构仍不均匀，分红万能独占鳌头

2012年，人身险业务原保险保费收入为10 157亿元（其中包括财险公司经营的意外险、短期健康险原保险保费收入198.95亿元），同比增长4.48%。其中，寿险业务实现原保险保费收入为8 908.06亿元，同比增长2.44%，占人身险业务原保险保费收入的87.7%；健康险业务实现原保险保费收入862.76亿元，同比增长24.73%，占人身险业务原保险保费收入的8.49%；

人身意外险业务实现原保险保费收入 386.18 亿元，同比增长 15.58%，占人身险业务原保险保费收入的 3.8%。2013 年 1 月与去年同月相比，寿险保费收入为 1 254.61 亿元，同比降低 2.47%，是近 7 年来寿险“开门红”首次出现负增长，2013 年寿险业务原保险保费收入 11 009.98 亿元，同比仅增长 8.40%。我国人身险市场呈现寿险虽占主体但增长乏力，健康险和意外伤害险虽份额较小但表现积极的特点。2014 年，人身险保费收入 13 031.43 亿元，同比增长 18.36%，其中，普通寿险业务原保险保费收入 4 296.49 亿元，同比增长 257.96%，占寿险公司全部业务的 33.86%，同比上升 22.68 个百分点；分红寿险业务原保险保费收入 6 508.75 亿元，同比下降 19.97%，占寿险公司全部业务的 51.29%，同比下降 24.43 个百分点；投资连结保险业务原保险保费收入 4.42 亿元，同比增长 0.10%，占寿险公司全部业务的 0.03%，同比下降 0.01 个百分点；万能险业务原保险保费收入 91.90 亿元，同比增长 5.03%，占寿险公司全部业务的 0.72%，同比下降 0.09 个百分点。

分红险一家独大，万能险不容小觑。

我国寿险市场呈现分红险“一险独大”的特点，2011 年达历史最高水平，在人身险保费收入中占比超过 80%。近两年来增速放缓，2012 年分红险业务实现原保险保费收入 7 854.29 亿元，同比增长 2.5%，占比 78.88%；2013 年分红险业务实现原保险保费收入 8 132.81 亿元，同比增长 3.55%，占比回落到 75.72%。分红险的“一险独大”是长期以来积累形成的特征，由于我国保险市场在迅速扩张阶段片面追求保费收入，而无论是保险公司还是投保人都将收益率作为衡量保险产品吸引力的主要指标，使得我国保险市场的保费结构并不合理，在市场尚不成熟的阶段便出现了分红险拉动保费的畸形增长特征。

值得注意的是，原本受金融危机影响的万能险因为结算利率大幅下调，从 2009 年开始逐步被市场淡化，加之新会计准则不将万能险的投资部分计入保费，万能险本应沉静。但 2012 年部分新保险公司和中小保险公司推出了零初始费用、零管理费用的万能险产品，并且伴随网络销售模式的走红，万能险出现了井喷态势。新的策略是将分红险附加万能险形成组合，也可以附加其他保障型产品，将万能险的投资收益摆在第一位，按月公布结算利率，通过间接提高客户收益率的方式增加产品吸引力。

虽然投资部分的万能险收入并不计入保费，但对于众多中小保险公司而言，这从公司品牌、资金流动性、投资本金方面使保险公司受益，而且与万能险附加的其他保险产品也能拉动相关保费收入。发达国家的保险市场以美国为代表，其万能险在 20 世纪 80 年代出现以来一直增长较快，特别是进入 21 世纪后较快拉动了整体保费规模的扩张。

影响保险公司新单保费增长的主要因素是产品和渠道。2013 年个险面临多方面的压力，保险公司新单保费增长出现分化。个险新单保费增长的主要压力来自于理财产品的冲击，保险公司在个险新单销售方面的策略也呈现较大差别。部分公司屈从于理财产品压力，相继推出高现值保单，这类保单虽然能够带来个新单保费的快速增长，但是也造成较多的退保。为此，监管部门印发《中国保监会关于规范高现金价值产品有关事项的通知》，通知规定自 2014 年 1 月 1 日起，如果保险公司销售的高现金价值产品年度保费收入在公司资本金的 2 倍以内，则遵照现行最低资本的标准；如果年度保费收入超过公司资本金的 2 倍，则最低资本为全部保险合同期末责任准备金或混合保险合同分拆后其他风险部分负债（含资本金 2 倍以内的部分）的 6%，加上风险保额部分的最低资本。

（四）销售渠道悄然变化，转机暗藏亟须创新

1. 银保渠道拐点确认面临冲击，银行系险企崛起迅猛势头强劲。目前而言，个人渠道和银邮渠道仍是寿险公司业务拓展的主要渠道，但其占比变化趋势正逐渐明显。2014 年，寿险公司银邮代理业务原保险保费收入 4 946. 90 亿元，同比增长 25. 55%，占寿险公司业务总量的 38. 98%，同比上升 2. 30 个百分点；个人代理业务原保险保费收入 6 175. 20 亿元，同比增长 12. 36%，占寿险公司业务总量的 48. 66%，同比下降 2. 51 个百分点；公司直销业务原保险保费收入 1 268. 26 亿元，同比增长 23. 55%，占寿险公司业务总量的 9. 99%，同比上升 0. 44 个百分点（见表 4 – 4）。

表 4 – 4 寿险行业营销渠道业务占比发展历程

	个人营销	银行邮局	公司直销
2002	60. 97%	20. 70%	18. 33%
2003	57. 20%	25. 92%	16. 88%
2004	54. 45%	24. 85%	20. 51%
2005	53. 56%	24. 80%	20. 44%
2006	54. 80%	28. 59%	14. 58%
2007	52. 46%	34. 31%	11. 92%
2008	41. 40%	48. 92%	7. 85%
2009	43. 20%	47. 71%	6. 52%
2010	41. 10%	50%	7. 10%
2011	44. 64%	47. 88%	5. 64%
2012	48. 56%	41. 49%	7. 44%
2013	51. 17%	36. 68%	9. 56%
2014	48. 66%	38. 98%	9. 99%

数据来源：中国保监会。

究其原因，主要是银邮渠道面临了日益严峻的考验，首先是受资本市场不景气的影响，许多寿险产品的收益率低于同期银行定期存款利率，并且产品同质化严重，加之银行推出了多款短期理财产品，其对客户而言吸引力更大；其次是监管机构整顿银保渠道，2010 年《关于进一步加强商业银行代理保险业务合规销售与风险管理的通知》，及 2011 年《商业银行代理保险业务监管指引》的出台规定保险公司人员不得驻点银行销售保险，也限制了银行代理保险产品的公司家数。此外，2014 年《中国保监会、中国银监会关于进一步规范商业银行代理保险业务销售行为的通知》规定，投保人填写的年收入低于当地省级统计部门公布的最近一年度城镇居民人均可支配收入或农村居民人均纯收入的，以及投保人年龄超过 65 周岁或期交产品投保人年龄超过 60 周岁的，向其销售的保险产品原则上应为保单利益确定的保险产品，且保险合同不得通过系统自动核保现场出单，应将保单材料转至保险公司，经核保人员核保后，由保险公司出单，进一步加强了对商业银行代理保险业务销售行为的管控。尽管如此，许多新兴的中小保险公司与大型保险公司不同，还是将银保渠道作为其保费增长的重点，这在保险公司成立初期确实能在降低营销成本方面发挥一定作用，但个险渠道的建立和深耕将是未来一段时间大型保险公司销售渠道建设和改革的重点。

同时，银行系保险公司迅速崛起对传统银保渠道构成冲击。我国银行系保险公司的设立政策经历了如下历程，2008 年 1 月国务院批准《关于商业银行投资保险公司股权问题的请示文件》，原则上同意银行投资入股保险公司，2009 年 11 月银监会出台《商业银行投资保险公司股权试点管理办法》，2010 年 5 月保监会出台《保险公司股权管理办法》。目前全国共有 9 家银行系寿险公司，其中建信人寿、交银康联、中荷人寿、工银安盛、农银人寿为银行控股，且除中荷人寿由北京银行控股外，另外 4 家保险公司的控股银行属于 5 大国有商业银行；另外，中邮人寿、信诚人寿、光大永明、招商信诺家 4 家保险公司系金融集团控股；2012 年新成立的公司包括工银安盛和农银人寿。银行系保险公司利用其银行的网点优势、客户资源优势大力推销自身保险产品，其增速大大超过了传统的保险公司（见图 4 – 5）。

2. 个人渠道迹象趋好也需转型，寿险营销员体制改革已在路上。寿险营销员体制改革并不局限于个险渠道，还涉及整个行业的经营理念。我国保险业很长一段时间是靠增加保险营销员数量来拉动保费，出现了保险营销员管理体制关系不顺、管理粗放、队伍不稳、素质不高等问题，不适应保险行业转变发展方式的需要，不适应经济社会协调发展的时代要求，不适应消费者多样化的保险需求。

自 2010 年保监会《关于改革完善保险营销员管理体制的意见》（保监发

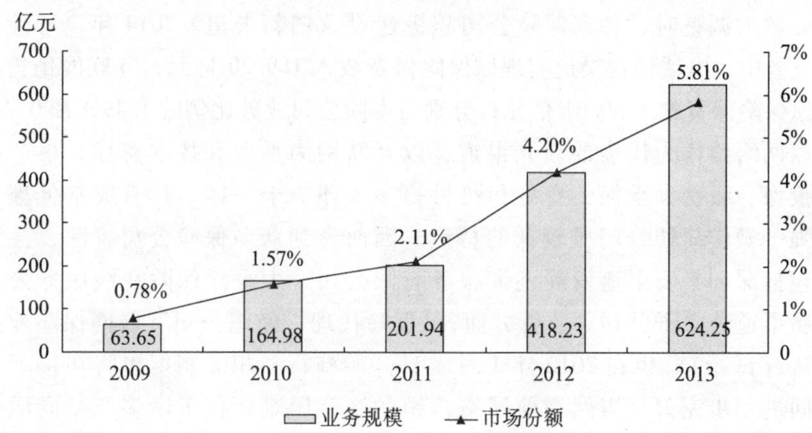

图 4－5　银行系寿险公司业务规模及市场份额

数据来源：中国保监会。

［2010］84 号）颁布以来，寿险营销员体制改革终于在 2012 年取得新的进展，保监会在 2012 年 10 月 8 日发布《关于坚定不移推进保险营销员管理体制改革的意见》（保监发［2012］83 号），规定力争用 3 年左右时间，改变保险营销管理粗放、队伍不稳、素质不高的现状，保险营销队伍素质稳步提升，保险营销职业形象明显改善；用 5 年左右时间，新模式、新渠道的市场比重有较大幅度提升；用更长一段时间，构建一个法律关系清晰、管理责任明确、权利义务对等、效率与公平兼顾、收入与业绩挂钩，基本保障健全、合法规范、渠道多元、充满活力的保险销售新体系，造就一支品行良好、素质较高、可持续发展的职业化保险销售队伍。在经营方面，这是启示将来我国保险行业的发展，特别是个险渠道的寿险营销员，应该发挥主动性，提高服务水平，改变简单营销模式，结合不同产品的特点，更大程度地充当理财顾问的角色，能够充分分析客户的保险需求，从客户实际出发培养自身业务水平和能力。

除此以外，保监发［2012］83 号文还鼓励保险公司设立保险中介公司，逐步实现保险销售专业化、职业化。鼓励保险公司深化与保险中介公司的合作，建立起稳定的代理关系和销售服务外包模式。鼓励各类社会资本投资设立保险中介公司，支持保险中介公司开展寿险营销业务。鼓励保险公司拓展多元化销售渠道和方式，建立新型的保险销售体系。

在实践中，2012 年寿险公司营销人员人均产能大幅增长，实现由人均保费 12.46 万元增长至 18.12 万元。同时，专属销售公司、试点员工制、合伙人制等公司不断出现，仅 2012 年便有 13 家保险公司投资设立了专属保险销售公司。

3. 网络营销新星升起吸引眼球，交叉销售取得成绩助力增长。在传统渠道面临较大调整时，各家保险公司积极建设营销新渠道。2014 年，寿险公司直销业务中，电话销售渠道实现原保险保费收入 189.20 亿元，互联网销售渠道实现原保险保费收入 30.61 亿元；分别占寿险公司业务比例的 1.49% 和 0.24%。

以网络销售为代表的新兴渠道，以互联网为平台和技术支撑，集产品筛选、投保、缴费、承保、变更和赔付等多个环节于一体，具有成本低廉、可及性强、操作简便、门槛较低的特点，因而受到众多保险公司青睐，甚至成立了包括深圳平安渠道发展咨询服务有限公司、太平洋保险在线服务公司在内的新渠道独立子公司。监管方面，《保险代理、经纪公司互联网保险业务监管办法（试行）》也在 2012 年 1 月 1 日开始施行，相关制度也将在接下来一段时间进一步完善。当然当前网络营销的主要困难，在于诸多产品同质化条件下，客户难以区分产品特色，不能选择适合自己的产品；同时特别是针对健康险，出现道德风险的可能性比较大，给保险公司核保造成一定困难。接下来网络营销的进一步发展，也必须从粗放走向集约，从扩面走向优质，设计适合互联网消费群体的保险产品，重视网销售前、售中、售后的服务水准，从制度、平台、模式等方面提升自身竞争力。

自保监会放行产寿险相互代理业务后，几大保险集团纷纷尝试产寿险交叉销售业务，相互代理，互派专员，积极建立交叉销售的营销员考核机制、培训体系，甚至扩展至银行和证券领域，充分整合各方资源，取得不错成绩，最高增幅超过 40%。交叉销售的成绩既源自于寿险营销员营销水平、人均产能的提高，也源自于各方代理人客户资源的整合与分享。

（五）资本结构多元多样，相互组合携手发展

从组成保险公司的资本结构和性质而言，目前我国保险公司表现为国有资本、民营资本、外资的交叉组合的特征。最近一两年的新一轮保险公司设立以地方法人险企为主角，主要是由地方政府牵头，股东主要是地方大型国企及上市公司，也包括民营资本和外资资本。2012 年成立的寿险公司有 7 家，除了由地方国企主导设立，还出现了由地方政府主导的地方国企和外资合办的中韩人寿，由民营资本和外资联合成立的复星保德信人寿，由当地六家民营资本联合成立的前海人寿。

一方面，这体现了社会各界资本对保险市场的青睐，将资金投入到保险市场，既繁荣了保险市场，也有利于区域金融协同发展，建立区域金融中心，培养区域金融竞争力；另一方面，这也有避免区域保费收入流失的考虑，可能引起市场的不公平竞争；同时，如何将区域风险分散而不集中于一家险企，正确运用“大数法则”也是需要斟酌和处理的问题。

在各路资本加码保险企业的同时，出于经营策略考虑，也出现了外资撤

出、转让保险市场的情况，比如2012年汇丰将其持有的15.57%的中国平安股权以727.36亿港元转让给泰国正大集团，告别了入股平安的十年历程。

从外资保险公司的市场占比和业务规模看，其在我国的发展波动比较大，2013年在人寿保险公司原保险保费收入中，中资寿险公司原保险保费收入为10 144.07亿元，市场份额为94.44%，外资寿险公司原保险保费收入为596.85亿元，市场份额为5.56%，低于2010年水平但较2011年和2012年略有回升。销售渠道不占优势的外资保险公司，将来在我国的发展策略将由追逐份额转向追求利润，结合自身特点，发挥高端人群的全面财富管理优势（见图4-6）。

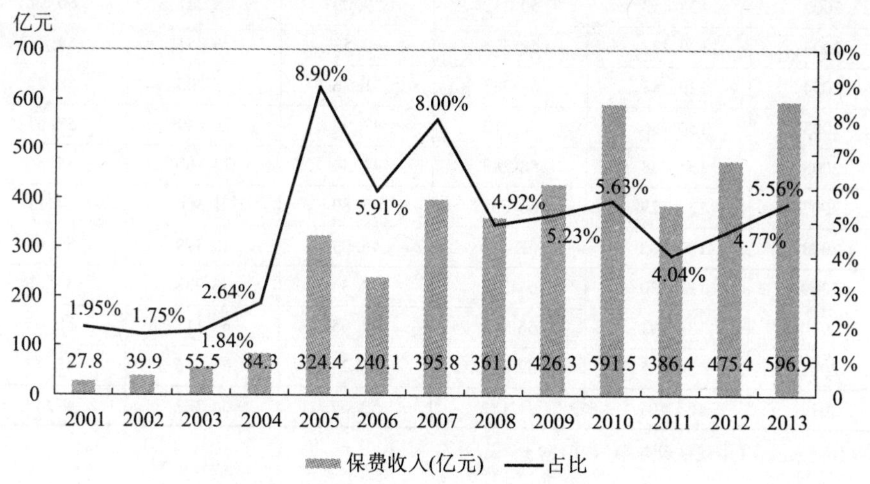

图4-6 外资人身险公司保费收入及占比

数据来源：中国保监会网站。

二、人身险市场发展的重大机遇期与潜力分析

（一）新型城镇化开启其与人身保险的良性互动机制

城镇化进程是保险行业发展的重要推动力量，保险的发展也将为城镇化的推开提供支持。城镇化水平的高低直接体现为城镇化率的水平，即一个地区常住于城镇的人口占该地区总人口的比例。过去30年，中国城市化进程以世所罕见的速度推进，从1978年的17.92%提高到2012年的52.57%（表4-5），平均每年提高1个百分点左右。

表4-5 **我国城乡人口及占比** 单位：万人

年份	总人口（年末）	城镇		乡村	
		人口数	比重（%）	人口数	比重（%）
1978	96 259	17 245	17.92	79 014	82.08
1980	98 705	19 140	19.39	79 565	80.61

续表

年份	总人口（年末）	城镇		乡村	
		人口数	比重（%）	人口数	比重（%）
1985	105 851	25 094	23.71	80 757	76.29
1990	114 333	30 195	26.41	84 138	73.59
1995	121 121	35 174	29.04	85 947	70.96
2000	126 743	45 906	36.22	80 837	63.78
2001	127 627	48 064	37.66	79 563	62.34
2002	128 453	50 212	39.09	78 241	60.91
2003	129 227	52 376	40.53	76 851	59.47
2004	129 988	54 283	41.76	75 705	58.24
2005	130 756	56 212	42.99	74 544	57.01
2006	131 448	58 288	44.34	73 160	55.66
2007	132 129	60 633	45.89	71 496	54.11
2008	132 802	62 403	46.99	70 399	53.01
2009	133 450	64 512	48.34	68 938	51.66
2010	134 091	66 978	49.95	67 113	50.05
2011	134 735	69 079	51.27	65 656	48.73
2012	135 404	71 182	52.57	64 222	47.43

数据来源：《中国统计年鉴（2012）》。

在此区间，人身险保费增速与城镇化率增速基本保持同向增长，且增速超过城镇化率增速，大约为20%左右（见图4－7）。

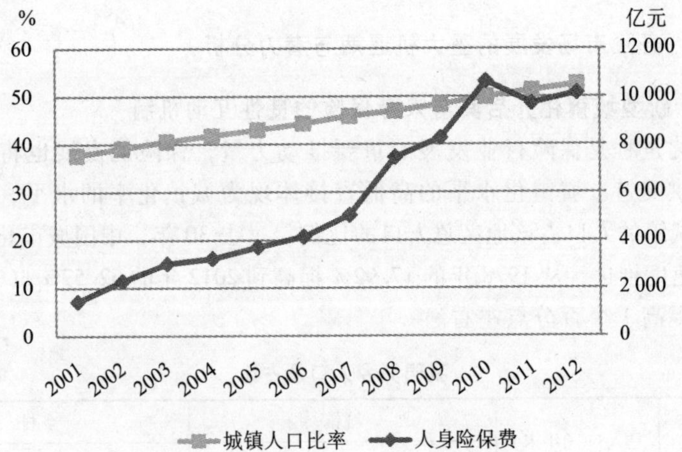

图4－7 城镇人口比率与人身险保费

数据来源：《中国统计年鉴（2012）》。

从国际经验来看，城镇化率呈现出与人均 GDP 同向增加的特点，根据瑞士再保险公司《Sigma》的研究，各国人均 GDP 上升将带动保险深度的同向增加，从我国城市、县城的人身险购买需求来看，发达地区的人身险需求明显更高（见图 4－8）。

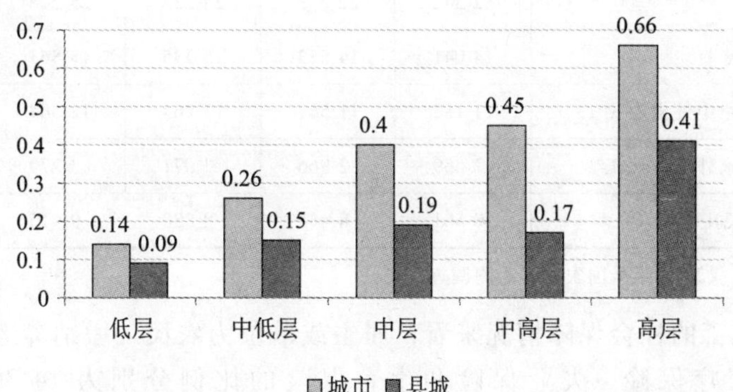

图 4－8 城市和县域不同收入阶层的家庭商业人身保险参保率（单位:%）

资料来源：中国家庭寿险需求调查。

新型城镇化对保险的拉动基于以下四个方面：

1. 居民经济实力。目前我国恰处于新型城镇化进程中，这作为未来一段时间的社会趋势，首先将通过继续推动经济增长、国民财富积累的方式，拉动人们对保险产品的需求和购买能力。

2. 居民风险态度。与传统的养儿防老不同，以城镇化后的家庭小型化为趋势，城镇化将极大地打破一大批子女共同赡养老人的养老风险防范措施，要求居民转变年老风险的化解方式，进而可以增大保险需求。同时，居民从农村流向城市，将接触更现代的生活习惯消费观念和金融氛围，加深对风险的理解和认知，在风险态度、理财意识各个方面发生改变。

3. 保险产品的竞争力方面，具体体现为保险资金的运用能力得到加强。险资投资方面，我国 80% 的保险资金被投资于固定收益类资产中，新型城镇化背景下一大批项目建设将为险资投资提供有价值的选择。特别是随着以城投债为代表的国内债券市场发展和完善，险资投资收益也将在投资工具和投资收益方面得到进一步保障。2012 年投资渠道放开以来，以公路、铁路、核电、风电、火电、水电、水利、煤炭等重大民生行业为代表的债权投资计划快速发展，金额超过 2 000 亿元。

4. 政府制度建设方面。新型城镇化与城镇化的区别，从字面上看是“新型”，从实质上看，是具有以人为本、生态、和谐、公平、可持续等特征的城镇化，这将涉及包括收入分配、户籍、住房、土地流转和社会保障等多重体制改革。《2012 年全国农民工监测调查报告》显示，我国农民工数量近年处于上升趋势，2012 年达到 26 261 万（见表 4－6）。

表 4－6 我国近年农民工数量统计 单位：万人

	2008 年	2009 年	2010 年	2011 年	2012 年
农民工总量	22 542	22 978	24 223	25 278	26 261
1. 外出农民工	14 041	14 533	15 335	15 863	16 336
（1）住户中外出农民工	11 182	11 567	12 264	12 584	12 961
（2）举家外出农民工	2 859	2 966	3 071	3 279	3 375
2. 本地农民工	8 501	8 445	8 888	9 415	9 925

数据来源：《2012 年全国农民工监测调查报告》。

从农民工的社会保障情况来看，雇主或单位为农民工缴纳养老保险、工伤保险、医疗保险、失业保险和生育保险的比例分别为 14.3%、24%、16.9%、8.4% 和 6.1%，分别比上年提高 0.4、0.4、0.2、0.4 和 0.5 个百分点。从近五年调查数据看，外出农民工养老保险、医疗保险、失业保险和生育保险的参保率提高 4 个百分点左右，而"五险"中参保率相对较高的工伤保险没有明显提高（见表 4－7）。①

表 4－7 外出农民工参加社会保障的比例 单位：%

险种	2008 年	2009 年	2010 年	2011 年	2012 年
养老保险	9.8	7.6	9.5	13.9	14.3
工伤保险	24.1	21.8	24.1	23.6	24.0
医疗保险	13.1	12.2	14.3	16.7	16.9
失业保险	3.7	3.9	4.9	8.0	8.4
生育保险	2.0	2.4	2.9	5.6	6.1

数据来源：《2012 年全国农民工监测调查报告》。

因此新型城镇化对社会保障问题提出了要求、挑战和机遇，这既涉及农村社保体系与城镇社保体系的转化对接，也涉及商业保险公司在养老保险、健康保险等领域的补充作用的进一步发挥。新型城镇化后，新进入城镇的农村或流动人口将具有稳定收入来源，也将进一步参与社会保障体系，但即便如此，尚不足以完全保障居民未来的生活风险，这为商业养老和医疗保险提供了空间。

① 国家统计局：《2012 年全国农民工监测调查报告》，http://www.gov.cn/gzdt/2013－05/27/content_2411923.htm。

从保险对新型城镇化的有利影响来看，第一是险资投资，寿险资金的长期性与城市化进程中基础设施和房地产建设的资金需求吻合。寿险资金的期限基本在5年以上，适合投资信用评级较高、现金流稳定的长期项目。基础设施类项目一般所需资金量较大、项目营运周期长，基础设施投资中的铁路、桥梁、高速公路、水利等项目无疑在期限上能够实现与保险资金的较好匹配。第二是社会稳定功能，保险的发展将有利于社会的稳定，为城镇化进程中凸显的一系列社会问题提供有效解决途径，是新型城镇化不可或缺的一部分。总之，二者是一个良性循环。

（二）多层次社会保障体系构建为商业保险提供巨大空间

构建多层次的社会保障体系是我国社会发展完善的重要任务，这将进一步彰显我国商业保险的发展的巨大潜力。

1. 商业健康保险。对比发达国家，我们发现，即使是社会医疗保险发挥主导作用的国家，商业健康保险在医疗保障体系中的作用也不容忽视。因为无论是公费医疗还是社会保险，其普惠制的特性决定了其保障水平和范围不可能涵盖公众对医疗服务需求的全部。商业健康保险通过合理的补充机制设计，能满足不同人群对医疗和健康的特殊需求。

表4－8列出了世界各个地域和收入水平国家分组在2000年和2010年商业健康保险占私人卫生支出和卫生总费用的占比情况。从中我们可以发现商业健康保险在全球范围内发展水平差异较大，越是发达国家，虽然其社会保障水平一般相对较高，但商业健康保险的发展并没有受到负面影响；相反，其占比无论在私人卫生支出中还是在卫生总费用中都高于中低收入国家。在经济合作与发展组织（OECD）国家，商业健康保险的融资比简单平均计算为6.8%，而个人自付比为19.2%，商业保险同样能有效发挥降低个人医疗费用负担的作用。

表4－8　世界各地商业健康保险占私人卫生支出和卫生总费用的占比

国家分组（按地域）	商业健康保险占私人卫生支出比重（%）		商业健康保险占卫生总费用比重（%）	
	2000	2010	2000	2010
非洲地区	35.50	31.70	19.88	16.74
美洲地区	54.60	58.20	29.98	29.22
东南亚地区	2.40	5.40	1.65	3.53
欧洲地区	22.20	21.40	5.77	5.46
中东地区	5.40	6.30	2.84	3.24
西太平洋地区	7.20	10.20	2.61	3.66

续表

国家分组（按收入）	商业健康保险占私人卫生支出比重（%）		商业健康保险占卫生总费用比重（%）	
	2000	2010	2000	2010
低收入国家	1.40	1.40	0.88	0.86
中低收入国家	2.50	4.10	1.67	2.62
中高收入国家	15.30	16.80	7.91	7.48
高收入国家	48.90	52.00	19.80	19.86

数据来源：根据 WHO：World health statistics 2013 整理。

《中国统计年鉴 2012 年》的数据显示，2011 年全国卫生总费用达 24 268.78 亿元，人均卫生费用 1 801.22 元，卫生总费用占 GDP 百分比为 5.15%。在卫生总费用的结构变化中我们发现，个人现金卫生支出 2011 年达到 34.0%，城镇基本医疗保险占比达到 18.26%，而商业健康保险占卫生总费用融资的比例近年来始终保持在 2% ~3%，相比较而言这说明商业健康保险在我国医疗保障体系中发挥的作用尚微。而我国社会保障资金审计结果显示，城镇职工基本医疗保险、城镇居民基本医疗保险和新农合在国家基本医疗保险“三个目录”政策范围内的报销比例到 2011 年分别达到了 77%、62% 和 70%，实际医疗费用的报销比例只有 64.10%、52.28% 和 49.20%。在当前基本医疗保险保障程度有限的情况下，我国商业健康保险在医疗保障体系中的作用仍留有广阔的领域。

根据瑞士再保险公司 SwissRe 研究报告的预测，随着人口增长、经济发展和价格通胀，假设我国医疗卫生开支总额占国内生产总值的比例维持 2010 年水平，到 2020 年我国医疗保障缺口将达到 730 亿美元，占亚太地区总缺口的 37%。可见，单一的基本医疗保障应对快速增长的医疗费用，往往不堪重负，发展商业健康保险将成为分担医疗费用的重要途径。参照中等发达国家的数据，我国商业健康保险的潜在市场需求应该是 6 680 亿 ~12 100 亿元之间，是 2010 年健康保险保费收入的 10 到 18 倍。预测到 2020 年，健康保险保费将达到 2 500 亿元以上。

2012 年 3 月份保监会与卫生部、财政部、国务院医改办联合下发《关于商业保险机构参与新型农村合作医疗经办服务的指导意见》，2012 年 8 月六部委联合下发《关于开展城乡居民大病保险工作的指导意见》，为商业保险参与医疗保障体系建设创造了良好的政策环境。2012 年保险业参与新农合、城镇职工和城镇居民基本医疗保险、医疗救助等医疗保障项目，受托管理基金 129.8 亿元，保费收入 113 亿元，赔付与补偿 3 470.3 万人次，赔偿支付 180 亿元，对于降低基本医保运行成本，提升基本医保服务水平发挥了积极的作用。目前，大病保险试点工作已在全国范围内逐步推开。据测算，2013 年大病保险总支出约为192亿元，到2015年约为609亿元，到2020年约为1 136亿元，从而将大幅提高我国商业健康保险的保费收入。随着大病保险政策和我国新医改的推进，2013年健康保险发展的环境更为优化。

2013年9月28日，国务院发布《关于促进健康服务业发展的若干意见》（国发［2013］40号），在发展目标中明确指出："健康保险服务进一步完善。商业健康保险产品更加丰富，参保人数大幅增加，商业健康保险支出占卫生总费用的比重大幅提高，形成较为完善的健康保险机制"。在主要任务设计中提出："积极发展健康保险。丰富商业健康保险产品……鼓励商业保险公司提供多样化、多层次、规范化的产品和服务。鼓励发展与基本医疗保险相衔接的商业健康保险，推进商业保险公司承办城乡居民大病保险，扩大人群覆盖面。积极开发长期护理商业险以及与健康管理、养老等服务相关的商业健康保险产品。建立商业保险公司与医疗、体检、护理等机构合作的机制……为参保人提供健康风险评估、健康风险干预等服务，并在此基础上探索健康管理组织等新型组织形式。鼓励以政府购买服务的方式委托具有资质的商业保险机构开展各类医疗保险经办服务。"

在政策措施建议中首次强调："企业根据国家有关政策规定为其员工支付的补充医疗保险费，按税收政策规定在企业所得税税前扣除。借鉴国外经验并结合我国国情，健全完善健康保险有关税收政策。"

《意见》要求，各地要把发展健康服务业放在重要位置，结合当地实际制定具体方案、规划或专项行动计划；各有关部门要各负其责，按照职责分工抓紧制定相关配套文件，加强沟通协调，密切协作配合，共同促进健康服务业有序快速发展。

在上述政策指引下，商业健康保险应该乘势而上，将老年长期护理保险打造成自己的品牌产品。从打造专业化护理保险的定位起步，建立专业化的经营主体、中介管理主体、甚至护理服务提供主体。除此之外，基本医疗保险范围之外的病种，基本医疗保障范围之外的药物，非医疗保险范围的医疗保健与健康维护服务等，都将成为商业健康保险业务的潜在拓展空间。对于商业健康保险经营者而言，应该确立清晰的市场定位，大力发展对社会医疗保险起补充作用的产品，满足居民日益差异化、多样化的健康需求，对居民的健康和医疗需求起到"锦上添花"，而非"雪中送炭"作用，解决居民"想保而未保，有需求而无供给"的保障真空。

2. 养老保险。目前，商业保险机构主要通过承办企业年金业务和提供养老保险产品等途径参与养老保障体系建设。在我国现行的"三支柱"养老保障体体系中，作为"第一支柱"的基本养老保险即承担着巨大的责任和压力。而作为"第二支柱"的团体养老保险、企业年金及职业年金计划等，发展严重滞后，与第一支柱相比，在养老保障体制中的作用显得过于微弱。而作为“第三支柱”的个人储蓄养老保险方面，由于没有税收等政策上的优惠，基本上没有发展，未能形成对第一、二支柱的有效补充。

截至 2013 年末，保险业已获得企业年金市场的 18 个资格，受托管理资产占企业年金法人受托业务 70.55%，投资管理资产占市场份额的 47.33%。全年年金保险业务保费收入累计 1 319 亿元。为强化保险业服务社会保障体系建设的功能，2012 年人身保险监管积极推动延税型养老保险上海试点工作，取得积极进展。国际经验显示，如果我们以全球养老金市场最大的 13 个主要国家为考察对象，2012 年养老金总资产达到 297 540 亿美元，占其 GDP 的 78.3%。在澳大利亚、加拿大、日本、荷兰、瑞士、英国和美国这七个国家中，65% 的养老金资产由市场机构管理，35% 由政府机构管理。而从我国来看，我国养老金总资产占 GDP 的比例仅为 8%，政府机构管理的养老金资产达到 85%，市场部门管理的养老金总资产占比为 15%。

《2013 年度人力资源和社会保障事业发展统计公报》显示，2013 年年末城镇职工基本养老保险基金累计结存 28 269 亿元，城乡居民社会养老保基金累计结存 3 006 亿元，企业年金基金累计结存 6 035 亿元。《2013 年全国社会保障基金理事会基金年度报告》显示，2013 年年末，全国社保基金权益 9 911.02 亿元，个人账户基金权益 921.93 亿元。如果以基本养老保险累计结余、企业年金累计结余、社会保障基金资产和商业年金保险保费收入作为我国养老金总资产，则我国商业养老保险占我国养老金总资产的比例仅为 3%。

另外，我国养老金总资产占 GDP 的比例仅为 8%，政府机构管理的养老金资产达到 85%，市场部门管理的养老金总资产占比为 15%。由于目前我国对养老金投资严格的管制，因此我国养老金总资产尤其是政府部门管理的养老金资产主要投资于银行存款和国债。难以长期达到保值增值的功效。随着我国人口老龄化的深入，商业养老保险存在无限的发展空间。

2013 年 9 月 13 日，国务院公布《关于加快发展养老服务业的若干意见》，明确提出要充分发挥市场在资源配置中的基础作用，逐步使社会力量成为发展养老服务业的主体。特别强调逐步放宽限制，鼓励和支持保险资金投资养老服务领域。开展老年人住房反向抵押养老保险试点。

保险资金投资现代养老社区是寿险商业模式的重要创新，有助于延伸寿险产业链。投资养老社区可带来保费收入和投资收益率的双重提升。根据《中国高净值人群消费需求白皮书》统计，截至 2011 年末，个人资产在 600 万元以上的人群数量约 270 万人。预计高净值人群选择高端社区养老的比例较高，假设为 10%，件均保费 200 万元，则将合计为保险公司贡献 5 400 亿元养老保费收入。同时，养老地产投资将提升总体投资收益率。养老地产的投资收益率预计在10%以上，保险公司投资非自用性不动产的比例最高可达总资产的15%。以5%的投资比例和10%的投资收益率来测算，养老地产投资可提升保险资金整体投资收益率225基点，对应有效业务价值和新业务价值提升5%以上。

值得一提的是，养老地产的投资期长与保险公司负债的久期契合度高。国内主要寿险公司已迈开投资养老地产的步伐。据不完全统计，保险业共有10家公司已经或计划投资养老社区，其中泰康人寿、合众人寿的养老社区项目已开工建设，人保寿险、太保寿险、太平人寿、平安集团、生命人寿、安邦人寿等6家公司也启动了养老社区项目规划。根据保险业资金运用有关监管政策规定，保险资金投资养老社区不能销售，因此保险业投资养老社区多采用“入门费+月租金”的收费形式，最主要的盈利来源是收取租金和服务费，其次还有土地和物业增值收益、保费投资收益、开发客户其他保险需求获得收益等。国际上，这种盈利模式的投资回报率为8%~11%，高于其他商业地产。我国保险产品与养老社区对接，市场潜力巨大，但目前的对接层次尚浅、操作模式不够成熟，仍然需要深入研究，加强内外部协调，适时出台规范措施加以完善。

三、我国寿险市场发展策略与趋势预测

（一）承保和投资并重

保险是综合金融集团首选的基础运作平台。伯克希尔·哈撒韦依托四大保险公司，通过“滚雪球”的方式迅速扩张成著名的多元化投资集团；中国平安起家于保险，并逐步发展成集保险、银行和投资为一体的个人金融服务集团；复星国际、安邦集团亦是立足保险纵横捭阖。保险将是混业经营时代必争的战略要地。“先收费，再理赔”的保险模式，使得这几家保险公司为伯克希尔贡献了大量的浮存金。伯克希尔可以利用这些浮存金进行投资，并获得投资收益。浮存金的总额和保费收入维持着一个稳定的关系，随着保险业务的不断扩张可供投资的浮存金也在不断增加，2013年伯克希尔拥有772亿美元的零成本浮存金用于投资，以“滚雪球”的方式不断扩张。只有承保与投资、效益与规模都两手抓，才能创造更大的价值。

（二）理财和保障并重

过去十年来，我国人身险行业的发展多是伴有投资理财驱动的因素，而这些快速增长的投连险、分红险等理财产品对于资本市场的依赖程度太高，容易波动，受整体宏观经济环境疲软的影响，投资收益并不理想，也误导了人们对保险本质的认识，降低了人们对于保险产品的热情，导致了保险的核

心竞争力减弱，加重了保险公司的财务负担。

发达国家的保险业是保障型产品发展到一定程度，才进一步拓展理财业务。而 2012 年我国普通型寿险保费收入 965 亿元，只占寿险业务的 8.2%。截至 2012 年底，普通型寿险有效保单 1.31 亿件，件均保费 735 元，件均保额 5.3 万元，我国普通型寿险的覆盖率只有 10% 左右。我国普通寿险覆盖率低下并不是因为缺少潜在需求，根据瑞士再保险公司（SwissRe）发布的研究报告《死亡保障缺口：2011 年亚太地区》显示：12 个亚洲市场的总体死亡保障缺口由 2000 年的 16 万亿美元显著扩大至 2010 年的 41 万亿美元，年平均增长率达到 10%。同期，中国的死亡保障缺口也从 3.7 万亿美元扩大至 18.7 万亿美元。报告认为，赚钱养家者通常应当拥有相当于其年收入 10 倍的寿险保障。而按照现有的保障水平，一旦赚钱养家者不幸意外过世，其额度远不足以为其家庭提供保障。以中国为例，每 100 美元的保障需求，目前仅存在 12 美元的储蓄和保险覆盖，从而留下 88 美元的巨大缺口。死亡保障缺口为保险业提供了巨大商机，其潜在保费支出达到 1 240 亿美元。

未来保险产品的保障与投资功能将需要更为清晰的区分，寿险产品将不回避理财功能，且重视回归保障本质。保险业的核心竞争力恰在于其“风险分散，损失补偿”上，未来保险产品的保障与投资功能将应有更为清晰的区分，既不忽略保障，也不回避理财，让保险的保障本质与理财功能相互促进，实现共融发展。

（三）“两个放开”力推保险产品深入金融大市场

两个开放即是寿险利率的开放，险资投资工具的开放。2010 年以来寿险行业保费增长显著放缓，反映了我国保险产品竞争优势的不足，并与银行理财、信托、券商资管等的快速发展形成鲜明对比。保险公司的传统业务面临巨大压力，投资收益率持续低位使得具有投资性质的保费收入受到冲击，而其他资产管理产品对于有投资功能的保险产品产生的挤出效应，影响了分红险、万能险以及投连险的新增规模。

多年来，寿险产品的预订利率比银行存款还低，是如今我国传统寿险产品竟然在人身险中只占 8% 的根源之一，普通型寿险对居民缺乏吸引力，使得相对于其他金融产品而言，寿险产品丧失了很大的竞争力。随着我国大金融、大资管时代的逐渐到来，人们对保险产品的要求也逐渐发生着变化。继一系列改革新政出台后，保险公司在产品设计、销售渠道、客户资源和投资能力等方面的优势将得到发挥。当寿险利率放开并逐步扩展至其他人身险产品后，保险产品价格将下调，人身险将真正融入金融大市场中，保险产品的金融属性将得到增强，成为与其他金融产品共同的选择。

（四）“一个转变”促进保险经营步入可持续道路

一个转变即是保险经营方式的转变。传统的保险经营方式，消耗大量的资源，是粗放的增长，亟待转变。保险竞争力具体体现在保险产品和服务的质量、水平上，产品设计能力对于保险公司发展日趋重要。寿险产品种类繁多，超额收益分配方式亦各有不同，供保险公司创新的空间也较大。保险公司应根据客户需求针对性的设计产品。在经营理念上，需要保险公司和其从业人员从家庭财富配置、资产管理和理财的角度来分析保险的价值，从单纯销售保险产品的个人代理，向职业理财师转变，对客户长期负责。

在销售方式方面。银保渠道将进一步改革和完善，借鉴国际上银行和保险公司的“战略伙伴”模式，通过成立专门的保险销售机构，把银行的部分员工变成保险的专业销售人员；随着我国大型商业银行陆续控股保险公司，银行系保险公司保费增速将显著高于同业平均水平。此外，新一轮营销平台的出现已经逐渐成为群雄争霸的焦点。互联网载体具有低成本、广覆盖、高效率的特点，网络金融、网络保险平台将成为将来保险营销的新突破口。甚至还可能出现保险公司与证券公司、房地产公司合作，与第三方支付平台合作的可能。

（五）“两个进程”引领保险航船驶入潜在蓝海

新型城镇化进程、多层次社会保障体系建设进程是我国未来一段时间的社会趋势，将拉动保险需求的极大提高。新型城镇化的进程与保险行业的发展存在联动的相互影响机制，从国际经验来看，城镇化率呈现出与人均 GDP 同向增加的特点，而各国人均 GDP 上升将带动保险深度的同向增加。养老、医疗是我国社会保障领域的两大体系，在我国政府主导的社会基本养老保险、社会医疗保险两个体系发展完善的过程中，必然释放出巨大的商业保险参与空间，向作为补充社会保障体系必备支柱的商业健康保险、商业养老保险和企业年金等发出诚挚邀请。

总之，我国将来的保险市场，定位将趋于准确、服务将趋于专业、优势将趋于明显、结构将趋于合理、市场将趋于深化、经营将趋于集约、发展将趋于持续，集中体现“市场化”的大趋势，既是我国居民理财选择的必备要素，也是我国经济、社会进步发展的稳定器和助推器。

四、新设寿险公司发展模式选择

从当前国内外寿险市场发展趋势看，中国人寿的发展模式需要坚持以下几点：一是规模效益两手抓；二是传统与创新渠道、保障与理财产品，多措并举；三是大力发展互联网保险；四是建立持续资本补充机制。

（一）效益是价值，规模也是价值，效益规模要两手抓

中国寿险公司规模大的基本都盈利，规模小的基本都亏损。2013 年，保费收入最大的前 7 家中资寿险公司全部盈利，净利润占全部中资寿险公司（43 家）的 98.10%。2013 年中国 70 家寿险公司中，规模最小的 35 家（即后一半）只有 7 家盈利，7 家盈利公司合计盈利仅 4.12 亿元，规模后一半的寿险公司亏损面达 80%。对新设寿险公司而言，由于中华控股上市需要和新设寿险公司资本约束，阶段性可能要侧重控制亏损规模，但从长远看，只有做大规模，才能最终实现效益和价值的最大化。

（二）传统与创新渠道，保障与理财产品，多措并举

保险一直作为一种较为复杂晦涩难懂的金融产品，由于其条款多变，很难在营销上多下工夫，普通消费者一直处于懵懂的状态中。很多情况下消费者不了解自身的保险需求，同保险产品之间存在着一定的距离。自保监会放行产寿险相互代理业务后，平安、太保集团纷纷尝试产寿险交叉销售业务，相互代理，互派专员，积极建立交叉销售的营销员考核机制、培训体系，甚至扩展至银行和证券领域，充分整合各方资源，取得不错成绩，最高增幅超过 40%。交叉销售的成绩既源自于寿险营销员营销水平、人均产能的提高，也源自于各方代理人客户资源的整合与分享。中华保险有财险稳定的基础，需要发挥财产的机构和网络优势，传统渠道和创新渠道并举，实现寿险的超速发展。

2014 年寿险行业互联网销售保费收入合计才 30.61 亿元，短期内新设寿险公司仅走互联网销售渠道是不太可行的。

发展是硬道理，不管什么渠道，也不管什么产品，只要有助于做大规模、做响品牌、做强实力，只要不亏损，就值得大力拓展。

（三）互联网保险潜在空间广阔

互联网与金融业正加速融合，迸发出前所未有的商业机遇，互联网券商、金融 IT、征信、P2P 等投资热点不断涌现。金融领域，余额宝异军突起，掀起了互联网金融热潮，网络金融的消费习惯深入人心。余额宝等货币基金的网络销售热潮开启了网络金融消费的大门。股票基金的网上销售也在愈见火热。2014 年，阿里巴巴金融电商业务收入同比实现 400% 以上增长。

互联网金融经过接近两年的发展，金融网络化深入人心，加上受众是 80、90 后，这部分人逐渐成为社会财富的主力，对于风险的容忍程度较高，对网

络金融的接受程度更高。新生代的消费者带来新生代的网络消费需求和习惯。80后尤其是90后几乎是伴随着互联网成长起来的一代，这部分群体对互联网、移动互联网具有高度依赖的特点，已经养成了在网上获取信息、娱乐、购物的习惯，而且这部分群体正在逐步成为中国社会消费的中流砥柱。

多方因素驱动保险需求从“被动销售”到“主动需求”转变。以寿险为例，一方面，城镇化、人口老龄化加剧，新一代财富主力80后、90后将面临比前几代人更大的生活压力，通过合理的分配财产来应对已是迫切的需求。另一方面，保险具有先天的理财优势比如税收优惠等，都使得保险从被动销售的品种转化到主动需求的金融品类。2012年，美国人身险在线购买的比例达到了8%~11%左右，是中国的4~7倍。随着政策红利不断释放，利率、费率改革提升保费收入，以及技术变革加速模式创新等推动，互联网保险将开启十倍空间的成长之路。

（四）建立持续资本补充机制

持续的增资是寿险发展的重要条件。通过做大注册资本，实现净资产投资收益弥补承保业务在高速发展期的暂时亏损，最终通过规模跨越盈亏平衡点实现公司稳定盈利，是国寿财险、人保人寿、安邦保险等公司快速发展的奥秘。

寿险公司快速发展期资本消耗很快，目前补充资本的方式主要有增发股份（股东增资、引进战投、实施员工持股计划、IPO等）、发行次级债和发行优先股。保监会2014年11月发布对《保险公司资本补充管理办法（征求意见稿）》、《保险公司偿付能力监管规则第×号：偿付能力报告（征求意见稿）》的征求意见函，保险公司可以使用优先股等补充实际资本。与银行业相比，中国保险业融资规模很小，自中国人寿、中国平安和中国太保、新华保险相继上市，没有其他保险公司发行上市。而保险业业务快速发展需要资本金的持续支持，内生资本补充短期内难以完全满足业务快速发展需求，多数人身险公司还未进入稳定的盈利期，资本市场的波动要求寿险公司保有偿付能力安全边际。寿险公司的负债成本具有较强的刚性，资本市场的不利波动将快速消耗公司实际资本，寿险公司还需保持一定的偿付能力边际。安邦保险就是通过持续增资来实现业务的快速发展。

对新设寿险公司的资本补充机制来说，可考虑控股母公司尽快上市和实施员工持股计划，以支持新设寿险公司的快速发展。

第二节 参与大病医疗保险，发挥商业保险优势[①]

2014 年 7 月，国务院总理李克强召开加快发展现代保险服务业国务院会议。其中一点是，促进保险与保障紧密衔接，把商业保险建成社会保障体系的重要支柱。这里以广东省大病医疗保险的实践经验为例，探索商业保险如何与政府紧密合作，承接医疗保障这一民生工程。

一、大病医疗保险的理论基础

根据凯恩斯经济学理论，社会资源配置存在市场失灵和政府失灵两种情况。体现在社会医疗保险中，如果完全由政府配置，可能由于信息不对称、政策频繁变化、缺乏市场激励和竞争等内在缺陷，导致效率低下的现象；如果完全由商业保险机构主导，这些商业主体出于追逐利润的目的，会选择风险较小的人群而将广大迫切需要医疗保障的低收入人群拒之门外，不符合社会保险的初衷。因此，通过政府购买公共服务是克服由政府主导医疗保险产生的政府失灵或者医疗保险完全市场化造成的市场失灵的一种选择。

政府购买公共服务理论认为，政府通过购买医疗服务的方式，由社会医疗保险经办机构将大病医疗补充保险的部分或全部环节委托给保险公司经办，不仅可以减轻政府负担，转变政府职能，使政府更集中精力于政策的制定和监督上来，而且充分利用保险公司的专业优势，最终实现政府与市场在资源配置中达到一个最优配置。

二、大病医疗保险的现实基础

（一）大病医疗保险是缓解政府财政压力的有效方式

如何建立全民医疗保障体系是当前社会改革的重点和难点。我国人口基数大、区域发展不平衡、有限的财政收支不可能满足全体国民对大病保险的需求。当前“人口老龄化”和不断攀升的医疗成本，正给政府财政支出带来严峻的考验。[②] 巨大的压力下，地方政府纷纷谋求商业保险机构参与大病医疗保险服务保障中来。而从保险公司角度看，大病保险若成功推进，不仅使全

---

① 作者：罗玉凤（1983～），中华财险广东分公司。

② 《中国医疗卫生白皮书》显示：我国医疗费用支出比例发生重大变化。2002 年个人卫生比重高达 57.7%，2011 年个人卫生支出已下降到 34.9%，政府和社会卫生支出分别提高到 30.4% 和 34.7%。政府卫生支出年均增速 21.6%，这一数字明显快于同期财政支出年均增长和卫生总费用的平均增速。详见：《健康中国 2020 战略研究报告》，中国卫生部发布于 2012 年 8 月 12 日。

国人民能够共享国家医改的红利，也将给保险业带来巨大的保费收入。商业保险公司通过参与大病医疗保险，充分发挥专业性、抗风险性、高效率等优势，可以扩大社会影响力，提升行业形象。官方数据显示：截至 2013 年 8 月，共有 9 家保险公司在全国 20 个省 94 个统筹地区开展了大病保险，覆盖城乡居民 2.3 亿人，保费收入 50 亿元，累计补偿 6.3 亿元。① 大病医疗保险已显示出初步成效。

（二）大病医疗保险可以放大社保基金的服务效应

我国社会医疗保险的特点“广覆盖、低保障”，这是我国国情决定的。它虽然能基本满足人民群众普通疾病保障的需要，但对于重大疾病保障则显得捉襟见肘。重大疾病一旦发生，不仅医疗花费巨大且在很长一段时间内严重影响患者及其家庭的正常工作和生活。Atella, V., F. C. Rosati, and M. Rossi.（2005）研究认为，当家庭支付的医疗费用占扣除正常生活支出后的剩余家庭收入的比例超出 40% 则称之为“灾难性医疗支出”（Catastrophic Health Spending）。根据该研究，中低收入国家灾难性医疗支出是导致贫困人口的重要原因。因此，近年来，医疗改革必须加大对普通民众重大疾病保障的呼声也日益高涨。

从表 4-9 可以看出，目前各地政府医保基金事实上存在一定程度的结余，这就说明受制于社会医疗保险报销方式的局限性，社保基金的社会服务效应并没有充分发挥。将这些结余的社保基金用于覆盖全民医保是不可能的，但当将这些社保基金部分少部分用于购买商业服务，通过市场可以将有限资金发挥服务功能最大化。

表 4-9　2011 年各地城镇居民医疗保险收支情况　单位：亿元

地区	基金收入			基金支出			累计结余		
	合计	城镇	居民	合计	城镇	居民	合计	城镇	居民
全国	5 539.2	4 945	594.2	4 431.4	4 018.3	413.1	6 180	5 683.2	469.8
北京	386.7	375.3	11.4	381.9	974.5	7.4	1 200.7	192.4	8.3
上海	429	406	22.9	335.6	312.8	22.8	297.9	292.6	1.2
广东	596.7	494.8	101.9	429.8	362	67.9	872.6	810.6	62
江苏	459.1	421.7	37.3	397.5	337.8	29.7	553.2	523.5	29.7
天津	131.3	117.5	13.8	123.4	109.4	14.0	58.4	56.9	1.5
……	……	……	……	……	……	……	……	……	……

数据来源：《中国统计年鉴》（2012），中国统计出版社 2012 年版。

① 姚庆海、张领伟：“大病保险服务国家治理”，《中国金融》2014 年 01 月 16 日。

（三）保险业在提供市场化服务方面具有天然优势

根据经济学领域产品属性的划分，市场上的产品分为公共产品和私人产品。医疗卫生服务特点决定了大病医疗的公益性质，关乎公众的健康，也关乎国民的利益。项俊波主席说：“保险服务业要成为政府转变职能的重要抓手。保险是一个高度市场化、具有很强社会性和公益性的行业，在为政府提供市场化服务，促进政府职能转变方面具有天然优势。”[①] 2013 年 8 月，国家六部委联合印发《关于开展城乡居民大病保险工作的指导意见》，提出由商业保险机构承办大病保险，发挥市场机制作用，提高大病保险的运行效率、服务水平和质量。十八大报告和 2015 年“两会”政府工作报告中都提到建立重特大疾病保障和救助机制，这为大病保险发展提供了难得的政策机遇。

三、大病医疗保险的发展现状

（一）政府期望值高，但保险公司经营难度大

官方数据显示，到 2011 年底，城镇职工医保、居民医保和新农合三项制度参保人数超过 13 亿人，参保率 95%。但其中新型农村合作医疗保险实际报销比例平均为 49.20%，城镇医疗保险则在 52.28%[②]，这说明老百姓看病难、贵和因病返贫现象有所缓解，但仍未从根本解决。政府希望通过购买商业保险的形式，将风险部分转嫁到商业保险公司，把政府的信任落实到惠民工作中去。另外，大病医疗保险要求保险公司与政府、医院等通过紧密合作，共同承担医疗保障民生工程，涉及政府、社保基金、医院、患者和保险公司等各方。根据各地政府经办要求，承办机构需要搭建联合办公平台，派驻专职服务人员，进行定点医疗巡查，单独核算管理，推进信息系统对接，提供“一站式即时结算服务”等，其服务标准远高于传统商业健康保险。保险公司能否担此重任，面临严峻考验。从目前试点情况看，大病医疗保险属于新兴的产物，参与试点的保险公司缺乏相应管理经验，专业人才储备和风险预判不足，已出现亏损或处于盈亏边缘现象。[③]

---

① 项俊波：“让现代保险服务业在更广阔天地大有作为”，《人民日报》，2014 年 8 月 19 日。

② 数据来源：《中国统计年鉴》（2012），中国统计出版社 2012 年版。

③ 中国人寿 2013 年年报数据显示，期内公司在辽宁、吉林等省市中标了 76 个城乡居民大病保险业务项目，实现保险业务收入 25.14 亿元，提取保险合同准备金共计 14.79 亿元，利润总额为 -2.47亿元。目前承保大病保险的主力是人保及中国人寿两家，中国人寿是当时唯一披露大病保险首年经营数据的险企。详见中国人寿官网。

（二）发展前景广阔，但商业保险优势尚未发挥

一项调查数据显示，我国有28.13%的城市居民把商业医疗保险作为首选。[①] 而在美国，占人口总数72%的公民均投保了商业医疗保险。[②] 这说明我国正在进行的社会医疗制度改革已激发了人们对商业医疗保险服务的需求，大病医疗保险在中国发展前景十分广阔。国际经验和我国目前一些成功试点也表明，商业保险公司参与社会医疗保险大有可为，商业保险公司在专业人才储备，强化成本管控，提高资金运作等多方面存在天然优势。只不过由于大病医疗保险才刚起步，商业保险公司固有优势尚未发挥。

（三）主体资质要求高，监管更严格

2013年3月，保监会印发《保险公司城乡居民大病保险业务管理暂行办法》。这是保监会要求最高、监管最严的文件，分别从经营资质、投标管理、业务管理、服务管理、财务管理、风险调节、监督管理和市场退出等八个方面对第一批入围的34家市场主体提出了严格要求[③]。特别是对保险公司开展大病保险业务实行全流程监管，按照“一票否决”的原则加强对违法违规成本查处，充分体现了监管机构通过做好大病医疗保险，树立良好行业形象的决心。

四、广东省相关地市大病医疗保险实践经验介绍

（一）湛江模式

2009年1月，湛江市新农合与城镇居民医疗保险并轨运行。为了进一步改善“并轨”后医保报销手续烦琐、医疗资源配置不均、政府管理成本居高不下等状况，湛江市引入商业手段，——通过社保基金购买商业医保服务，并建立“一体化咨询服务平台”，由保险公司向全市居民提供包括基本医疗、补充医疗、健康管理、商业健康保险等政策咨询服务；通过建立“一体化支付结算平台”，实现病人诊疗费用结算信息在保险公司、社保部门和定点医院之间的共享。

“湛江模式”的要义是合署办公。通过合署办公，建立了基本医疗保险和

---

① 数据来源：“23.8%的城市居民把商业医疗保险作为首选”，《国际金融报》，http//www.chinayiliao.com。

② 钱明然：“浅析商业补充医疗保险与基本医疗保险制度的契合”，《上海保险》，2001年第9期。

③ 保监会：《保监会公示保险总公司大病保险经营资质名单》，中国政府门户网站：http://www.gov.cn。

补充医疗保险相统一的一站式管理服务平台，由健康险商业公司为基本医疗保障提供医疗管理、单证审核等专业服务，减少了社保部门的管理人员和运营成本，优化了医疗卫生资源管理，使有限的医疗资源得到合理充分的利用，实现了社保部门、公司与定点医院的“优势互补、无缝链接、合作共赢”。其主要特点包括：

1. 统筹覆盖“城镇＋农村”，惠及城乡居民。湛江市政府于 2009 年 1 月实现新农合和城镇居民医疗保险并轨，建立起城乡居民统一参保的全民医保体系。截至 2009 年 11 月末，全市已有 85% 以上居民参保，保险企业累计承担医疗保障责任 2 500 多亿元。

2. 缴费拆分为“管理＋经营”两部分，放大保障效应。在政府财政支出和个人缴费标准不变下，个人缴费 85% 继续用于基本医疗保险支出，其余 15% 用于购买保险公司大额医疗补助保险服务，保障限额由原来的 1.5 万元提高到 3.5 万元和 6.5 万元，服务范围扩大至城乡所有居民和多元化健康管理。

3. 推进“基本＋补充”一体化管理，降低运行成本。在政府部门主导下，建立以基本医疗为主、大额补助为辅的全民医疗保障体系，保险公司参与基本医疗和补充医疗管理服务，对基本医疗和补充医疗业务进行一站式业务受理。

4. 实施“信息＋资金”全程监控，提高管理水平。建立市社保部门、医保定点医院和人保健康的合作机制以及风险防范机制，通过信息管理系统，对参保患者从入院到出院进行全程监控，对定点医院采取“总量控制、按月预付、年终结算”的“三位一体”医疗风险控制。

（二）肇庆模式

肇庆地区的实践与湛江模式基本类似。肇庆模式除了和湛江模式存在共性特点之外，还体现更加鲜明的商业保险服务特色，包括：

1. 专业化经营。首先，提高专业医疗队伍服务质量。由商业保险公司派驻专业服务人员到各城乡医疗机构开展合署办公。据不完全统计，2013 年商业保险公司派驻各市县级驻点机构的医学专业服务人员达 184 人。其中市级个驻点医学专业人士不少于 10 名，县级个派驻点医学专业服务人员不少于 5 名。专业化的服务队伍，是为百姓和政府提供良好服务的基本保障。其次，设立专门账户独立核算，严格管控风险。严格遵守监管要求，设立独立的大病保险保费账户及赔款账户，实行收支两条线单独核算，执行非现金支付。商业保险公司与当地社保局共同组建监管小组，按照费用产生规则和政策符合性原则对定点医药机构进行监督检查，有效管控风险。

2. 积极发挥商业保险服务特色。首先，提供一站式便捷理赔服务。这是商业保险公司体现竞争优势的关键点。自项目开展后，由商业保险公司各驻点服务人员负责收集理赔资料，参保人员住院时仅需支付自付费用，其他费用由保险公司与定点医院直接结算，免去被保险人到保险公司索赔的来回奔波之苦。其次，开通绿色理赔通道。公司开通重优客户绿色理赔通道，对于急重症病人在符合条件情况下，由保险公司向医院预付部分医疗费，解决患者的燃眉之急。第三，定期分析报告严控风险。由商业保险公司联合社会局每月对项目运作情况进行数据分析，包括参保人数、患者赔款情况、定点医疗机构住院率等，便于政府部门及时了解项目情况和指标变化，特别是当定期分析报告发现一些数据指标浮动较大，出现异常时，建立预警机制，严格控制系统风险。

除了湛江模式、肇庆模式，广东省目前已运作的地市还包括清远、汕头等地。截至 2014 年 8 月，广东省共有 19 个地市正式实施大病医保。2013 年，广东省医保统筹基金共划拨 8.9 亿元开展大病保险，大病待遇支出 8.4 亿元，受益人次 20.4 万人。①

五、广东省大病医疗保险实践带来的启示

广东省作为国家改革开放的前沿，各种商业运作模式比较成熟理性。同样，各地市大病医疗保险运作也相对规范，能够较好地发挥商业保险公司在参与大病医疗保险中的补充作用。当然，广东省各地的大病医疗保险目前还在不断地探索和完善中。但一些相对成熟的运作经验表明：只要商业保险公司从一开始做好顶层制度设计安排，充分发挥在专业经营、风险管理、数据分析和快迅理赔等方面的优势，就能实现政府通过购买商业保险，产生数倍甚至数十倍社会效益的初衷。商业保险公司必须以理性的态度积极参与大病医疗保险这一新兴领域之中。

（一）坚持“保本微利”经营，充分防范风险

如前所述，大病保险是关系老百姓利益的民生工程，与传统商业业务存在巨大差别，服务成本高，风险管控难。成功中标后，保险公司为了维持项目经营，必须投入巨大的人力物力成本，做好服务和后勤保障工作，是非常“烧钱”的工程。它的社会属性决定商业保险公司难以从中谋取巨大商业利益，只能最大限度确保“保本微利”经营。因此，保险公司在参与大病医保时，必须保持理性的态度，坚决摒弃将大病医疗保险理解为上保费、冲规模

---

① 数据来源：“广东年底前全面实施大病医保”，《南方日报》，2014 年 8 月 12 日。

的新兴业务领域，而不顾风险盲目跟进的做法。在初期设计服务方案时，保险公司应当作好充分地风险预测，做好数据精算，切实预估成本投入和赔款支出，避免在与政府初期谈判时处于被动地位；项目成功中标实际运营后，更要注意作好妥善制度安排和专业管理，对于政府提出的附加要求，要做出理性分析，避免做出不切实际的承诺，陷入巨额亏损的泥潭。

（二）坚持平等协商，谋求合作共赢

大病保险作为医改的重要环节，与国家医保政策及措施密切相关。保险公司除了达到专业能力及服务水平外，政府认识是否到位、医保政策是否合理、医疗机构是否配合、配套医改是否同步等也都直接影响到大病保险的实施效果。保险公司作为项目具体经办人，应最大限度主动协商沟通。一方面需要协调好与发改、人社、卫生、财政、保监、民政等相关主管政府部门的关系，最大限度地争取政策支持；另一方面需要协调好医保、医院、参保人等多方利益群体，才能保证大病保险业务实现多方共赢。

（三）坚持专业化管理，规范项目运作

一是必须加强专业队伍建设。保险公司成功中标后，应当建立长远发展思维，积极协调资源投入，建立专业医疗巡查队伍，联合医保部门定期开展定点医院巡查，切实规范医疗行为和报销流程。二是健全风险管控机制。必须坚持独立核算，严格区分项目成本；遵循“收支两条线”原则，按照账户类型及用途划拨和使用资金，确保资金安全；充分借助医保或大病保险信息系统配套建立“事前健康管理，事中诊疗监控，事后赔付核查”的风险管控，严控不合理医疗费用支出。三是必须加强费用管控。严格按照医保部门要求据实列支大病保险专属费用，严控费用成本支出，严禁输送不正当利益或通过虚假批退、虚假理赔、虚假票据等方式违规套取费用，确保合规经营。

（四）落实便民举措，充分发挥商业特色服务优势

一是优化服务流程。保险公司应加强业务调研，深入了解当地医保运营情况，配套设计大病保险两核服务流程，确保服务衔接顺畅，满足“即时结报”及“异地结算”等监管要求。二是完善服务标准。保险公司应根据大病保险实际开展情况，及时配套完善服务标准，强化服务质量考评，不断提升服务及运营管理效率。三是提供特色附加服务。以广东省湛江和肇庆两地为例。参与大病医疗保险的商业保险公司除了基本的服务举措，都不约而同地从服务细节做文章，以提供商业保险公司特色服务进一步发挥优势，例如健康管理服务，健康咨询服务，绿色诊疗通道等等，使老百姓切实感受到商业

保险公司不一样的贴心服务。这些服务举措，尽管会占据保险公司一些经营成本，但从长远看，对于顺利推进项目发展，赢取政府和百姓信任，争取长远合作十分有利。当商业保险公司真正体现出不同于传统政府医疗部门的服务优势时，对于改善保险公司在老百姓中的形象，提升行业社会地位具有重要意义。

第三节　机动车辆损失险代位求偿制度研究①

无责不赔，一直为保险消费者所质疑，因此，机动车辆损失险（以下简称车损险）代位求偿案件，作为此次商业车险改革的一项重点内容，引发了各界的密切关注。中国保险行业协会为此建立了统一的行业信息平台，实现行业信息共享。此次改革被视为保险业的一次重大改革，其实无论是1995年、2002年还是2009年的《保险法》都规定了保险人的代位求偿权。但是由于条款未修改，导致代位求偿案件少之又少。此次商业车险改革主要内容之一是把条款中按照责任比例赔偿的部分予以删除，使代位求偿权落到了实处。由于本次商业车险改革中的代位求偿案件仅涉及车辆损失部分，因此本文仅针对车损险代位求偿案件从代位求偿权的意义及构成要件、代位求偿权行使的限制以及案件类型三个方面，并结合实务操作进行详细阐述。

一、车损险代位求偿权的意义及构成要件

（一）意义

车损险代位求偿权指的是第三人对被保险车辆造成损害而造成保险事故的，保险人向被保险人赔偿之日起，在赔偿金额范围内代位行使被保险人对第三者请求赔偿的权利。

1. 发生保险事故，被保险人予以赔偿符合保险原则。购买保险，获得保险范围内的赔偿，这是保险的一项基本原则。如被保险人A在保险公司a购买了车辆损失险保险，被B车辆追尾导致损失，B车全责。此时，A要求保险公司a予以赔偿之后向B行使代位权完全符合保险原则。如果a保险公司以A车驾驶员无责为由不予赔偿，那么A车也可以不用购买车损险了，因为A车驾驶人足够小心，不会因为自己的过失导致事故发生。

2. 使被保险人迅速获得经济补偿。如前述事故发生后，A有两种损害赔偿的请求方式，一是以侵权行为向B主张权利，二是以合同约定向a保险公

① 作者：罗斌（1968～）、朱燕（1978～），中华财险陕西分公司。

司主张权利。对于 A 而言，选择向 a 保险公司赔偿比向 B 赔偿更容易一些，尤其是在 B 车未购买第三者责任保险、无财产可执行或者 B 车第三这责任保险不足以弥补 A 车的损失时。

如 A 车损失 50 万元，A 车在 a 车保险公司购买 70 万元的车辆损失险，足额投保。B 车在 b 保险公司购买了交强险和第三者责任险 10 万元，B 车事故后实际价值为 5 万元，无其他财产可供执行。如果 A 选择向 B 赔偿，那么 A 最终获得赔款为 15.2 万元，公式为 B 车交强险财产责任限额 0.2 万元 + B 车第三者责任保险 10 万元 + B 车车辆实际价值 5 万元 = 15.2 万元。如果 A 选择向 a 保险公司要求赔偿，那么 A 可以获得 50 万元的赔偿。同时，A 向 B 要求赔偿时，由于 B 车保险金额不足，A 车还要聘请相关机构对 B 车的价值进行评估，相对于向 a 保险公司索赔而言，手续更加繁琐。

3. 避免被保险人获得双重赔偿。被保险人获得保险赔偿金之后，在其领取保险赔偿金的范围内，需将向第三者要求损害赔偿的请求权转移给保险人，以避免被保险人一方面基于保险合同向保险人请求保险赔偿，另一方面又基于损害赔偿请求权向第三者行使请求权，构成双重赔偿。

4. 避免第三者逃避法律责任。如果无论被保险人何种情况，保险公司都予以赔付，且赔付后不向第三者追偿，那么违法者就可以不用承担任何责任，这不符合民法的公平原则。因此，赋予保险人的代位求偿权，可以让违法者承担其责任。

（二）构成要件

1. 被保险人对第三者有损害赔偿请求权。代位权本质上是保险人依法行使被保险人对第三者的损害赔偿请求权，如果被保险人对第三者无损害赔偿请求权，那么保险人对第三者亦无代位权。如地震发生高空坠物，导致车辆损失，按照民法的不可抗力，那么被保险人不能向物的所有者要求赔偿，因此，保险人亦不得向物的所有人行使代位权。

2. 事故属于保险赔偿范围内的事故。保险人赔偿的前提条件是发生了保险责任范围内的事故，如果发生的损失不属于保险责任范围内的事故，保险人无需向被保险人支付保险赔款，那么也谈不上代位权。如《中国保险行业协会机动车综合商业保险示范条款》（以下简称《示范条款》）规定，无证驾驶导致的车辆损失，保险人不负责赔偿。

3. 保险人向被保险人支付了保险赔偿金。保险人向被保险人支付保险赔偿金，是保险人行使代位权的前提条件。如果保险人未向被保险人支付保险赔偿金而行使代位权，那么保险人获得第三者赔偿的行为，明显属于不当得利。

4. 在支付保险赔偿金范围内以自己名义行使。如果保险人超出了保险赔偿金范围行使代位权，那么其获得超出保险赔偿金的款项也属于不当得利。对于超出保险赔偿金的部分，被保险人可以继续向第三者要求赔偿。如前述案例，如果A车在a公司仅购买了20万元的车辆损失险，保险人赔偿20万元之后只能在20万元范围内向B行使代位权，不能超出20万元的范围。

5. 被保险人未放弃向第三者请求赔偿的权利。保险人向被保险人要求赔偿的前提条件是被保险人未放弃向第三者请求赔偿，如果被保险人放弃了向第三者请求赔偿的权利，按照《保险法》第六十一条第一款的规定，保险人不承担赔偿保险金额的责任。该款表述容易产生歧义，如果A车和B车相撞，A车次责，B车主责，A放弃向B车请求赔偿的权利。此种情况下，A车保险公司不能就A车的损失全部不予赔偿，而是仅赔偿其次责部分。如A车损失5 000元，那么B车应当承担的部分为：B车交强险 =2 000 +（5 000 -2 000）×70% =4 100（元）。A放弃了B车应当承担的部分为4 100元，对于剩余的900元，A车保险公司不能因为A放弃了对B车请求赔偿的权利而不予赔偿，A车保险公司应当向A支付900元赔偿金。

笔者建议将该款予以完善为：保险事故发生后，保险人未赔偿保险金之前，被保险人放弃对第三者请求赔偿的权利的，保险人对其放弃的部分不承担赔偿保险金的责任。

《保险法》第六十条第三款“被保险人故意或者因重大过失致使保险人不能行使代位请求赔偿权利的，保险人可以扣减或者要求返还相应的保险金”。民法上一般将重大过失等同于故意，那么对于被保险人故意导致保险人不能行使代位求偿权的，如果只是相应扣减或者返还，那么从一定程度上而言，纵容了被保险人违法行为的发生。《示范条款》第十一条第（二）款规定，被保险机动车的损失应当由第三方负责赔偿，无法找到第三方的，实行30%的绝对免赔率。如果发生保险事故后，被保险人故意不获取第三者相关信息的，保险人也不应当予以赔偿，更何况当前的社会并不诚信，保险欺诈案件金额比比皆是的情况。因此，笔者认为对于被保险人故意或者重大过失导致保险人不能行使代位权的，保险人不应予以赔偿

6. 权益转让书是否为保险人行使代位权的前提条件？通常情况下，保险人在行使代位权之前，会要求被保险人签署权益转让书，被保险人签署之后，保险人才予以赔付。商业车险改革之后，保险行业协会制定了统一的权益转让书。从《保险法》的规定分析，被保险人签署权益转让书并不是保险人取得代位权的前提条件，即《保险法》采取的是债权的法定让与，并不是债权的意定让与。债权的意定让与需取得被保险人的同意，债权的法定让与表示保险人向被保险人支付保险赔偿金之后，代位权自动转移给保险人，无须取

得被保险人的同意。因此，对于代位求偿案件，保险人无须取得被保险人签署的权益转让书。

那么为什么保险行业协会还要制定统一的权益转让书呢？笔者认为，签署权益转让书能对被保险人起到提示的作用，提示被保险人不得就保险人赔偿金额再次向第三者要求赔偿，避免被保险人获得双重赔偿。同时，笔者认为保险行业协会制定的权益转让书有瑕疵，保险人应在实际操作中适当加以调整。如权益转让书约定“立书人已经收到你公司赔款金额（人民币大写）元”。按照保险人的理赔流程，权益转让书是在保险人赔偿之前签署的，那么被保险人没有收到赔款的情况下签署不符合实际情况，而且仔细阅读的被保险人也不会签署。笔者建议修改为：立书人同意收到你公司赔款金额（人民币大写）元之后，将取得赔款部分的向责任对方追偿的权利转让给你公司。

二、车损险代位求偿权行使的限制

（一）行使对象的限制

1. 被保险人的家庭成员或其组成人员如何界定？《保险法》第六十二条规定，对于被保险人的家庭成员或其组成人员除故意之外造成的损失，保险人不得向其行使代位权。那么何谓被保险人的家庭成员或其组成人员？百度百科将家庭成员定义为：“家庭成员是指相互负有扶养义务的一定范围内的直系亲属或旁系亲属。家庭成员主要指夫妻、父母子女，有时也包括祖父母、外祖父母、孙子女、外孙子女及兄弟姊妹等。同时自己母亲的兄弟姊妹和父亲的兄弟姊妹也是家庭成员。有些爱宠物的人把自己的宠物也当作家庭成员。”如果按照百度百科的解释，只要存在血亲、拟制血亲，或者与血亲、拟制血亲存在血亲、拟制血亲关系的人员都可以成为家庭成员，那么家庭成员的范围就很广了，比如叔、伯、姑、舅、姨等。既然家庭成员都不好界定，更何况家庭的组成人员了。

从《保险法》第六十二条规定的出发点分析，其仅仅是对家庭成员之间互相负有扶养义务、互相享有扶养权利，在经济上存在利害与共的人员之间，如果保险人向被保险人给付保险赔偿金之后，基于代位权再向家庭成员行使代位求偿权，不符合保险的补偿功能。《示范条款》为了明确家庭成员，在释义中将家庭成员定义为：家庭成员指配偶、子女、父母。笔者认为《示范条款》缩小了《保险法》第六十二条规定的范围。如果被保险人的孙子女或者外孙子女因过失行为导致的车辆损失不予赔偿，那么也不符合第六十二条规定的本意。

因此，笔者建议将《保险法》第六十二条修改为：被保险人的近亲属或者与被保险人共同生活居住在一家之人，近亲属指配偶、父母、子女、兄弟姐妹、祖父母、外祖父母、孙子女、外孙子女。

2. 能否对被保险人的雇员行使代位求偿权？如果被保险人的雇员因过失行为造成被保险人车辆损失，那么保险人能否向其行使代位求偿权？《保险法》无相关规定，那么就意味着保险人可以向其行使代位求偿权。如果雇员的过失行为是职务行为，那么笔者认为保险人不应向其行使代位求偿权。如果雇员的行为非职务行为，那么保险人可以向其行使代位求偿权。

如被保险人的雇员在建筑工程施工过程中，不慎将一砖头掉落，砸中了停在下面的被保险人车辆。此种情况下，被保险人的雇员是在履行职务过程中因过失导致的车辆损坏，如果保险人赔偿之后向雇员行使代位权，那么雇员完全可以以其行为为职务行为要求被保险人予以赔偿。因此，笔者建议对于雇员的行为为职务行为，且非故意行为造成被保险人车辆损失的，保险人不得向其雇员行使请求赔偿的权利；对于雇员的行为为非职务行为导致的损失，保险人应向其行使请求赔偿的权利。

（二）诉讼时效的限制

对于保险人代位求偿权的诉讼时效问题，在《最高人民法院关于适用〈中华人民共和国保险法〉若干问题的解释（二）》（以下简称《保险法》司法解释二）出台前，实务中存在两种不同的意见：一种意见认为，保险人代位求偿权的诉讼时效自保险事故发生之日起计算；另一种意见认为，自保险人支付赔款之日起计算。《保险法》司法解释二第十六条统一了标准，该条规定：保险人代位求偿权的诉讼时效期间应自其取得代位求偿权之日起算。

如果从保险事故发生之日起算，保险人的代位求偿时效完全取决于被保险人索赔的时间，这对于保险人而言不公平。假设被保险人在时效的最后一天向被保险人索赔，那么保险人取得代位求偿权的时间已经超过了诉讼时效，保险人就无法通过法律途径向第三者行使请求赔偿的权利。因此，将代位求偿权时间限定为事故发生之日有失公平。

何谓“取得代位求偿权之日”？笔者认为应为保险人支付保险赔偿金之日。根据《保险法》第六十条的规定，保险人向被保险人赔偿保险金之日起取得代位求偿权，因此，“取得代位求偿权之日”应为保险人支付赔款之日。由于目前保险公司采取转账支付，银行转账可能需要一段时间，被保险人收到赔款之日与保险公司转账之日可能会存在一定的时间差。但是由于时间差比较短，一般为一天左右时间，可以忽略不计。

（三）保险人的代位权与被保险人对第三者请求权的清偿顺序

对于保险人的赔偿不足以弥补被保险人损失的时候，根据《保险法》第六十二条的规定，被保险人可以就未取得赔偿部分继续向第三者请求赔偿。如A车车辆损失50万元，在a保险公司购买了车辆损失险20万元，B车追尾A车，B车全责，A车无责。A车从保险公司获得20万元的赔偿之后，可以将未获得赔偿的30万元继续向B车要求赔偿。那么a保险公司赔偿之后，也可以在已经赔偿的20万元内向B车行使代位求偿权。如果B车只能赔偿30万元，不足以赔偿A车全部损失时，A车被保险人和a保险公司如何分配B车30万元的赔款？当前学术界有三种学说：一是保险人的代位权优先说，即保险人就其赔偿部分优先于被保险人受偿，由于此种忽视了被保险人的合法权益，一般不予采纳；二是保险人与被保险人平等受偿说，此种观点认为被保险人于保险人处于平等的地位，应当依据其债权数额的比例来分配；三是被保险人请求优先说，此说认为保险的主要目的在于填补被保险人的损失，所以应当从保护被保险人利益，弥补被保险人损失原则出发，优先让被保险人获得赔偿。《保险法》及《保险法》司法解释二均未对此明确规定。目前国内大多数的学者采取第三种观点。

笔者认为应当采取第二种观点。理由为弥补被保险人的损失固然是保险法的原则，但是并不是民法的基本原则，在对第三者的权利义务上，保险人与被保险人所处的地位是相同的，保险人与被保险人，同样是受害者。如果没有第三者的侵权行为，那么保险人也不会支付保险赔偿金。同时，保险人作为独立的民事行为主体，自主经营，自负盈亏，如果仅仅从弥补被保险人损失的观点出发，赋予被保险人优先受偿权，那么保险人的利益就无法得到保护了。

从司法实践而言，对于第三者的赔偿能力有多少，在未最终获得赔偿之前，难以做出准确评估。如果采取被保险人请求优先说，那么保险人只有等待被保险人获得赔偿款之后，才能最终知晓第三者是否还有剩余款项，更何况目前普遍存在执行难的情况下。如果保险人在被保险人采取诉讼或者仲裁方式，并进入执行程序获得赔款之后，才能确定是否可以行使代位权，那么保险人的代位求偿权很有可能超过诉讼时效了，这对于保险人而言，显失公平。

从当前的社会环境分析，往往倾向于将保险公司纳入公益主体的范围，交强险无证、醉酒等情况下导致第三人的人身损害，都已经纳入了保险公司的赔偿范围。司法实践中，对于社会影响力大的案件或者损失较重的案件，无论被保险人是否有驾驶证，除了交强险赔付之外，法院一般情况下也判决商业险保险公司予以赔偿。如2009年2月10日，震惊全国的王双娃驾驶与准驾车型不符的车辆导致四死一伤的重大案件，虽然王双娃准驾车型为C3，但只有B2以上驾驶证才能驾驶的大地牌重型自卸货车，按照保险公司第三者责任保险条款的规定，保险公司不应予以赔偿。但是由于该案件社会影响比较大，法院多次给承保商业三责险的保险公司做工作，最终赔偿商业三责险赔款12万元整（商业三责险责任险额为15万元）。甚至有的法官认为应当由保险公司向法院缴纳一定数额的基金，遇到损失重大或者其他影响大的案件时，法院可以从基金中向受害人支付赔款。笔者认为，保险人是依法成立的经营主体，不能因为社会救助机制的缺失而赋予保险人的救助职能，保险人只能在保险范围内对被保险人的损失进行补偿，如果超出保险合同的约定而随意向被保险人或者其他人员支付赔款，那么就违背了作为市场经济规律，不利于保险功能的正确发挥。因此，从社会环境的角度来讲，如果采取被保险人优先请求说的理论，那么无异于将保险人公益的功能向前推进了一步。

三、车损险代位求偿案件的类型

车损险代位求偿案件从责任类型上分析，一般有侵权责任和合同管理责任。其中侵权责任是最常见的类型。

（一）侵权责任

1. 交通事故责任。交通事故产生的代位求偿案件是最常见。在此类案件中，应当注意被代位对象的选择。对于被代位对象有交强险和商业第三者责任保险的，保险人应当通过中国保险行业协会开发的信息系统进行代位。对于超出交强险和商业第三者责任保险赔偿范围的，保险人应根据车辆的具体情况具体分析。《侵权责任法》第六章和《最高人民法院关于审理道路交通事故损害赔偿案件适用法律若干问题的解释》（以下简称《道路交通事故司法解释》）对此进行了详细的规定。

（1）租赁或借用车辆情形。《侵权责任法》第四十六条规定：因租赁、借用等情形机动车所有人与使用人不是同一人时，发生交通事故后属于该机动车一方责任的，由保险公司在机动车强制保险责任限额范围内予以赔偿。不足部分，由机动车使用人承担赔偿责任；机动车所有人对损害的发生有过错的，承担相应的赔偿责任。

按照本条规定，保险人首先应当向使用人行使代位权。何谓使用人？一般情况下，使用人为个人时，与驾驶人是一人，但是也有使用人和驾驶人不一致的情形。如使用人为单位，或者使用人与驾驶人为朋友。

笔者认为使用人为单位时，保险人应将单位列为被代位对象，如果将驾驶人列为使用人，那么单位亦应当按照驾驶人的职务行为对其造成的损失予以赔偿。如果使用人和驾驶人系朋友关系，要根据机动车的实际使用人区分被代位对象。假设使用人A借一车辆与B出去游玩，但是由于A无驾驶证，

A 便让 B 开车，那么这种情况下使用人应为 A 和 B。如果 A 雇佣 B 开车出去游玩，并向 B 支付费用，那么这种情况下，笔者认为使用人应为 A 和 B。因为 B 收取了费用，其应当承担相应的责任。如果 B 无偿为 A 当司机造成的损失，笔者认为此种情况下被代位对象应为 A，如果要求 B 承担责任，那么对 B 来说显然不公平。实践中，保险人由于缺乏相应的调查手段，在难以确定实际使用人时，建议将相关联的使用人都列为被代位对象，由法院对租赁或者借用的真实情况予以核实。

如何认定机动车所有人对损害发生有一定过错？《道路交通事故司法解释》第一条对此做出来明确的规定，因此，如果租赁或者借用车辆存在第一条规定的情形，那么应将机动车所有人列为被代位对象。

（2）试乘试驾情形。目前，较多销售车辆的 4S 店提供试乘试驾服务，试乘试驾人员在试乘试驾之前，一般会与 4S 店签订一份合同，约定发生事故造成的损失由试乘试驾人员承担等。对于该类型的代位求偿案件，根据《道路交通事故司法解释》第八条的规定，应当由试乘试驾服务者即 4S 店承担责任。该条还规定了试乘试驾人员有过错的，适当减轻试乘试驾服务者的责任。那么如何认定试乘试驾人员存在过错呢？

《道路交通事故司法解释》没有进一步明确。笔者认为，如向 4S 店提供虚假驾驶证骗取试乘服务的、在交通事故中负有责任的，都应列入试乘试驾人员有过错情形。因此，保险人在代位求偿案件中，由于第三者对事故损害负有责任，因此，对于此类案件，除了将 4S 店列入被代位对象之外，还应将试乘试驾人员也列入被代位对象。

此类案件还需注意的一点是，4S 店一般会提供其试乘试驾人员签署的协议作为抗辩理由，保险人可以以《道路交通事故司法解释》第八条以 4S 店提供的协议违反法律的规定为由申请法院认定由试乘试驾人员全部承担责任的约定无效。相对于试乘试驾人员而言，4S 店的赔偿能力较强，保险人容易代位成功。

（3）道路管理维护缺陷情形。《道路交通事故司法解释》第九条规定了因道路管理维护缺陷导致损害的情形，一般为道路管理者未按照要求设置隔离墩，或者高速公路未进行有效封闭，导致行人或者车辆闯入高速公路发生的事故。此类案件要以政府部门或者交通管理部门出具的鉴定报告或者交通事故认定书为准，如果相关的文书明确表述道路管理者存在过错，保险人应将道路管理者列入被代位对象，反之，亦不能。

（4）挂靠情形。《道路交通事故司法解释》第三条规定了挂靠车辆发生事故的损失承担。挂靠情形涉及的车辆一般为出租车和营运车。因此，对于行驶证车主为车队的出租车和营运车，保险人在行使代位权时，应当将实际车主和车队都列为被代位对象。

（5）未经允许驾驶机动车情形。《道路交通事故司法解释》第二条规定了未经允许驾驶机动车发生交通事故的情形。一般情况下为机动车钥匙的管理人员管理不到位，导致钥匙被别人拿走，或者车辆被抢劫、被抢夺的。对于前一种情形，笔者认为机动车钥匙被别人拿走，管理者应当负有一定责任，因此，保险人应将机动车钥匙的管理人员和驾驶人一并列为被代位对象。对于后一种情形，保险人只能将抢劫人或者抢夺人列为被代位对象，不能将车辆所有人列入被代位对象。

（6）多次转让但未办理登记情形。《侵权责任法》第五十条规定对于转让但是未办理登记的，转让人不承担责任，受让人承担责任。《道路交通事故司法解释》第四条规定，对于多次转让的，最后一次转让并交付的受让人应当承担责任。如 A 将车转让给 B，B 将车转让给 C，C 将车转让给 D，D 将车转让给 E。那么“最后一次转让并交付的受让人”应为 E，保险人应将 E 列入被代位对象。

（7）套牌车情形。对于套牌车情形，《道路交通事故司法解释》规定套牌车的所有人或者管理人均应承担相应的责任。实务中，一般将套牌车的所有人列为被代位对象，管理人比较难以找到。

（8）拼装车、报废车情形。《道路交通事故司法解释》规定拼装车或者报废车所有的转让人和受让人，均应承担赔偿责任。对于此类案件，保险人应搜集所有的转让人和受让人的资料，尤其是所有转让人的资料。

2. 高度危险责任。高度危险责任中，常见的为《侵权责任法》规定的第七十三条的内容。如道路突然塌陷导致车辆损害的，或者架设高压线过低致使特种车辆大臂碰触高压线导致车辆损失的。对于此种类型的案件，保险人应搜集道路塌陷地段和高压线经营者的相关资料，并将其列入被代位对象。

3. 物件损害责任。

（1）高空坠物。在物件损害责任情形中，代位求偿案件最常见的为高空坠物。如一条狗从建筑物中坠落，正巧砸中一辆车，导致车辆损坏。那么根据《侵权责任法》第八十七条的规定，保险人寻找狗的主人，如果无法确定谁是狗的主人，那么这栋建筑物的所有住户都应列为被代位对象。除非有的住户证明自己不是侵权人。

（2）堆放、倾倒、遗撒物品情形。对于在道路上堆放、倾倒、遗撒物品导致车辆损害的情形，保险人应将行为人和道路管理者都列入被代位对象。除非道路管理者证明其已经按照相关标准尽到了清理、防护和警示义务。此类案件的举证责任由道路管理者承担。

（二）合同类型的案件

合同类型的案件中，最常见的为保管合同，即对车辆具有保管义务的人应当对车辆损失承担责任。

1. 停车收费情形。车辆在小区或者路边停放，小区或者路边的收费员收取了车辆管理费，那么由此造成的划痕、停放被撞等的损失，保险人都应按照代位求偿案件向有保管义务的人进行代位。实务中，保险人一般予以扣除一定比例的免赔之后予以了赔偿。有的停车场所还专门树立了一块牌子，意思是此处仅仅是供车辆停放，对于车辆的损失概不承担。笔者认为这种店堂告示类型的格式合同不能产生法律效力。

2. 宾馆停车不收费情形。一些宾馆为了吸引顾客，专门提供免费停车服务，虽然其并没有收取停车费用，但是其与宾馆之间形成了住宿服务合同法律关系，而免费停车时住宿服务合同内容的延伸，宾馆负有妥善保管车辆的附随义务，但是宾馆没有尽到妥善保管车辆的附随义务，致使被保险人车辆损失，宾馆应当承担相应的过错责任。因此，保险人不能因为停车未收费而放弃向宾馆的代位求偿权。

商业车险改革的顺利进行为车损险代位求偿案件提供了法律和合同的依据，随着车损险代位求偿案件的大力推行，其他险种的代位求偿案件也会越来越多，如承运人责任险、雇主责任险等，这对保险人的理赔工作也提出了更大的挑战。

第四节　大众化定制视角的汽车商业保险费率市场化①

一、MC 的提出及其内涵的发展

21 世纪，作为一种新的经营模式，Mass Customizatiom（简称为 MC）已经成为管理理论界关注的热点话题。1970 年，美国学者 Alvin Toffler 首次提出 MC 的概念。随后，Stan Davis（1987）预言一个公司可以在大规模生产的基础上提供客户化的货物，并将这种方式称为“Mass Customizatiom”。随着研究的深入，关于 MC 的内涵，不同的学者从不同的角度给出了自己的理解。主要分为三种：一是将 MC 理解为“Mass + Customization”，即批量生产方式与定制生产方式的结合，常常被翻译为“大规模定制”或“大批量定制”；二

① 作者：王学敏（1985 ~），中华财险河北分公司。

是将 MC 理解为“客户化大生产”；三是将 MC 理解为“大众化定制”，强调顾客的重要性，强调 MC 是为大量客户提供定制产品和服务。从先前的“大规模定制”、“客户化大生产”到现在的“大众化定制”，学者们越来越关注顾客这一主体，更深刻揭示了顾客需求的个性化和多样化是 MC 产生的必然性和内在驱动力。

二、大众化定制的特征

（一）以客户需求为导向

大众化定制以客户的个性化需求为起点，以服务为中心，服务是商品，通过服务确保客户增值，为顾客生产，顾客需要什么就生产什么，是一种拉动型的生产模式；而传统的大规模生产方式则主张先生产再销售，以生产为主，服务为辅，为客户保值，为库存生产，企业制造什么就卖什么，是一种推动型的生产模式。

（二）以现代信息技术支持

现代信息技术有助于大规模定制的企业快速响应客户需求，比如利用互联网和电子商务平台，企业能够准确捕捉到客户的个性化需求，获得订单，利用 CRM 系统，企业能够高效地管理客户的个人信息，以柔性和快速反应实现产品变形和个性化。

（三）以模块化设计为基础

大众化定制是大规模生产与定制生产的巧妙融合，企业可以通过将产品模块化设计来减少定制产品中的定制部分，这样就减少了产品的定制成本，同时也缩短了产品的交货提前期。

（四）以敏捷为标志

在传统的大规模生产方式中，企业与消费者的关系是一对多的，企业面临的是相似的稳定的需求，而在大众化定制经济中，企业与消费者的关系式一对一的，企业面临的是有差异的动态需求，所以，实施大规模定制的企业具有敏捷性，这体现在三个方面，分别是柔性的产品开发方式、多技能的人员及扁平化的组织结构。

三、汽车商业保险实施大众化定制的可行性

大众化定制实施主要受市场环境、可大规模定制性、可利用资源、信息技术水平四个因素的影响，汽车商业保险费率市场化后，实施“大众化定制”

是否具有可行性，下面将对这四个因素如何影响商业险 MC 的实施进行分析。

（一）企业所处的市场环境

随着人们经济收入的不断提高及汽车产业的快速发展，车险业务已稳居财产险第一大险种，车主对车险产品和服务的要求也相应提高，要求车险产品与车主的经济能力、独特的风险特征相匹配，成为当下车主选择车险的首要准则。汽车商业保险费率市场化已是大势所趋，未来机动车损失保险、机动车第三者责任保险、机动车车上人员责任保险、机动车全车盗抢保险四大主险中，投保人可以选择投保全部险种，也可以选择投保其中部分险种，而现行的市场中则是投保各类车险险种都需以先投保车损险或三者险为前提。众多车险定制需求的存在使得财险企业实施大众化定制具有必要性。如果在财险行业中，只有某个企业实施 MC，那它就获得了先行优势。在长期关系需要建立在学习关系基础上的市场中，成为一名先驱者尤其重要。因为在这种情况下，车主学习并掌握定制所需要的技能不是一蹴而就的，需要一定的时间，这就使得他不愿意轻易转向其他企业，然而，如果没有这层学习关系，车主转换成本低，其他低成本竞争者就可能模仿这种战略，原企业就可能失去了先行优势，不能持续获得高额利润。因此，财险企业率先实施 MC 会更容易取得成功，而且具备了先行优势还会使财险企业大大提高核心竞争力。

（二）可大规模定制性

不是每种产品都能实施大规模定制，因此选取合适的产品，是企业成功实施 MC 的最基本条件。产品的可大规模定制性有两层含义，一是产品有大的市场容量，二是顾客对产品功能的需求既有个性也有共性。汽车商业保险改革确立了条款制定、预审、审批制度，形成了以行业示范条款为主体、创新型条款为补充且不断发展完善的汽车商业保险条款形成调整机制。车险定价以行业纯风险保费为主要参考，赋予并逐步扩大保险公司定价自主权。因此，汽车商业保险改革满足了顾客这一主体更多个性化需求，为财险企业进行汽车商业保险大众化定制提供了更广阔的发挥空间。

（三）企业的可利用资源

财险企业转向 MC 的一个关键因素是可利用资源的多少。MC 是在信息时代运用新技术形成的经营模式，要求企业要有与之相适应的技术能力和硬件基础。具体来说，财险企业要有能够满足柔性车险产品开发和营销能力。在车险产品开发的过程中，要合理运用精算等关键技术，实施合理的定价策略，一方面可以保证盈利，另一方面能够实现规模增速。财险企业还要对已开发的车险产品进行优化升级，不断提高产品的市场适应性，建立客户信息反馈与产品开发无缝隙衔接的管理体系。

（四）企业的信息技术水平

保险业，乃至于整个社会可能都无法忽视大数据时代的到来。在大数据时代，最大的改变是对行为科学的革命，过去在行为科学的研究均是采用样本研究，实现对于某些行为规律的分析，最后得出一个结论。保险业的经营，包括精算在内，其实也是基于样本，或者基于随机原理的。到了大数据时代，它将实现从“样本”到“全量”的变化。我们可以用全量的数据来客观、彻底和直接地获得结论，而不是基于主观的推理和判断，即更多的是通过横向的相关性来验证事物本身是什么，来解释事物的本质。从保险的角度来看，以往我们更多的是用一个纵向的历史数据，包括生命表，车险的历史数据，来判断损失率、死亡率是多少，但在大数据时代，从人们的生活习惯、医院治疗、药物使用、驾驶偏好等数据，同样可以得到一个更直接、更个性、更有效的结论。

未来保险业需要具备的能力有很多，在结构数据为主的环境下，我们更多的是关注如何收集和处理非结构数据，这就要求企业配备较高的信息处理系统与专家支持系统。总的来说，发现数据的关联性，构建数据的商业模式，是挖掘未来大数据价值的重要工具和能力。

四、汽车商业保险大众化定制实施策略

（一）培养大众定制化消费偏好

汽车商业保险费率市场化，更加注重消费者偏好，财险企业可以根据客户的需求，在保监会基本条款与基准费率的基础上，做险种开发与保费的自主定价。在保监会实施新政伊始，各家财险主体公司必然会加大各自产品的宣传力度，突出自身产品的差异性，客户在基于日常风险经验评估的基础上选择最适合自己的产品；然而，在以往的消费过程中，车险产品差异化不明显，客户的个性化需求在影响消费者决策中起到的作用不大，费率市场化后，这一状况将会得到改善，个性化需求起到的作用越来越重要。因此，在宣传公司产品时，要重点突出产品差异性，并尽可能满足客户的差异性需求，将市场建立在学习关系基础上，车主学习并掌握定制所需要的技能需要一定的时间成本与精力投入，使得客户习惯于本公司的产品，而转换其他企业无形成本就会很高。

（二）合理设计车险产品模块

车险产品设计首先要保证产品具有盈利空间，在此基础上对客户进行群

组细分。市场群组细分是企业根据消费者需求的不同，把整个市场划分成不同的消费者群的过程，其客观基础是消费者需求的异质性。进行市场细分的主要依据是异质市场中求同质。市场细分的目标是为了聚合，即在需求不同的市场中把需求相同的消费者聚合到一起。在车险市场中，按照其驾驶风格不同，可以分为激进型、稳健型、谨慎型，按照其日常行驶路线不同，可以分为长途差旅、短途差旅、周边区域行驶，然后依据其风险程度设定险种组合。该类非结构数据可以通过调查问卷的形式获得，另外结合无赔优及上年出险次数、交通违章系数等结构类数据，拟定相关的险种保费。市场细分有利于财险企业面对自己的目标市场，设计出产销对路的险种组合，既能满足市场需求，又能增加企业收入。

（三）实现企业组织文化的革新

组织文化的变革，包括五个方面，分别是由重视企业内部价值和能力，变革为重视以客户资源为主的企业外部资源利用能力；由重视企业与员工、员工与员工之间的关系变革为重视企业与客户、员工与客户之间的关系；由关注客户群体变革为关注客户个性需求；由重视企业利润变革为重视客户利益；由面向理性消费的经营思路变革为面向情感消费的经营思路。

另外，企业组织文化的变更还应建立灵活的网络式组织结构，加快企业内部各部门之间的信息交流，传统的组织结构是金字塔式的，部门与部门之间的信息沟通往往不及时，甚至在信息传递过程中还极易造成信息失真，而灵活的网络式组织结构则解决了这一难题，确保了沟通的顺畅，良好的内部沟通变换也将有助于企业快速响应客户的需求。

（四）构建“大数据”智能分析机制

未来汽车商业保险系数除了受车的因素影响外，还将受人的因素影响，包括驾驶技术、驾驶习惯、驾龄、年龄、性别等非结构数据，而驾驶者的出险理赔记录、违章记录和行驶记录等结构数据也将成为车险价格浮动的重要因素。实现这种浮动的基础是大数据智能分析，依靠互联网技术以及现实中调查问卷得到车主实际驾驶时间、里程数、地点与具体驾驶方式等各类数据，保险公司再评估车主驾驶风格，驾驶风格良好的车主能得到更低的车险费率。

大数据智能分析是企业技术创新的新希望，应用大数据智能分析，企业可以从海量多样的数据中，深入挖掘并实现满足创新需求的各种关联信息的有机整合；描绘客户需求，使产品具体化，预测市场前景，获得洞悉；最后将创新产品推向市场。在这一分析处理创新过程中，市场产品实现了变革创新，取得的业务成果为产品再创新提供了新的视角、新的方法论。

第五节　我国财政补贴型农险的规范发展研究①

2014 年，全国农业保险保费收入 325.78 亿元，同比增长 6.26%，我国农险深度为 0.52%，这一比例远低于同为农业大国的美国的水平。农险作为"农业"和"保险"这两个弱质产业的结合，当前我国政策性农险的发展存在很多问题：农险有效需求仍然较低，纯商业性农险经营困难，政策支持力度不够等等。我们从强化政府主导地位、完善政策性农险补贴制度、健全农险法律体系、严格控制经营主体等四个角度来阐述进一步完善农险发展的政策建议。

一、我国农险现状

2007 年，我国中央财政第一次将"农业保险保费补贴"列为财政预算科目，并列入10 亿元预算，实际补贴金额22 亿元，主要是针对水稻等5 种主要粮食作物和能繁母猪，粮食作物涉及6 省区，能繁母猪则在全国范围内补贴。随后中央财政补贴力度不断加大。2013 年3 月1 日，《农业保险条例》正式实施，标志着我国农险进入了新的发展阶段。到2013 年底，中央财政对农险的补贴达到120.38 亿元，试点品种涵盖水稻、玉米、小麦、油料作物、棉花、马铃薯、青稞、天然橡胶、森林、能繁母猪、奶牛、育肥猪、牦牛、藏系羊、糖料作物等15 个品种。2014 年，全国农业保险保费收入325.78 亿元，同比增长6.26%。其中，养殖险73.80 亿元，种植险251.98 亿元。承保利润29.49 亿元，利润来源主要是种植险。2014 年农业保险为农业提供风险保障1.66 万亿元，同比增长19.42%；参保农户2.47 亿户次，同比上升15.42%；向3 500 万户投保农户支付赔款214.6 亿元，同比增长2.86%（见表4－10）。

表 4－10　　2008～2014 年农险保费和农业总产值

年份	农险保费收入（亿元）	各级政府给农险的保费补贴（亿元）	农险赔付金额（亿元）	农业总产值（亿元）	农业总保费占农业总产值的比例
2008	110.7	78.44	70	58 002.15	0.19%
2009	133.9	99.7	101.9	60 361.01	0.22%
2010	135.7	101.5	100.6	69 319.76	0.20%
2011	173.8	131.3	89	81 303.92	0.21%

① 作者：联合课题组，北京保险研究院、中华控股研究所与中华财险农险事业部。

续表

年份	农险保费收入（亿元）	各级政府给农险的保费补贴（亿元）	农险赔付金额（亿元）	农业总产值（亿元）	农业总保费占农业总产值的比例
2012	240.6	171.91	148.2	89 453.05	0.27%
2013	306.7	225.48	208.6	96 995.27	0.32%
2014	325.78	—	205.8	—	—

资料来源：根据保监会网站数据和国家统计局数据整理。

2014 年，我国农险深度为 0.52%，这一比例远低于同为农业大国的美国的水平（约为 7.47%），与日本、加拿大、法国等农业大国也有不小的差距，甚至不如农险政策比较健全的印度（约为 2%）。农险密度仅为 48.71 元，差距更大。

二、中国财政补贴型农险现存问题

农险作为“农业”和“保险”这两个弱质产业的结合，在与国民经济其他产业的对比中更是暴露了其脆弱性。当前我国政策性农险的发展存在很多问题。

（一）从农户角度分析，农险有效需求仍然较低

农险作为一项专门针对农业风险管理的制度设计，在价格合理及风险保障程度较高的条件下，将是农户管理农业风险的较好选择。但是总体来说农户收入相对较低、受教育程度较低、保险意识不强等，导致农险有效需求不高。2014 年，我国农村居民人均纯收入为 9 862 元，农村居民人均纯收入为人均 GDP 的 21% 左右，农村居民的恩格尔系数为 37.1%，农民收入水平相对较低，且主要收入来源为务工收入，单纯从农业生产中产生的收入不到 20%，农民对农业生产的依赖性大大降低，农民从事农业生产的积极性大不如前，弃耕现象更为普遍，生产积极性受到影响，农户也就不愿意投入精力到农业生产风险的管理上来。农险的发展深受这一现象的困扰，从而极大地限制了农户在农险方面的投入。加上小农生产方式下农户在思维方式、观念方面存在局限性，现代保险意识不强，制约了农险的发展。

我国农业最基本的特点是户均耕地规模小、经营分散，弱化了农险的经济保障功能。我国是典型的小规模农业生产的群体，存在着 2.3 亿高度分散的小农户，户均耕地 9.13 亩，不足印度的三分之一，日本的十二分之一，美国的三百分之一。而美国农业以家庭农场为主，目前农场总数约 219 万个，平均每个农场拥有土地约 176 公顷，农业生产集约化经营有利于农户整体竞争力的提升和农险的开展。2007 年 7 月 1 日，我国《农民专业合作社法》正

式实施，我国农民专业合作社发展步伐加快，合作社数量快速增长，入社农户明显增加。截至2012年底，我国有家庭农场87.7万个，平均经营规模超过200亩，占全国承包耕地面积的13.4%；农民专业合作社达68.9万家，县级以上示范社达10万多家，实有成员达5 300多万户；各类产业化经营组织超过30万个，带动农户户均增收2 800多元；农业社会化服务体系初步形成，全国公益性监管服务机构15.2万个，经营性专业服务组织超过100万个。但是我国合作社发展总体仍处于初级阶段，覆盖面有限，单个合作社经营规模不够大，农作物种植的分散经营、组织化程度仍较低的现状短期内难以根本改变。

农险价格方面，根据保险的基础理论，保险费率应该取决于当地的风险状况以及损失概率。农业风险的复杂性以及高成灾率，使得农险费率居于较高水平，同时考虑到农业劳动力和生产资料利用的季节性，农险费用率就显得更高。从我国农险的实践来看，农险费率一般在2%～15%之间，而一般财产保险费率约为0.2%，前者是后者的数十倍。这一保险费率水平远远超出农户的支付能力，加之农险需求的价格弹性较大，农险的高费率极大地抑制了农民的保险需求。

（二）从保险公司角度分析，纯商业性农险经营困难

农险承保的风险不仅发生概率高，而且损失集中，覆盖面大，其赔付率通常高于一般财险。我国是一个自然灾害频发的国家，每年因台风、旱灾、水灾、病害等自然灾害带来的损失巨大，每年都有0.4亿～0.5亿公顷农作物受灾，约占总播种面积的30%以上；自然灾害给我国农业生产造成了巨大的直接经济损失，自2000年以来，每年我国农业生产灾害损失约为2 000亿元，农业生产风险暴露水平居高不下，给正常的农业生产经营带来极大的不便，也增加了农险的业务风险。没有政策补贴的农险经营长期处于亏损状态中。出于盈利方面的考虑，保险公司往往对农险定价较高，这与保险公司渴望扩大保险覆盖面、开拓农险市场的目标是相冲突的。农险公司就陷入了进退两难的境地：定价较高则市场极为狭小，定价较低则无法盈利，甚至亏损。因此，完全商业化的农险运营往往以农险供应主体退出市场告终。目前经营农业保险的市场竞争主体不断增多，竞争手段多样，但是没有形成公平的、规范的市场竞争体系。目前农业保险发展仍处于初级阶段，各项配套制度建设还有待进一步完善，过度竞争容易转化为恶性竞争，破坏农业保险在农村市场的形象。

农险的技术成本较高，增加了农险展业难度。农险责任的确定和保险费率的厘定都比较困难。一方面，农险的风险单位和保险单位不一致，而且风

险单位往往很大。不同的风险单位一般也不重合，常常会有多种农业风险同时或相继发生，各地区之间的农业生产又存在很大的差异，无论是单一风险保险还是一切险保险，其保险责任都难以确定。另一方面，农业灾害损失在年际间差异大，纯费率要以长期平均损失率为基础，但有关农作物和家禽生产的历史原始记录和统计资料极不完整，这就给农险费率的精确厘定带来了特殊的困难。发生损失后的定损理赔难度较大。农险标的都是有生命的动植物，标的的价格处于不断变化中。赔款一般应以灾害发生时的价值计算，而这时农作物或者畜禽还处于生长中，要正确估测损失程度很困难。由于农险的经营受自然灾害的影响较大，从经营结果上看，存在经营风险大，巨灾分散机制不完善，经营结果不稳定的问题。多种途径的大灾风险分散机制和财务平滑机制仍有待进一步完善。

农险存在极为严重的逆向选择和道德风险问题。农作物种植分散且生产周期较长、农户信用意识淡薄等问题，使得农险领域信息不对称问题极为严重。如果没有投保，灾害发生后农户会采取措施降低损失，如果已经购买农险，农户失去采取补救措施的动力，道德风险就出现了，这无疑加大了保险公司的风险。同样，逆向选择的存在使得保险公司以更复杂的方式介入市场，一旦发生的费用过高，就会停止涉及地区农险的供给。同时，目前市场上存在很多不规范行为，一些保险公司为了自身利益，不惜虚构农险标的、虚假承保扩大业务规模，通过虚假赔款、虚列费用等方式违法违规经营，以农险形式套取国家补贴资金，或者以提高农险赔付率、变相修改条款、增加地方招商项目、公益项目赞助等形式影响地方政府，来换取政府对农险市场经营资格和份额的支持。

农业保险的服务水平和服务能力有较大的提升空间。《农业保险条例》明确提出“国家支持保险机构建立适应农业保险业务发展需要的基层服务体系”，但目前政策规定仍不够细化，实质性支持力度也不够，基层服务体系建设难以满足点多面广的农业保险实际需求。由于农业保险涉及面广，在各区域开展的实际情况不同，造成在落实监管要求上（如农户签字、承保理赔公示、大户手续管理等方面）的执行标准、把握尺度存在差异，导致服务能力和水平不尽相同，与农户期望、行业要求、监管标准相比还有差距。同时目前的农险产品仍是以保物化成本为主，产值保险、价格指数保险等创新型产品仍没有形成规模化，保障水平有待进一步提高。农业保险产品缺乏科学精细化管理，同质化现象较严重。特别是在设定费率方面，依照各省的农业保险实施方案，目前普遍执行的标准是同一险种全省采用相同费率，保险责任、保险费率的制定标准缺乏市场定价机制，同一地区的产品同质化现象严重。

农业保险人才匮乏。农业保险的复杂性对农业保险经营人才及技术提出了特殊的要求，我国农业保险发展中面临的突出矛盾是专业人才匮乏，经营技术落后，这些问题严重制约农业保险的发展。农业保险工作涉及商业保险、农业财政预算和农田水利等众多方面的知识，目前我国的农业保险从业人员大多数没有接受过专业的保险培训学习，加之农业保险业务工作量大，环境艰苦，因此很多保险从业人员都不愿意从事农业保险，这些都制约着农业保险的发展。

（三）从政府角度分析，政策支持力度不够

农险的健康发展，需要完善的法律、法规作后盾。欧美等国农险的发展实践已经充分印证了这一点。农险要实现健康发展，需要完备的制度先行。我国在农险方面的立法比较滞后，很长一段时期我国只有《中华人民共和国保险法》、《中华人民共和国农业法》这两部法律涉及到对农险的少量规范。《保险法》作为一部商业保险的法律规范，对于至今属性界定仍未统一的农险来说规范作用实在有限。而《农业法》对农险的规范少之又少。2013 年 3 月 1 日正式实施的《农业保险条例》，规定国家支持发展多种形式的农险，健全政策性农险制度，对符合规定的农险由财政部门给予保费补贴，并建立财政支持的农险大灾风险分散机制。条例的出台是我国农险立法的良好开端，但绝不是立法进程的结束。通过考察美国农险发展的历史可以发现，美国的农险发展史同时也是一个农险法不断完善的历史，通过用法律、法规来规范农险组织的建立、农险经营模式的选择以及政府、保险公司、投保人的行为，做到任何发展阶段都有法可依，确保了农险运作的高度规范化。因此对我国农险的发展而言，一部条例的出台并不能解决所有的问题，农险的立法任重而道远。

《农业保险条例》有待进一步细化、完善。主要包括以下几个方面：条例将农险界定为国家补贴下的商业保险，长远来看，农险应该是作为一种政策性保险存在；条例的实施有待进一步细化，对于财政保费补贴、税收优惠等相关政策，涉及如何补、补给谁、补多少等实施细节以及营业税、所得税等减免问题，都需尽快出台配套措施；大灾风险分散机制还未真正确立，国务院发布的《国务院关于加快发展现代保险服务业的若干意见》中提出建立“以制度建设为基础，以商业保险为平台，以多层次风险分担为保障”的巨灾保险制度，地方财政支持的农险大灾风险分散机制的落实还需要一段时间。

财政补贴农险导致其他风险管理手段被过分挤压，财政补贴农险资金运作效率不高。农险的过分积极介入，可能打破了原本平衡的综合风险管理模式。政府的政策使得这些地区农户的原来行之有效的许多风险管理手段不再起作用了。政府在对农险财政补贴方面存在着明显的动力不足，财政补贴长期以来不能做到常态化。

财政补贴保费仍未规范化、制度化。中央财政补贴仍然具有某种随意性，没有专门的法律来解决“补什么、怎么补、补多少”的问题。此外，目前存在的中央、省、地县“三级补贴联动”制度，也越来越无法适应农险进一步发展的要求。中央财政要求省级财政必须承担25%的补贴责任，随着农险承保面积的扩大，省级财政负担越来越重。从实际运营情况来看，农业大县往往是财政穷县，在地方财政配套补贴资金上存在较大压力，特别是粮食、畜牧主产地区，地方财政配套资金压力大，在一定程度上影响了地方政府支持开展农业保险的积极性，限制了农业保险覆盖面的扩大，一定程度上制约了农业保险的发展。基层政府财政补贴资金往往不能及时、足额拨付，这不仅影响保险公司的经营核算和偿付能力，也影响了基层保险机构的积极性，从而直接影响到农险的覆盖程度。虽然我国农险补贴品种在逐年增加，但是与国外发达国家农险补贴的品种数量相比差距甚远，尤其是对大部分经济作物尤其是特色农业经济作物没有提供补贴，且种植业保险品种中仅涉及粮食、蔬菜等，对禽畜类保险的补贴还未完善，对农户比较在意的产量保险补贴还未实施。

三、进一步完善的政策建议

“三农”工作历来受到党和政府的高度重视。2004～2015年已连续12年发布以“三农”为主题的中央一号文件，强调了“三农”问题在国民经济中“重中之重”的地位。2015年中央一号文件的主题就是加大改革创新力度，加快农业现代化建设，加大惠农政策力度，提出“将主要粮食作物制种保险纳入中央财政保费补贴目录”。保险业“新国十条”中也强调要大力发展“三农”保险，拓展“三农”保险广度和深度，创新支农惠农方式。

（一）强化政府主导地位

世界上成功的农险有效需求激励机制都离不开政府的主导作用。目前，我国《农业保险条例》第三条规定，农险实行政府引导、市场运作、自主自愿和协同推进的原则。笔者认为，应进一步确立政府的主导作用，以保障政策性农险有效需求提升。

1. 各级政府应加强对政策性农险中政府主导作用的认识。各级政府应充分认识到政策性农险是国家一项支农惠农政策，应纳入农村经济发展的主要工作之中。各地区可以建立多部门联动的政策性农险工作领导机构，并予以常态化和规范化，将政策性农险的绩效纳入该机构和人员的业绩考核体系，以激励该机构职能作用的充分发挥。

2. 各地政府应因地制宜地选择和确立农险补贴模式。任何一种成功的农险补贴模式，都是在本国家（地区）长期探索中不断修正、完善和创新而取得的。我国地域广袤，各地区自然环境条件、气候特征和经济发展差异较大，不可能有那么一种具有普适性的农险补贴模式。各地政府应在现有农险保成本补贴模式的基础上，及时总结经验和教训，积极借鉴国际先进农险保产值和保收入补贴模式，探索出一种适合本地农业经济发展的农险补贴模式，并在实践中不断修正、完善和创新。

3. 各级政府应采用科学的政府主导方式对政策性农险适度干预。目前一些地方政府也存在着不规范的政府行为，如遭遇严重灾害损失的年份，违背保险合同条款约束，允许保险公司封顶赔付，这不但损害农户利益，而且严重挫伤农户参保热情。也有少数地方政府，扭曲地落实国家政策性农险制度安排，大灾之际对保险公司进行行政干预，强行推进农险。这些缺乏规范性和约束力的政府主导方式，严重违背农险运作的市场规律，对农险健康发展带来负面影响。

（二）完善政策性农险补贴制度

我国政策性农险还存在着补贴效率不高的问题，这将削弱政策性农险各级财政补贴资金的财务杠杆作用，进而削弱政府补贴激励政策性农险有效需求的效应。

1. 进一步拓展政策性农险政府补贴品种。农户对政策性农险的满意度是影响其有效需求的一个重要因素，满意度越高，农户购买农险的有效需求越高。在深度访谈中发现，险种设置不能满足农户多元化种植的需要也是农户对政策性农险不满意的原因之一。建议不断推出政策性农险补贴的新产品，拓展政策性农险业务的覆盖面，实现农业风险有效分散和补偿。各地应因地制宜地开办特色优势农险险种，更好地发挥政策性农险对现代化农业发展的推动作用。

2. 构建多元化的政府补贴方式。目前的政府补贴方式仅为对农户进行保费补贴，这对于激励农户的有效需求发挥了重要作用。但鉴于农险市场的特殊性，保险公司经营管理费较高，历年赔付率高居不下，为避免农险市场出现供给不足，可对保险公司的农险业务的经营管理费用给予一定补贴，保障农险产品的有效供给。另外，近年来受世界范围极端气候影响，自然灾害频发，农险承保公司面对系统性的农业风险，赔付能力十分有限。政府可对农险的再保险业务给予财政补贴支持，以保障政策性农险可持续发展。

3. 加强政策性农险补贴预算管理。为保证各级财政政策性农险补贴资金的连续性，应建立政策性农险补贴预算管理制度，在每年年末对下一财政预算年度的农险政策性补贴资金，纳入预算支出管理。另外，目前政策性农险的财政补贴是在中央补贴比例的基础上，地方财政给予一定的配套。但部分经济困难的地方财政，由于无力配套补贴而无法开展政策性农险。这些地区往往又是自然灾害频发，农户收入相对低下的地区。对这些地区应取消财政配套的制约，由中央和省级财政加大支持，使政策性农险在这些地区尽快覆盖，这对解决我国低收入农户农险支付能力短缺问题具有积极作用。2014 年1 月 19 日发布的中共中央国务院“一号文件”提出了关于“提高中央、省级财政对主要粮食作物保险的保费补贴比例，逐步减少或取消产粮大县县级保费补贴”政策意见，但从 2014 年的情况来看，这一条并没有得到很好的落实，致使那些财政力量不足的产粮大县，一直到 2014 年的秋天也没等到上面的政策和解决方案，自己又没有足够的配套补贴资金，这些地方的农业保险业务充其量保持原状，甚至出现负增长。而部分省份对于农业保险的保费补贴也有所保留，在省财政收入增速减低的背景下，也有减少农业保险费补贴预算的倾向，2014 年的补贴总额有所减少。这有可能对将来的农业保险投入还会产生一定影响。部分地区协办农业保险业务的费用得不到落实，影响了那里扩展农业保险业务的积极性。本来根据《农业保险条例》的规定，县乡村做代理业务的“协保”人员，可以名正言顺地得到一些劳务费。但是，《农业保险条例》实施快两年了，具体费用支付的财务规定一直都没有出台，保险机构要么不敢支付这笔费用，要么冒着“违规风险”支付费用，或多或少影响了当地农业保险业务的开展。

4. 完善农险财税补贴优惠政策。目前，政策性农险实行的税收优惠政策是对保险公司种养两业农险免征一切税赋。建议加大对专业农险公司、承办农险的机构以及农险再保险市场的税收优惠力度。如可以通过对专业农险公司政策性农险以外业务的营业税、印花税等采取先征后返的做法，返还税金计入保险公司大灾准备金，并实行专账专户管理，提高保险公司应对灾害损失的能力。只有保险公司经营农险的热情被充分调动起来，农险市场才能实现更高水平的均衡。

5. 加强对政策性农险补贴效率的评估。为了考察农险政府补贴的效果，以便于对农险政府补贴进行经验总结和借鉴，需要定期对补贴资金的预算、拨付和监管等流程进行评估，以便及时发现问题和解决问题，也给农险政府补贴效率的进一步提高提供决策依据。

（三）健全农险法律体系

我国部分农险试点难以可持续发展，有效需求严重不足，其根源在于农险法律法规的缺失。2013 年《农业保险条例》的颁布实现了农险立法的破冰，为农险持续稳定发展提供了切实可行的法律保障。但《农业保险条例》的实施细则亟待配套出台。这对推动农险制度不断完善，避免政策性农险的随意性和有效提升农险有效需求具有决定性意义。

1. 加快农险监管法律法规的出台。目前我国农险监管法律法规的缺失，加大了政策性农险运作中的风险。尽快推出农险监管法律法规，使农险监管有法可依，才能从本质上提高农险运作效率，避免人为的随意性。另外，政策性农险实现有效运作，离不开多部门联动监管机制的建立。各级地方政府、农业部门、财政部门、气象预测部门、国土资源部门、承保机构等都是农险工作参与者，应共同推动农险监管法律法规建设工作。2014 年 8 月举行的中国农险研讨会中，中国保监会陈文辉副主席就提出在宏观战略研究方面要以服务农业现代化、国家粮食安全战略和完善农村金融体系为出发点，探讨农险在整个农业支持保护体系和农村金融服务体系中的定位。在监管研究方面要在简政放权的大背景下进一步完善市场准入退出机制，加强产品监管，通过“放开前端、管住后端”，实现适度竞争的市场体系。

2. 建立农险基本管理制度。保监会针对维护投保农户的合法权益，制定了《关于规范政策性农业保险业务管理的通知》。尽管《通知》中对承保公司的资格条件、农险产品开发报审、销售管理、单证管理、赔案管理、资金管理和财务核算管理等方面做出了相应的规定，但由于其法律效力较低，对承保公司违规行为约束力不够。应尽快建立农险基本管理制度和规范的法规，以法律形式规制政策性农险业务。在政策支持体系研究方面要进一步优化激励机制设计，在完善财税支持政策、提高补贴效率和绩效的同时，充分发挥资源整合的合力，实现保险与财政、农林、国土、水利、气象等部门的资源和数据共享。

3. 加强农险服务标准建设。目前，我国农险服务还存在很多薄弱环节，尤其是在承保和理赔等关键环节，加剧了道德风险和逆向选择发生的概率。保监会颁发的《关于加强农业保险理赔管理工作的通知》和《关于加强农业保险承保管理工作的通知》，是对农险承保和理赔业务的规范。但农险服务中其他的一些突出问题和薄弱环节，如报灾、防灾减损、查勘等环节等还缺乏相对细化的服务标准，这些环节服务上的问题会进一步影响承保和理赔这些关键环节上的服务效果。应进一步制定完善相关制度，不断提高农险服务水平。

4. 严格控制经营主体，经营区域宜相对稳定。由于农险的技术成本较高，各地区之间的农业生产又存在很大的差异，保险标的的区分又比较困难，这些农险独有的特殊性，加大了农险的竞争成本和展业成本，所以农险的服务需要有连续性和一定的区域保护性，这就需要政府部门在农险的经营上设置一定的准入条件，控制政策性农险的经营主体数目，农险的经营区域宜相对稳定，年限也适当增加。保险监管部门应根据农业保险的特点规定一些必要的条件，不符合条件或者经营不规范的公司，其业务发展将会受到限制。只有这样，政策性农险的服务水平和服务能力才能得到提升，真正做到支农惠农。

第六节　农业大灾风险分散机制和再保险制度安排①

一、大灾风险的界定

广义的巨灾风险是指因自然灾害、外来原因和意外事故所导致的极其严重的，也可能出险受灾单位或者地区自身无法解决、需要跨地区乃至国际援助的未来不利情景。狭义的巨灾风险是指因自然规律作用和变异引起的，造成大范围的、大面积的、大量风险单位的，在同一时间或者时段内重大经济损失和大量人员伤亡，受灾地区一般自身无法解决，需要跨地区乃至国际援助的未来不利情景（石兴，2010）。美国保险服务局规定一次损失超过 2 500 万美元，大范围内影响保险人和被保险人的事件，定义为巨灾风险。经合组织将巨灾风险定义为：灾害发生地已无力控制灾害造成的破坏，必须借助外部力量才能进行处置的灾害风险。

一般将由于极端气象事件和疫病、虫害大范围内流行，导致农林牧渔业生产巨大损失的风险定义为农业大灾风险。仅有上述一般的对巨灾风险和农业巨灾风险的界定还是不够的。因为在农业保险中，讨论大灾风险或者巨灾风险，仅限于自然灾害损失大小本身，其制度意义还是有限的。因为对农业保险经营来说，还有自身偿付能力问题，在自身偿付能力限度内的保险风险损失，因为保险经营者可控，就不是大灾或巨灾，只有超出保险经营者偿付能力限度，可能会引起公司破产，才是大灾或巨灾风险。庹国柱（2013）提出发生超过农业保险经营机构和本地农业保险风险责任承担能力的风险损失的可能性，就是农业保险大灾风险，为农业保险经营机构和地方大灾风险所做的风险分散转移的一系列制度安排，就是农业保险大灾风险管理制度。

二、我国农险大灾风险管理现状

经过很长一段时间的不懈努力，目前我国已经形成多部门的灾害管理体

① 作者：严万全（1990～），中华财险湖南分公司。

系，各级政府在发展经济的同时，努力推动灾害管理的深入开展。灾害增长趋势得到一定的抑制，取得了较大的经济效益和社会效益。（孙祁祥，2004）灾害管理工作已经成为国民经济与社会可持续发展的保障机制之一，对推动我国经济的快速发展和社会的持续进步发挥了主要作用。

然而，相比于发达国家而言，我国的巨灾风险管理仍然存在一些问题和运作的困境，主要表现在几个方面：

1. 巨灾风险的波动幅度和损失巨大，发生频率不确定，加之高风险地区的集中性，使得多数保险人无力承担巨大的损失。保险要能够实现风险分散和经济补偿的功能，首要的前提是承保的风险必须是独立的随机的，而巨灾风险风险单位在风险事故及灾害损失中往往表现为发生的集中性、损失的巨大性，范围的广泛性，因此直接保险公司很难独立承担巨灾损失风险。

2. 缺乏统筹协调管理。自然灾害影响社会发展的方方面面，巨灾管理应是全社会的协调行动，而目前我国对灾害进行统一管理的程度还有所欠缺，分散管理的局面已经不适应日益严峻的灾害形式，并且从一定程度上影响了减灾工作的深入发展。

3. 损失融资严重缺乏。无论如何，灾害的防范都是有限的，因此灾害发生后如何利用各种融资手段尽快恢复生产成为一个迫切的问题，及时有效的损失融资不仅仅是对灾害损失进行补偿，而且对减少灾害的次生危害和间接影响有着重要意义。但是多年来我国的融资手段严重缺乏，主要是依靠国家救济和慈善捐助，相比发达国家而言，我国的灾害损失和保险补偿严重不匹配。

因此，为了更好地应对农业巨灾风险，必须建立完善的大灾风险分散和转移机制来保障经济社会的稳定与可持续发展。

三、建立农业大灾风险分散机制的政策支持

2004 年，中央首次下发以“三农”为主题的 1 号文件，建设性的提出发展农业保险的问题，文件明确要求选择农产品种类，在有条件的地区开展农业保险试点，政府给予政策和资金支持。2007 年国家发布的 1 号文件中第一次提出完善农业保险大灾风险转移分散机制，探索建立中央、地方财政支持的再保险体系。2008 年中央 1 号文件继续提到，尽快完善政策性农业保险经营机制和发展模式，建立健全农业再保险体系，逐步形成农业大灾风险转移分摊机制。2009 年国家政策进一步深化，对农业大灾风险管控提出更高要求，文件指出：加快建立农业再保险体系和支持的巨灾风险分散机制。2010 年、2012 年、2013 年的中央 1 号文件中多次提到，健全农业再保险体系，逐步推进建立由中央财政支持的农业保险大灾风险分散转移机制。

《农业保险条例》第八条规定“国家需建立财政支持的农业保险大灾风险

分散机制，具体办法由国务院财政部门会同国务院有关部门制定”，如此，国家对于建立大灾风险分散机制的问题以法律法规的形式做出了明确要求。这一系列的国家政策文件都提出要健全农业再保险体系，成为中央指导再保险工作的重要信号。

四、巨灾再保险制度研究

再保险是国际上一种最典型的巨灾风险分散方式，而巨灾风险又是推动现代再保险发展的重要因素。作为“保险的保险”，再保险的特性赋予大数法则更深层次的内涵，使巨灾风险能够跨时间和空间实现分散，因而又被称为是“巨灾保险的枢纽和核心”。通过再保险，一方面可以将大数定律应用于更广泛的区域内，在全球范围内聚集风险单位，从而使局部地区不可保风险成为可保风险。另一方面可以将巨额损失分散给其他保险人，从而由众多保险人共同承担巨灾风险。历史数据表明大灾再保险可以保护直接保险公司减少巨额索赔，降低因大灾损失带来的破产风险。如 1985 年墨西哥大地震，1988 年吉尔伯特飓风最后赔偿责任的 98% 以上都是由国际再保险集团支付的。9·11 恐怖事件所造成的损失中，60% ~70% 的赔偿也是由全球在保险市场承担。

直接保险公司向再保险公司转移风险的程度可以用分保比例来衡量。瑞士再保险集团的一项研究表明，再保险是经充分证明的可以为保险公司提供巨灾损失保障的重要手段，特别地巨灾超赔再保一般是寻求巨灾损失保障的保险公司的最佳选择，其中只有极少数资本金非常雄厚的保险公司对再保险的需求较低。瑞士再保险集团通过对 84 家公司的样本数据分析发现，2012 年非寿险业务的分保比例为 35% 左右，毛保费收入为 1 亿瑞士法郎的保险公司比保费收入为 10 亿法郎的公司分保率平均高 8%。图 4 –9 标示了 84 家非寿险保险公司在 2005 至 2012 年之间的分保率（分保率为分保额比毛保费）。

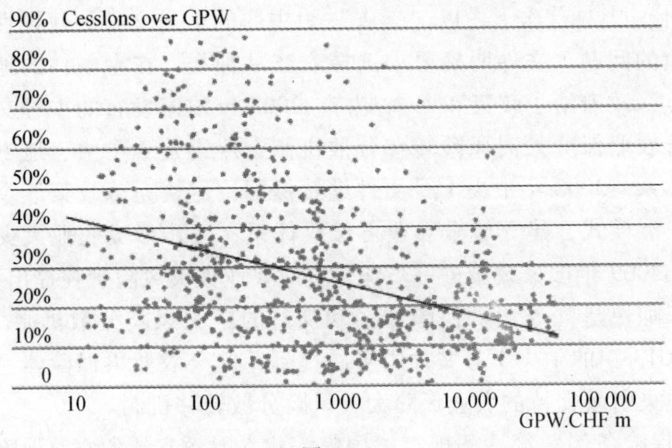

图 4 –9

保险公司资本金情况也对其分保行为产生影响：保险公司资本金充足性越低，其所能承担大额索赔的能力就越弱，就上图所示，偿付能力比率（在此指资本除以毛保费）每降低一倍，分保率就上升约2%。

根据瑞士再保险客户的数据统计发现，在全球自然灾害和人为灾难频繁发生的2000～2008年期间，有12%的公司（占直接保险毛保费收入的4.6%）从再保险公司得到的巨灾损失赔款超过了其资本金（如图4－10所示）。大约23%的公司（占直接毛保费的9.3%）从再保险公司得到的巨灾损失赔款超过了其股东权益的三分之一，即使是在灾难相对较少的2004年，从再保险公司得到巨灾赔款超过其资本金的保险公司比例为11%，对这些保险公司而言，如果他们没有进行巨灾风险的再保险安排，巨灾损失将会使他们的资本状况受到威胁乃至破产。

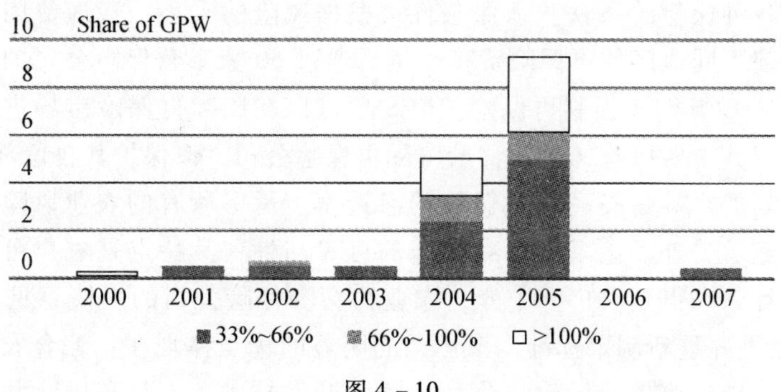

图4－10

中国是世界上自然灾害频发、巨灾损失较为严重的国家之一。据世界银行统计，1990年至2011年间，中国因灾所致直接经济损失占国内生产总值的比重为2.38%，而同期高收入国家仅为0.35%，低收入国家也仅在1.1%。中国平均每年约有1/5的国内生产总值增长率因自然灾害损失而抵消。目前，世界巨灾保险补偿率平均水平是30%左右，最高达70%，而我国巨灾保险补偿率在东部经济较发达地区也仅为10%左右。

所以，基于我国巨灾风险管理现状，需要尽快完善巨灾风险分散机制，加强国际合作，寻求国际再保险支持，利用发达国家成熟的再保险市场，分摊国内保险市场难以承担的农业巨灾风险损失。

五、农业大灾风险分散机制国际经验借鉴

考察若干发达国家巨灾保险体制，总结他们在农业巨灾风险和再保险安排方面的经验和教训，对于建立和完善我国巨灾风险管理体系，具有重要的现实意义。

（一）西班牙模式

目前西班牙模式创立于 1978 年，其农业保险模式一直被认为是新兴市场的典范来学习和效仿，属于公私合营的经营形式，主要涉及三个参与者：(1) ENESA，作为农业部的一个下属机构，其主要职能为：提出并落实年度农业保险计划；对风险预防措施和保险范围进行研究。(2) 共保联合体 (Agroseguro)，一个由 60 家私营保险公司组成的共保联合体，对巨灾风险保单进行控制和管理。还负责对保险赔偿联合会（CCS）的再保险收取一定的补贴费用。(3) 保险赔偿联合会（CCS）是一家公共企业，受安排法定分保的经济部控制，属于国家参与管理的法定机构。每年 ENESA 都要制定一项农业巨灾操作计划，规定承保哪些风险、保费补贴范围和投保期限。Agroseguro 具体制定各种保险的条款和承保条件，根据风险的大小、管理费用和再保险费用来制定不同地区的再保险费率。然后通过 60 家私营保险公司的网络来销售保单，从 CCS 购买强制再保险。CCS 还可以在国际再保险市场进一步购买再保险，将其主要风险二次转移给国际再保险公司，以保护其自留部分。

该计划的目标是提高农业保险的渗透率，承保所有的农业风险，确保农民收入稳定。另外，该系统具有极强的可参与性，其特点是农户可以参与保险产品设计，在得到农户、中介、农业协会和保险公司的反馈意见后，ENESA 不断改进并重新制定标准。该体系的明显的优点体现在：综合农业保险体系，承保各项农业生产风险；公私合营为开发技术、产品和风险共享搭建了一个独特的平台；管理高度集中，大大降低了经营成本；险种丰富多样，稳定性较好。

（二）墨西哥模式

墨西哥模式是一个公私合营的混合体系，政府参与形式多样。政府不仅提供保费补贴，而且还对互助基金提供再保险（通过 Agroasemex），同时，还提供了技术援助，推动农村产业的发展。Agroasemex 受托开发创新性产品，而私营部门则可以自由销售任何种类的产品和服务。农户可以在互助基金（FONDEN）框架下联合起来，以获得基本的保险保护和巨灾保障。联邦法律要求互助基金必须对其责任提供百分之百的担保，如此墨西哥政府就成了这个保险方案中的第二被保险人，其意识到这只是实现更充分大灾风险管理制度的第一步。基金的具体分配方式为：全部保费（包括联邦补贴）的 20% 支付给再保险人，作为再保险平均风险成本，其余 80% 中的 25% 可专门用于支付营业费用。其余 60% 可作为流动准备金，用以巨额损失赔偿。该风险保障系统的优势体现在：极大地促进了农业发展，全方位的保障了农民的利益；

通过互助基金框架将资本重新投入农业领域，同时可以减少道德风险。

在这些保险体系中，促进农业发展是一个共同目标。比较发达的模式都是采用了公私合营，个人参与，作为进一步完善市场的关键，发达保险市场的经验证明公私合营的生命力体现在对社会保障和经济效益的平衡上。例如美国多重风险农作物保险计划强调的就是一个由政府出资支持，通过私营保险团体落实的体系。依靠后者专业的精算定价能力和产品开发技术，减少逆向选择的产生和国家独营计划的激励错误。

将巨灾风险在一定的低于范围内分散，是扩大承保能力，稳定经营成果的最佳方法，而再保险则是实现此解决方案的最佳途径。再保险人一般是国际范围内运作的，因此可以对巨灾风险进行全球性平衡。（孙祁祥，2004）从某种意义上讲，无论是采取纯粹的市场保险机制，还是通过政府支持的保险集合来提供保障，都必须以妥善的再保险安排为前提。

六、完善我国农业再保险制度的思考

我国的农业巨灾风险管理起步晚，规模小，保障面窄，社会认知度不高。透过2008年冰冻灾害和汶川大地震可以看出，巨灾保险的特殊性和巨灾保险市场失灵的困境决定了我国的巨灾风险管理体系必须是建立在政府、保险公司、投保人共同参与和分担风险的机制上，即政府在巨灾保险的供求平衡上发挥主导作用，通过强制保政策优惠和超额再保险，并作为大灾风险的最后承担者。直接保险公司通过市场化运作手段和再保险风险转移手段，借助全球资本市场在空间内分散巨灾风险，提供降低损失的程度的预防措施，推动农业社会可持续发展。

1. 大力推进再保险市场建设。（1）引进国际再保险公司。开放再保险市场，引进资金实力雄厚、精算技术精湛、经营经验丰富的国际知名再保险公司和组织，如慕尼黑再保险公司、瑞士再保险公司、英国劳合社等组织，增强国内保险市场的风险分担能力。（2）支持本土再保险公司和保险中介的发展。借鉴别国经验的基础上，大力培育国内再保险公司和再保险经纪公司，活跃再保险市场，便利再保险交易。

2. 选择合适的再保险方式。国际上普遍有两种方式：一种是认证法，此举适用于常规风险（雹灾、火灾等），由大批量的再保险人每人承保很小一部分的限额。因为受再保险人本身的资本金和后备基金的限制，只能依靠他们支付损失中较小的部分。二是分层法，就是设置若干层次的超赔分保，通常第一层次的起赔点就是分出公司的自留限额，第二层次的起赔点为第一层自留额与再保险责任额的合计，第三层为第二层的起赔点与再保险责任额的合计，以下各层依此类推。这种分层再保险制度可以充分满足分出公司对巨灾保险的巨额分保要求，有利于巨灾风险在各个再保险人之间分散，使巨灾风险进行全球性平衡。

3. 划分风险分担比例。政府、保险人、再保险人和农户共同承担巨灾风险。可以将巨灾损失分为三个相互衔接的基本层次：初级巨灾损失，中级巨灾损失，高级巨灾损失（孙祁祥，2004）。初级巨灾损失完全由参与该机制的保险人和被保险人承担。中级巨灾损失由参与该机制的保险人和再保险人承担50%，政府承担50%。高级巨灾损失由政府承担80%，再保险人承担10%，保险人承担5%，被保险人承担5%。当然，上述的具体比例、总限额的确定以及初级、中级和高级巨灾损失之间的划分还应根据国内巨灾发生的历史经验数据和参与各方负担能力进一步研究。

4. 加强再保险监管。按照《保险法》的规定，加强对经营农业保险的各个主体进行再保险计划的检查，评估保险公司责任自留是否过量，是否影响偿付能力。

第七节　信用保证保险业务的发展策略及风险管控[①]

信用保证保险对促进贸易、消费和中小企业的发展以及对保险业自身发展的作用早已成为共识。近年来，信用保证保险成为财产险中增长最快的险种，据统计，2014 年信用保证保险保费将近 200 亿元，同比增长 66%，支持 14.2 万家小微企业获得融资 997.1 亿元，在财产保险中的增长贡献度达到 7.5%，服务经济实体的能力大大增强。保证险的增长主要来自于中国平安财产保险股份有限公司和阳光财产保险股份有限公司（以下简称平安财险、阳光财险），已经成为其仅次于车险的第二大险种，合计占信用保证保险市场份额的 88.3%。2014 年 8 月国务院发布的《关于加快发展现代保险服务业的若干意见》（简称“新国十条”）提出：“加快发展小微企业信用保险和贷款保证保险，增强小微企业融资能力；积极发展个人消费贷款保证保险，释放居民消费能力”。

虽然国内外信用保证保险的发展为公司开展这一业务提供了很好的借鉴和参考，但是由于信用保证保险具有风险较高、风险暴露周期较长、消耗资本大等特点，且当前中国经济处于增速下行周期，面临的不确定性因素较多，如何在风险可控的前提下实现信用保证保险的长期健康发展是公司当前面临的一个重大课题。我们拟从信用保证保险的法律性质、业务模式、发展策略

① 作者：聂尚君（1973~）、赵永斌（1961~）、秦晓磊（1985~），中华财险总公司。

和风险管控等方面进行讨论，希望能够对公司信用保证保险业务的持续健康发展有所启发。

一、信用保证保险简介及法律属性探讨

（一）信用保险简介

信用保证保险是以义务人的信用为保险标的的保险，是随着商业信用的发展而产生的一种相对新型的保险业务。信用保证保险按照投保人不同又可以分为信用保险和保证保险。信用保险是保险人根据权利人（比如货物买卖中的卖方）的要求担保义务人（比如货物买卖中的买方）信用的保险，又可以分为出口信用保险、投资保险、商业信用保险和个人信用保险。保证保险是由保险人为投保人（比如借款人）向被保险人（比如银行等债权人）提供担保的保险，当投保人不能履行与被保险人签订合同所规定的义务，给被保险人造成经济损失时，由保险人按照其对投保人的承诺向被保险人承担代为补偿的责任。实务中保证保险产品居多，信用保险产品相对较少，为了保证产品使用的灵活性，保险公司在开发保险产品时一般并不在条款中明确投保人，而是将产品统一命名为信用保证保险。出口信用保险等属于政策性保险而由中国出口信用保险公司专营，这里主要针对国内商业信用保证保险和个人信用保证保险展开讨论。

（二）信用保证保险的法律属性

伴随着信用保证保险的发展，对其法律属性的争议一直不断，其属于担保还是保险直接决定了法律适用的顺序以及各当事人之间权利保护的次序，同时也对信用保证保险市场的健康发展有着重要影响。

1. 保证保险法律属性之争。1983 年，国务院通过《财产保险合同条例》，将信用保险和保证保险确定为财产保险险种。中国人民银行作为当时的主管机关，也通过《保险管理暂行规定》将信用保险和保证保险作为主要财产保险险种列明。但在“中国工商银行苏仙区支行和中保财产有限公司苏仙区支公司保证保险合同纠纷一案中”，之后接替人民银行承担我国商业保险监管责任的中国保监会在 1999 年 8 月答复最高人民法院的复函中，明确表示“保证保险是财产保险的一种，……保证保险合同与保证合同的区别在于，保证合同是保证人为担保债务人履行债务而与债权人订立的协议，其当事人是主合同的债权人和保证人，被保证人不是保证合同的当事人。保证保险合同的当事人是债务人（被保证人）和保险人（保证人），债权人一般不是保证保险合同的当事人，可以作为合同的第三人（受益人）。”但最高人民法院不同意该观点，并在针对该案的经监复审［1999］第 266 号函中表示“保证保险虽

是保险人开办的一个险种，其实质是保险人对债权人的一种担保行为”。2003年，最高人民法院发布《关于审理保险纠纷案件若干问题的解释（征求意见稿）》，仍然将保证保险定性为担保合同，但该征求意见稿最终未正式下发。2009年《保险法》修订时，立法机关仍然将信用保险和保证保险作为财产保险险种予以确认。

关于保证保险法律属性的争议也基于立法机关和司法机关态度的不同分为两种：一种观点认为，保证保险名为保险，实质上仍然是担保，是保险公司就债务人所应当承担的债务向被保险人（一般为商业银行等金融机构）承担保证责任，保证保险实际上承担的还款风险主要是债务人主观道德风险，与保险合同下的保险标的即可保风险所具有的客观性不相符。另一种观点认为保证保险的功能在于转移风险，这与保险分散风险和提供补偿的功能相符；保证保险合同是独立于主债务合同的独立合同，显然与担保合同作为从合同的性质不同。

2. 信用保证保险合同的法律属性探讨。2009年新《保险法》修订以后，对保证保险法律性质的争议有所减弱，但并未停止。保证保险和担保的存在，都是为了保障债权人的债权能够实现，二者都存在债权保障和风险转移的功能，但认定一份合同属于保险合同还是担保合同，需要从其合同的主要功能和合同目的角度进行判断。

保险的基本功能是分散风险和补偿损失，担保的基本功能是为保障债权的实现，主要靠项目自身的反担保措施覆盖项目本身损失，二者主要功能明显不同。信用保证保险是一种带有担保性质的保险，分散风险和补偿损失是其最主要的功能。信用保证保险合同与其基础借款合同间是彼此独立的合同，并不是担保合同和其主债权合同之间的从属关系，保险责任的功能和担保功能的重叠并不能否定信用保证保险的保险属性。相较于担保制度，保险人依靠其专业优势，利用大数法则、严格的核保规则和严密的风险控制措施以及追偿能力，能够高效率地为借款人顺利获得贷款提供增信，无论是从商业效率还是交易成本考虑，对借款人和贷款人来说都是较优的选择。如果司法系统随意否认保证保险的保险属性，其结果将挫伤保险人开展保证保险业务的积极性，也会对我国目前不发达的信用体系和融资渠道造成负面影响。

二、信用保证保险在实务中的主要经营模式

20世纪80年代初，中国人民保险公司开展了第一笔长期出口信用保险业务，此后，财产保险公司在汽车和住房信贷激增的市场环境下，陆续推出了汽车消费贷款保证保险和房屋抵押贷款保证保险，但至2003年前后由于缺少经验，风险管控不到位，累积风险过大，各保险主体陆续停办，保证业务经

营遭遇重大挫折。但整个行业和各保险主体面对巨大的市场需求并未停止不断探索的步伐，总体而言实务中有以下五种典型模式：

（一）消费信贷保证保险及平安模式

2006年，平安财险率先在市场推行个人消费信用贷款保证保险并采取事业部制经营“平安易贷”的品牌。平安财险自2007年开始采用“信用保证保险+银行贷款”方式发展小额个人无抵押贷款保证保险，引入国外先进的风险管理团队，并采取试点方式，逐步构建严密的风控体系，保证业务各个环节对风险进行独立判断。经过两年多的推广，平安财险已经在全国20多个省市地区开展业务。

随着互联网金融的发展，平安财险开始逐步丰富产品种类，通过网销、电销、大型电商扩大获客面。同时，平安财险与平安银行、平安信托、陆金所等开展了贷款、保险、资产证券化等全价值链的金融服务，进一步扩大金融集团的优势。2014年，平安财险将信用保证保险事业部从深圳迁址上海，利用上海全国金融中心的资源优势为促进其在全国拓展小额消费信贷保证保险业务奠定基础。

（二）小微金融服务及阳光模式

阳光保险的信用保证保险走出了完全不同的经营模式。当其他财险公司在考虑如何防范投保人个人和银行的道德风险和业务风险时，阳光保险进行逆向思维的操作：既然在现有的保证保险模式下，保险公司承担最终的风险责任，保险公司就应当充分掌握业务的主动权，积极经营风险。

自2012年成立小微金融服务部开始，阳光保险在全国57个城市建立上百家门店，业务范围涵盖个人消费类、经营类、抵押类及中小微企业类贷款保证保险。通过这种直营的方式，客户可以直接向阳光保险提出贷款申请，由阳光保险对客户进行筛选，然后向建立合作关系的银行申请贷款。通过对客户的直接筛选，阳光保险不仅可以直接积累客户数据，更可以自己控制风险。可以说，阳光保险的保证保险业务实际是在“为客户提供满足其需求的金融贷款咨询服务和解决方案”。这也可能是阳光保险为什么将其事业部命名为“小微金融服务部”而不是“信用保证保险事业部”的原因。

（三）小额企业贷款保证保险及宁波模式

小额企业贷款保证保险直到2009年才在宁波开始试点。宁波市政府建立了超赔补偿机制，首创了银行、保险、政府相结合的小额贷款保证保险模式，覆盖了人保财险等五家试点保险公司和中国农业银行、宁波银行等四家商业银行。在业务流程上，银行首先对借款人的材料进行初审，符合借款条件的向设立在保险公司的小额贷款运营中心提出投保申请，银行对核保通过的借款人办理贷款手续。另外，宁波市政府针对企业小额贷款保证保险建立了失信惩戒机制，将企业和个人的失信行为纳入到人民银行征信系统，并对失信行为施加取消各类优惠政策、财政补助等资格的威慑措施，司法机关也加大了对恶意骗贷等行为的打击力度。根据宁波保监局的统计数字，小额贷款保证保险业务综合成本率97%。该模式目前已经较为成熟，整体风险可控。2014年中国保监会和浙江省政府决定在宁波建设保险创新综合示范区，并尝试将小额贷款保证保险的经营推广至食品安全责任险等关系民生保障的领域。

除了宁波，其他地方也进行了一系列尝试，但总体而言都是宁波模式的翻版和改进。2010年太平洋保险与上海市政府开展科技型中小企业短期贷款履约保证保险，并建立风险补偿金制度，由保险公司、风险补偿金、银行共担风险。2011年，华泰财险与北京海淀区政府、北京银行等签署了科技型小企业履约保证保险香港协议，但因对贷款企业门槛设置过高，企业参与积极性不高，试点效果不佳。2012年，太保财险与中国工商银行在浙江推出“易保贷”，银行和保险公司按照“三七开”比例承担贷款损失。

（四）股东业务保证保险及中银模式

中银保险是国内首家银行全资保险公司。中银保险利用其股东中国银行的品牌、渠道、客户资源和业务机会发展保险，通过资源和流程的整合达到深层次的合作。

中银保险充分利用股东协同效应推进信用保证保险业务发展，将信用保证保险作为银保特色产品推广，信用保证保险成为中银保险的第二大业务板块，目前已经形成“个贷保（个人贷款保证保险）”和“企贷保（企业贷款保证保险）”两个产品系列，为控制中国银行贷款不良率提供保障。

中银保险的银保合作模式通过借款人资质信息的共享，共同防范借款人的道德风险，同时作为关联方避免了银行简单将风险转嫁给保险公司，使得中银保险可以很好地控制赔付水平，同时实现了控制银行贷款不良率和保险盈利的双赢效果。

（五）涉农信用保证保险及政府主导模式

农村小额信贷保证保险在安徽、上海、广东佛山等地也在试点进行。安徽省开展的“草莓种植信贷保险”，由财政补贴80%的保费，涵盖农业生产、借款人信用及人身意外伤害等可能造成违约的风险。

上海市政府作为安信农险的股东推广引导开展涉农信贷业务，并通过合作社内部组织农户互助担保和联保来降低风险，也同时要求参与的合作社将其生产类财产在公司全部足额投保。另外，实际业务中也通过政府和银行共同建立保险信用信息平台，对合作社进行评级等方式控制风险，降低赔付水平；广东佛山的涉农贷款保证保险同样由政府扶持，保费的一半由当地政府补贴，并由政府建立1 000万元的风险保障基金，对赔付率超过120%的部分，由政府承担80%，贷款机构（农信社）承担20%。主要的风控措施是政府、银行及保险公司三方合作进行贷前风险评估，同时设置赔付上限。

以上小额信贷保证保险并不纯粹以借款人信用作为保险标的，而是不同程度地以“借款人意外险”等形式开展保险业务，即保险责任通常约定为“借款人发生人身意外而无法偿还贷款”时，保险公司承担赔偿责任。像黑龙江、宁夏等地就直接把借款人人身意外伤害险称为“小额信贷保险”，后期试点的小额信贷险也基本上借鉴这种模式。即便是先行试点并在模式上有所突破的宁波，借款人在投保小额信贷保证保险的同时，也必须投保借款人意外伤害保险作为保障，针对投保人的风险状况，还会要求投保人在购买小额信贷险的同时投保相应的财产险或者农业险，以降低小额信贷的风险。

（六）其他信用保证保险产品

目前市场还有建设工程履约贷款保证保险、租赁信用保证保险等产品，这些产品保险公司在经营过程中也会因保险标的的不同采取不同的风控措施，但业务规模并不大，而且均处于摸索阶段，从目前情况看尚无十分成熟的经验可以参考和借鉴。

三、信用保证保险的监管要求及风险管控

业务经营需确保“合规经营和承保盈利”的底线，合规的保险产品和严谨的风控措施是业务能够健康发展的重要保证。

（一）信用保证保险产品的监管要求

中国保监会《财产保险公司保险条款和保险费率管理办法》（保监会令2010年第3号，以下简称“《办法》”）及《关于实施〈财产保险公司保险条款和保险费率管理办法〉有关问题的通知》（保监发［2010］43号，以下简称“《通知》”）是目前监管财产保险公司保险产品的主要监管文件，对保险条款和费率分别提出了要求。

信用保证保险产品根据保险期间的不同，分为备案类产品和审批类产品。对保险期间超过一年的信用保证保险产品，应当将保险条款、费率及法律责任人声明、精算责任人声明和精算报告等材料报送中国保监会审批。法律责

任人需保证保险条款符合法律法规的规定、不得损害投保人和被保险人的合法权益、保险合同要素完备、文字准确等；精算责任人则需要保证保险费率按照“风险损失”原则厘定费率，并保证费率定价合理，满足“充足性、适当性和公平性”原则。一年期以下的报备类保险产品除了不需要提交精算报告以外，其他监管要求与审批类产品相同。

《办法》和《通知》对保险产品的监管规则弹性较大，给保险产品的研发和审核带来了较大的监管压力，除了保险产品的合法性可以判定外，公平、合理等原则性的规定在保险公司实践与业务创新中往往难以掌握，保监会曾经以产品“保险责任表述不严谨、设计不合理”，“产品信息披露不规范”向两家保险公司发出监管函。另外，在费率厘算上，因为缺少数据，对保险定价中需要的纯风险损失率难以确定，很难保证产品定价符合监管要求。除了监管规则本身的模糊外，因保监会允许报备类产品先使用后报备，保险公司为了顺利开展信用保证保险业务，将长期险业务人为规定为不超过一年保险期间，这种“长险短做”的方式由于影响准备金提取进而影响偿付能力，可能也会产生监管风险。

目前，保监会审批通过的长期信用风险产品类型相对单一，主要是企业贷款信用保证保险。保监会对融资租赁信用、涉农贷款保证保险等新产品的监管态度还不明确。相信随着“新国十条”关于“保险服务经济结构调整功能”建设的推进，随着第二代偿付能力监管制度体系的发布以及保监会“放开前端、管住后端”监管思路的落实，信用保证保险产品的监管尺度相信会适度放松。

（二）信用保证保险的风险及管控措施

信用保证保险作为高风险业务，对保险公司风险管理要求较高，尤其是在我国征信体系不发达、缺少有效的信用风险评估工具的情况下，信用保证保险所面临的风险更不可掉以轻心，21 世纪初人保等公司经营汽车消费贷款保证保险和房屋抵押贷款保证保险出现的大量风险问题就是教训。

1. 保证保险的主要风险。保证保险业务经营面临的风险有别于其他险种：一是承保对象较为集中，易受经济大环境影响而引发系统性风险。客户群体多为小微企业，其经营状况和还款水平易受经济波动影响出现系统性风险，尤其是地方政府主导下的贷款保证保险项目，承保风险更加集中。二是风险审核及后续跟踪管理难度大，存在逆选择风险和道德风险。一方面，在目前的信用体系下，保险公司缺乏信贷数据库，金融子行业之间信息共享不足，且缺乏资信调查、风险管理专业人才，保险公司难以获取对还款义务人风险评估所需的充足资料，难以对其真实信用状况做出准确的判断，存在逆选择风险；另一方面，由于缺乏对还款义务人经营状况、贷款真实用途的持续跟踪监控手段，不能及时掌握还款义务人还款能力、信用状况的变化，也存在道德风险。三是风险分担机制不健全。保险公司承担大部分甚至全部风险，易使银行放松资信审查。再保险分出困难，地方政府超赔补偿基金规模不大，保险公司风险承受能力有限，难以有效扩大承保规模。四是催收和追偿手段有限。以贷款保证保险为例，一般情况下，保险人对投保人提供给被保险人的抵押物、质押物等没有审查的权利。发生保险事故后，上述担保物由被保险人优先受偿，保险人赔付不足部分，赔付完后，保险人有权向投保人进行追偿。而此时，投保人已基本无财产可供执行，赔款将无法追回。目前各主体追偿成功率仅在8%～15%之间，通过追偿挽回损失的覆盖率很低。

2. 保证保险主要风控措施。目前保险行业对信用保证保险的主要风险控制措施可以分为以下几种方式：

（1）明确资信调查的责任主体，保险公司独立核保。信用保证保险产品，尤其是贷款信用保证保险合同中均约定了商业银行作为借款人资信审查的责任方，对商业银行违背《贷款通则》等规定发放贷款的损失不予赔偿。另外，保险公司可以加大专业队伍建设和信用风险评估工具的引入，借鉴银行业和担保业的成熟经验，在资信调查的基础上，进一步丰富产品，细分客户群，制定差异化费率，进行有效的风险控制。

（2）与政府、银行建立风险共担机制。为防止因信息不对称造成逆向选择，也为了防止银行简单转嫁风险给保险公司，保险公司应更多地参与由政府主导、银行共担风险的具有政策性的信用保证保险业务，借助政府的力量和风险共担机制，降低赔付成本。

（3）规范公司内部操作，加强内部风险管控。在车险等传统保险业务领域和信用保险发展初期，保险公司已经经历了粗放和恶性竞争阶段，为了争抢业务往往通过提高手续费、降低费率、随意扩大保险责任等方式招揽客户，对保险公司的健康发展带来了很大的伤害。保险公司只有改变过去“重承保、轻理赔”的做法，强化考核，才可能保证业务的长期可持续发展。

除以上措施外，我们在经营信用保证保险业务过程中还可以采取一些内部管控措施强化风险管控：比如严格筛选信用等级好、抗风险能力强的客户，把好入口关；将业务核保、核赔权限上收到总公司统一管理；通过资信调查、费率浮动等多种手段进行风险管控；通过估算损失，合理厘定保险费率，以充足的保费覆盖可能出现的风险损失；引入信用限额管理工具，参考银行的授信额度，核定客户的信用限额；通过再保和超赔，将核心客户的风险分散到公司外；引进精算、风险管理、承保、理赔、再保险等专业人才，从产品定价、承保、理赔、再保险等各环节提升队伍专业能力和风险识别、控制能力；通过将业务系统与央行征信系统相连，实现风险的实时监控等等。

四、信用保证保险发展策略及建议

信用保证保险业务承保标的是义务人的信用，由于我国目前国内社会信用体系不健全，个人征信市场不发达，小微企业信用信息的获取、分析、运用等机制缺失，因此信用保险业务虽然近年来获得迅速发展，但影响信用保证保险业务发展的主要障碍仍未彻底解决，整体赔付风险不容乐观。我们认为，中华财险可以结合自身优势和业务能力，充分利用外在市场环境和政策环境，做实信保事业部，贯彻有所为有所不为的发展策略，现阶段重点发展集团协同业务（资产信用保证保险）、消费贷款保证保险、企业贷款保证保险和涉农贷款保证保险等四大类业务。

（一）结构化金融产品的保证保险业务以集团协同业务为主

目前财产险市场上，专门为结构化金融产品提供信用保险保障的产品尚不多见。中华财险的资产信用保证保险能够获得保监会审批也主要因为产品的适用范围限于中国东方资产公司旗下的股东业务，风险相对可控。中华财险目前为中国东方资产各平台公司开发的专属资产信用保证保险产品，以广义的资产合同的履约风险作为保险标的，在给付义务人未履行资产合同约定的给付义务且超过给付义务期限（赔款等待期）的情况下提供保险保障。在保险产品中，资产合同也被宽泛地定义为“债权转让协议、债权收益权转让协议”等。

2014 年接连爆发信托兑付事件，中国保监会对金融领域的风险交叉传递高度警惕，为避免出现系统性风险，保监会 2014 年 11 月下发了《关于严格规范非保险金融产品销售的通知》，严查无资质销售非保险金融产品的行为。未来中国保监会对资产证券化信用保证保险的态度还需要观察。鉴于资产证券化中的信用保证保险业务短期内无法形成规模，风险比较集中，并且也很难通过共保和再保险的手段分散风险，因此，结构化金融产品的保证保险建议仍以股东业务为主。

（二）利用个人征信业发展红利，大力拓展个人消费贷款保证保险

消费贷款保证保险业务的发展目前正处于外部环境较好的时期。2014 年是中国互联网产业全功能接人国际互联网的 20 周年，在互联网带动下的消费也获得长足发展，以阿里巴巴为首的互联网公司积累了大量的消费数据，商业银行也因为这些年信用卡、理财等个人业务的发展积累了大量的个人信用记录。2013 年 12 月中国人民银行出台《征信机构管理办法》，明确中国将允

许开设个人征信机构。2015 年 1 月，央行分别授予阿里巴巴旗下的芝麻信用、腾讯征信、中国平安旗下的深圳前海征信中心等八家机构个人征信业务牌照。根据方正证券的研究报告，目前仅 2 亿元规模的个人征信行业市场会大大加速，很可能在未来 10 ~ 15 年内达到千亿元级别。

在消费信贷保证保险业务中引入个人征信评估机制，将为中华财险对业务风险定价提供充足的数据，并能够充分利用个人征信体系现有的风险约束机制（个人在房屋按揭和信用卡申领方面的惩罚机制）防止个人消费贷款保证保险客户的道德风险和逆向选择问题，率先在个人客户数据累积和风险管控方面获得领先优势。

（三）采用风险共担模式开展中小企业贷款保证保险业务，逐步建立严密的信用风险评估机制

根据“新国十条”关于利用信用保证保险增强小微企业的融资能力的政策精神，2015 年初保监会会同工业和信息化部、商务部、央行、银监会等五部门联合印发了《大力发展信用保证保险，服务和支持小微企业的指导意见》，重点提出建立银保信息互联互通以及试点放开央行征信系统等重点举措，引导保险公司通过“政府 + 银行 + 保险”多方参与、风险共担的合作模式，经营小微企业信用保证保险业务。

风控措施方面，更多采取政府主导下的风险共担模式，一方面可以借助政府力量，引入失信惩罚机制，打击违法骗贷行为，防止借款人道德风险；另一方面，银行与保险公司共担风险，也可以有效防范银行逆选择风险，避免前些年部分保险公司开展汽车、房屋贷款保证保险过程中出现的保险公司兜底、风险无法控制最终危及偿付能力等问题。实务中，可以参考信用担保业务的实务操作经验，建立标准化的操作流程和信用评估体系，对企业基本情况、财务状况、经营管理水平等多角度进行评估，积累经验和人才，同时跟进企业信用体系建设，逐步转向市场化操作。

在保监会于 2015 年开始试行的“偿二代”监管体系下，对于信用保证保险的资本要求较高，为做好风险总量控制，避免信用保证保险业务领域的风险暴露击穿公司的整体风险偏好，进而影响公司的整体偿付能力，建议公司借助风险偏好管理工具，为此类业务设定风险容忍度和风险限额。

（四）借助财险优势，根据地区经济选择进行差异化经营

2015 年 2 月 27 日，农业部、财政部召开金融支持新型农业主体座谈会，会议提出“加快建立完善农村信用评价体系，优化农村金融生态环境，探索建立诚信农业经营主体信息库，着力完善针对新型农业经营主体的保险服务，

扩大‘银行+担保’、‘政银保’、‘银行+风险保障金’等多种金融支农模式的推广范围。”

财险公司在经营信用风险方面具备先天的优势，公司可以依托财产经营规模优势和服务网络优势，积极参与国家和地方政府的客户信用体系建设系统工程，加快构建小额贷款保证保险管理平台，尝试开展小额贷款保证保险，形成差异化的小额贷款保证保险业务经营模式。值得注意的是，小额贷款保证保险面临更为严峻的数据和风险约束机制缺失等问题。因此，信贷的开展一方面要充分借助政策支持和风险共担机制，做好政策性保证保险业务，另一方面可以优先选择信用评价体系相对完善的地区开展试点商业性保证保险业务。比如，北京市涉农贷款早已经超过千亿元级别，北京市农民信用户评定面已超过16万户，信用村达到324个，信用镇12个，有5万个贷款农户已建立了电子化信用档案，北京作为试点具有较好的基础条件。

保监会主席项俊波在学习“新国十条”培训班讲话中明确指出：“外部政策的舞台已经搭好，保险公司要把这台大戏唱好”。2014年以来，国务院部委和地方政府都已经或将陆续出台一系列促进中小企业融资和发展农村金融等有利于信用保证保险发展的文件和举措，信用保证保险业务的发展将会成为改变财产险业务格局的重要推手。目前消费信贷保证保险、小微企业贷款保证保险、农村小额贷款保证保险以及中华财险在协同业务中开展的资产证券化中的信用保证保险等还处于发展初期，相信随着外部政策的支持和大数据等创新技术的应用，随着征信行业的发展和风控措施的落地，信用保证保险作为财产险行业新的业务增长点具有广阔的发展空间，必须要抓住这一巨大的发展机遇。同时，基于目前风控措施和配套制度还处于起步阶段，保险公司也一定要充分吸收同业公司和过去经营保证保险的经验教训，落实相关的风控措施，从而在财产险公司拓展信用保证保险这片“蓝海”时占据有利的位置。

第八节　保险公司推广食品安全责任险的措施研究①

发达国家比较成熟的食品安全管理的制度普遍融入了保险机制，《国务院关于加快发展现代保险服务业的若干意见》也表达了在与社会公众利益紧密联系的食品安全等领域，研究探讨开展强制责任保险试点的意思。尽管食品安全责任保险既可给予受侵害消费者经济补偿，还可以承担部分社会管理职

① 作者：李乾坤（1987～），中华财险山东分公司。

能，但是食品相关企业对食品类保险的认识、认可普遍不高，投保积极性很低，这使得食品安全责任险一直处在“叫好不叫座”的被动局面。如何实现食品安全责任险的广泛落地，探讨有效连接供、需双方需求的措施，是现阶段工作的重点。

一、山东省食品安全责任保险市场的推广

根据山东省保监局提供的资料，潍坊、济南、济宁和淄博四个地市的政府比较重视该类保险的推广。

（一）保险公司的推广情况

长安责任将食品安全责任保险定位为公司经营的特色，选择济南市、济宁市和青州市作为第一批开办的城市，以食品药品监管局为试点负责机构，协助当地政府丰富关爱民生重点工程的内容。从 2012 年 9 月到 2014 年 3 月底共 18 个月的时间，长安责任保险共承保山东省内 150 多家企业的食品保障风险，每年可以提供风险保障 1.72 亿元。

中华联合财险淄博中支公司从 2013 年夏季开学起，把全市大中专学校列为重点保障对象，在淄博全市统一开办院校食堂食品安全责任保险，为在校学生提供了一份安心学习的保障。截至 2015 年 7 月底，共保障学校食堂 819 个，出具保单累计 774 笔，保费收入 175.32 万元，承担保险责任 16.10 亿元。

（二）地市政府的推广情况

青州市是北方重要的蔬菜生产、批发地区，2012 年 8 月，青州市政府发文强制推行食品安全责任保险试点，这使得青州市成为全国首个强制试点的县级市，由长安保险提供风险保障。

济南市政府一直高度重视运用保险参与社会管理工作，2013 年济南市食品安全工作办公室与长安责任、太平洋财险两家公司共同签署全市食品安全责任保险战略合作协议，第一期的合作期限为三个保险年度，以先试点后推广为指导，以先重点环节和重点品种再全面覆盖为思路，争取打造一个市级的示范区。该合作协议的承保对象包含奶、蛋、油、肉、酒类等关乎民生的重点品种食品的生产、加工、流通、消费环节的生产经营单位和餐饮服务企业。另外，该协议明确了由政府组织宣传推介活动，并创新性的将推行成效纳入各级政府食品安全工作的重要考核内容。

2013 年济宁市政府给予保险公司税收返还，用这种方式支持承保区内重点的餐饮场所和学校食堂的食品安全责任保险。为进一步完善食品安全责任保险工作，更好地发挥保险的防灾防损作用，长安责任保险公司专门聘请了

食品药品专家，创建了一个食品安全技术咨询、风险防控服务的队伍，在事前可以对企业和员工进行食品安全知识技能培训，在事中利用专家队伍的经验和成绩对参保公司的原材料来源、生产标准、生产执行等进行风险评估，并且进行不定期的抽查，确保原材料的源头安全、加工的流程规范，防患于未然，最大限度地降低食品安全事故的发生。①

2013 年 7 月 25 日，淄博市教育局下发了《关于在全市院校食堂开展食品安全责任保险的通知》，并与中华财险淄博中支公司签订了承保服务方案，淄博中支公司承保了市内 819 所具备食堂经营资质的中小学校的院校食堂食品安全责任保险。2014 年初，《食堂食品安全责任保险》在我公司全国系统举办的年度新产品创新竞赛中，荣获“2013 年度产品创新与推广竞赛活动三等奖”。

与当前我国严峻的食品安全责任风险，以及国内的食品市场与保险市场规模来比较，目前的食品安全责任保险无论从数量上，还是种类上，都有较大的差距。虽然我国的责任保险的发展相比车险的发展慢，但我国已经拥有道路运输责任险、产品责任险等诸多开办比较成熟的责任险，相比之下，食品安全责任险的开展不容乐观，食品业投保的热情远不如工矿业高涨，食品安全责任保险处于“叫好不叫座”的尴尬处境。

二、主要措施及建议

为充分发挥食品安全责任险第三方社会监管的功能，降低风险的发生，降低食品受污染的概率，保险公司应当通过完善风险识别、风险预警、风险控制等机制，健全食品安全风险管理体系，并且辅助政府部门开展食品相关企业的监管和指导，积极参与“预先管理”的风险防范工作，建立承保、理赔数据库，及时总结、发现监管风险经验，并向政府监管部门提出防范建议。同时，完善理赔服务，积极维护消费者权益，多角度参与食品安全治理，构建以“政府、保险业、生产企业、消费者”为主体的新型综合治理制度，研究以“高标准、严监管、重处罚、厉问责”为主题的新型综合治理制度，进一步提高食品安全综合治理能力，最终实现食品安全治理和管理上的多角度、多层次的良性治理状态。

（一）承担社会管理职能

新一届政府提出要深化行政体制改革，其实现的路径就是要通过政府的

① 齐鲁网，山东食品安全责任保险成新热点四地市试点推动，http：//caijing. iqilu. com/bxxw/2014/0707/2054162. shtml。

主导、引导和支持，创新管理制度，把政府的作用与市场和社会的力量相结合，在不断的制度创新过程中逐渐实现政府改革转型，所以，“政府花钱购买社会服务”是深化行政体制改革的重要内容。保险公司要积极接洽政府，推动政府、食品企业、保险公司的三方合作，争取良好的外部环境。

1. 政府试点推广，保险公司落实到位。保险公司的业务技能结合政府监管力，针对食品安全责任保险的广泛推广，通过联合制定、政府发文的形式，分阶段制定实施步骤和预期目标，建立监管部门主导、保险公司配合落实到位的模式。

具体推进过程中，可在试点地区选择重点行业或者范围，分层次的推广。试点地区要结合当地食品产业的特点和发展情况，重点关注与民生的联系密切的领域，选择风险较高的行业，或者已经有法律法规明确必须投保的食品行业，开展保险试点工作。比如在学校、企业食堂、放心早餐工程等民生工程方面率先试点，鼓励肉制品、奶制品、粮油类产品等投保，对餐饮连锁企业、集中配送用餐企业出台投保优惠政策等等，通过在与公众生活密切相关的行业和产品中开展保险试点，让社会和公众逐步认可强制性保险的形式，恢复公众对食品行业的信心。①

2. 制定关联政策，加大信息公开力度。保险试点工作的开展过程中，要注重观察出现的困难和问题，进一步完善惩罚和激励制度，保监会、保险行业协会与政府监管部门全力配合，探索制定与行政审批、税费缴纳、政策倾斜等方面相结合的扶持内容；保险公司运用政策，对积极投保的食品企业，优先获得政策支持，将企业是否投保这个因素，融入企业信用记录和分级管理指标体系当中去，同时作为制定具体承保措施的直接参考。对于强制性投保的行业或者企业，保险公司与政府监管部门要密切沟通协作，明确强制投保的合作机制、服务流程、职责分工、技术规范等，创建“政府+保险”的合作模式。

潍坊市食品药品监管局对辖区内的小餐馆和小饭桌等无证经营的餐饮单位等同持证经营的餐饮单位标准，全部建档进行管理，划分片区指定人员进行餐饮服务达标指导和考核，用制度降低安全隐患。政府还对全市的餐饮单位实施“监管档案、管理制度、管理记录、管理标识、考核培训”五项管理措施，并且要求餐饮服务单位张贴“就餐安全指数”标识卡，标出餐饮单位的食品安全指数，是否投保食品安全责任保险等信息，让市民就餐时放心。

3. 降低投保成本，制定审批关联机制。一是可以参照农业政策性保险的经验，协同政府通过返还企业保费或补贴保险公司等方式，降低企业投保的

---

① 郝鹏：《AY 检测中心食品检验工作质量管理研究》，山东大学，2011 年。

经济成本，提高企业投保的积极性，这样势必会产生良好的社会效益，再加上广泛的宣传，最终形成良好的推广氛围；二是可以仿照车管所审车时必须提供“交强险”保险单的做法，要求食品相关企业在审验证件、例行检查时，必须提供连续、足额投保的食品安全责任保险单，否则不予审验证件或者进行相应的处罚。

4. 反馈落实情况，提供修订决策依据。保险公司建立数据库，将所在地区食品相关企业的承保情况、出险情况进行汇总分析，对问题食品的出险原因进行专业检测，并分行政区域、分行业反馈给当地政府主管部门，与其形成联动，共享技术资源，方便政府掌握政策的执行情况，为制定政府工作考核指标、调整当地奖惩政策提供决策依据。

5. 政企合作研究，制定检验检测标准。保险公司经营风险，必须了解和掌握业务的风险点，并且所有的风险必须是可以量化和控制的。政府、保险等行业可以共同资助研发中心，在吸取国外的经验技术的同时，针对我国的食品工业的实际情况，组建国家级的研发团队、技术指导团队，以弥补目前我国检测标准散乱缺失，检测水平较低的现状。协助政府部门共同制定生产标准，有利于保险公司在风险识别、产品开发、费率厘定、理赔定损等方面开展工作，也有利于限制主观干预食品质量认定的行为，降低道德风险的出现，在源头上减少理赔纠纷的发生。

美国的食品生产标准体系的建立，是以先进的科技研发水平和大量的研发资金投入为基础的。美国食品研究机构掌握关键的食品检测技术，还研发了先进的机器设备，比如美国的检测机构在生物激素残留检测方面处于领先，可检测 220 多种生物激素。基于先进的技术和设备，高端的人才和科研能力，美国的食品监测网络具有完善性、高科技性和高效性，并建立了检测的大数据库，比如保存了 20 多年以来的农药 DDT 等在动物中残留情况的资料档案。依靠先进的食品监测网络和制度，利用领先技术手段和大量的数据积累，美国在食品安全评估技术、新食品入市的安全性评估方面取得了建设性的进展。近年来取得的这些成绩甚至为全球完善检测标准和法律体系作出了贡献，美国的行业标准有 80% 被认定为全球通用标准。①

（二）积极研究市场和产品

目前市场上的食品安全责任保险产品的保障范围、类型比较单一，同质性相当严重，虽然很多保险公司已经开发出多款产品，但由于食品企业管理水平参差不齐，食品种类繁多，不同的生产环节面临的风险也不同，且条款

① 刘芳：“‘洋招’保证食品安全挺有效”，《中国减灾》，2008 年 11 期。

中除外责任较多，影响了食品相关企业的投保积极性以及出险后经济赔偿的全面性。因此，保险公司还需根据不同行业和类别的风险，进一步贴近市场需求，加大对保险产品的研究力度，开发精细化的保险产品。

1. 匹配市场需求，加大科研投入。匹配市场的需求是保险公司创新产品最重要的目的。市场需求是驱动产品创新的主要动力，产品的开发与创新都应该注重改变目前保险产品同质化严重、目标群体细分不明显的现状，以食品行业的需求调查分析为基础，按照满足投保企业的保险需求、满足保险经营效益的原则，针对不同等级类别的食品相关企业、不同的食品销售渠道，设计满足不同需求的保险产品，最终满足食品企业多方位、多层次的风险保障需求。①

2. 细分客户，精细产品研发。目前保险行业的食品安全责任保险同质化较严重，只有个别地区在合作环境良好的情况下，向大型企业或者行业定制开发了专用产品，如“盱眙龙虾食品安全责任险”，而不是对潜在业务主动进行开发，无法激活庞大市场的投保需求。

目前食品工业已经相当成熟，在食品生产、加工、销售、消费各环节都具有专业性和复杂性。面临复杂多样的风险点，保险公司要想经营食品安全风险，需要将食品产业各环节的风险点摸清，细分市场需求，细化目标客户，针对不同环节和行业开发针对性的专用产品，防止出现保险责任与客户需求不匹配、投保险种互相重复等现象。如针对校园营养餐、放心早餐、工作午餐、超市食品等受众广泛的行业开发专属产品，主要承保责任在突发性公共卫生事件；针对儿童食品、保健食品等社会广泛关注的食品，对其营养成分、添加成分单独列明，结合产品质量保证保险，将品种、剂量等作为保险责任，将突出问题重点处理；针对大型企业如“德州扒鸡”、“东阿阿胶”、“金龙鱼食用油”，分析各类产品主要面临的食品安全问题，有针对性地制定保险责任，提高产品的可利用率；针对大型企业，还可将第三方运输、仓储等环节纳入，保证产品从生产线到销售终端整链密闭式承保，形成一个可监督可识别的食品产销过程。

3. 合理设计，扩大保险责任。明确责任范围经过对比，食品安全保险产品的保险条款载明的保险责任赔偿范围大体一致：因被保险人提供的食品发生保险合同约定的食品安全问题，导致的第三方人身伤亡或者财产损失，保险人依照保险合同的约定负责赔偿。另外投保企业或被保险人为减少损失而支出的必要而且合理的施救费用，依法应当由投保企业承担的事故鉴定、公证、诉讼等费用，保险人负责赔偿。

---

① 宋之杰：“保险业服务创新体系研究”，《郑州航空工业管理学院学报》，2009年06期。

目前普遍使用的食品安全责任保险条款中，有五种情形、九个原因、十四项责任，保险人不负责赔偿。例如“被保险人使用劣质的原料”、“食品超过规定的保质期限”、“食品退换、回收、召回所造成的损失”、“食品本身的损失”等保险公司均不负责赔偿。以上这些条款，比如食品本身的损失是消费者和企业比较关心的保障范围；再如使用劣质的原料生产的食品造成的损失，是体现保险救助保障功能的重要体现。对于这些除外责任，保险公司应利用“代位追偿”的方式，勇于承担经济赔偿责任，再依据相关法律对责任方进行追偿，以体现保险业经济补偿、社会救助等重要社会职能，履行企业的社会责任，提高保险业的社会美誉度。

确定责任限额在现行的投保过程中，双方就投保企业生产过程中可能出现的食品安全风险、损害范围、损失程度等因素，确定承保服务方案，方案中明确每次事故赔偿限额、年累计赔偿限额，还可以将赔偿责任细化到每次事故每人赔偿限额。食监管部门和保险监管部门可以根据食品行业的分类特点、企业往年经营情况等因素，发布指导性的责任限额。

厘定保险费率确定费率是投保的重要内容，关系到投保企业的成本支出。一般情况下企业投保商业保险，应该考虑该企业的行业类别、生产工艺、企业规模和历史损失等情况，再通过政府食品赔偿事件的调查，确定公平合理的保险费率。同时允许费率有所浮动，可以根据企业的生产管理水平、信用记录、生产工艺风险等级、历史损失情况等作为费率浮动的因素，形成商业化的收费模式。

开发上下游关联保险产品，预防道德风险食品作为影响民生的商品，一般具有快速消费商品的特征，行业波动频繁，每年甚至每月的销量和利润都会有较大的波动，保险公司要以食品行业的角度，积极开发上下游关联产品，防止因市场情况或者企业经营问题主动降低产品品质、骗保和逃避责任等现象的发生。可通过小额贷款保证保险对企业生产的资金提供担保，通过价格指数保险提高企业的市场风险抵抗能力，通过财产损失险、团体意外险、产品保证保险等险种对生产要素提供必要的补充保障，降低投保企业的经营风险。

（三）提供防灾防损服务

1. 组建风险防控服务队伍。通过协调政府、学术研究机构，聘请专业人士建立食品安全技术咨询、风险防控服务队伍，组织企业和员工进行日常培训，提供安全生产的实现途径；经常性的组织服务队伍与政府执法部门一同对投保企业的库存、生产过程等进行风险调查、评估抽查，确保库存安全、生产流程规范，把可控的风险消除，限制食品安全事故的发生；在发生保险事故之后，可组织服务队伍，对食品安全事故的发生进行分析和总结，尽快找出产生问题的原因，出谋划策，向政府和企业提供预防措施。

2. 协助建立食品追溯和召回制度。食品追溯制度是为了有效掌控食品从农田（原材料）到餐桌（成品）的整个过程，是为了保证食品质量而全链条实施的全程质量监控制度。建立从“农田到餐桌”密闭全链条监控体系，可以变被动为主动，完成从“事后控制”的被动到“事前预防”的主动的转变。食品追溯制度和检验检测的对象包括了种植养殖、收获、加工、包装、运输、储存和销售等所有环节。在具体操作中，利用食品追溯制度，规定必须将原材料的进货渠道登记，种养方必须详细记录种植、饲养过程：在能繁母猪的养殖过程中，专用耳标这个唯一的标记，是养殖方投保能繁母猪保险的前提。另外，对转基因生物设立跟踪追查制度，明确规定生产相关者严格按照要求留存转基因食品的使用过程，为确保对这些转基因食品监管的可追溯性，这些资料至少要存档5年。

随着现代科技的逐步发展，可利用于食品追溯和召回的科技手段越来越多，保险公司应积极利用现代科技手段发展防灾防损的技术。通过推广保险产品，可促进食品相关企业根据企业的生产工艺，使用物联网、现代生物基因技术、网络信息技术等高科技技术，达到生产风险的检测、控制、预警和管理的目的，为消费者提供公开透明的食品生产加工过程。我国已经发布了“食品安全监督、追溯与召回公共服务平台”，保险公司应将经营过程中累计的承保、理赔经验与该平台对接，尽快完善平台的公共服务作用。

3. 协助建立食品安全信息和企业诚信平台。保险公司掌握食品企业安全风险的第一手数据，对企业的生产风险和事故发生的原因调查的比较彻底。通过信息公开，保险公司、媒体和社会共同协同，形成社会舆论压力，保证准确、及时的公开食品安全工作情况，依法公布企业风险等级，给予企业外部压力，监督投保企业主动履行社会责任，保证产品的合格率，这些也是也对企业税费优惠、行政执法、资金支持等方面提供优惠的事实依据。

建立了安全信息和企业诚信平台，在发生食品安全事故之后，政府部门可通平台立即展开追溯调查，确定受事故影响的程度，并向公众及时发布预警信息，查找货源的流通，回收问题食品。同时，还可以将事故资料送检测防疫部门，以便在异地排查风险，降低事态的影响，保护消费者的合法权益。也可采取多种公众乐于接受的形式，如通过微博、微信发布食品安全方面的信息，加大公众宣传力度，引入民间团体的力量，提高公众对食品安全的重视程度，提高商业保险意识，使食品安全工作形成广泛的社会共识，营造推广保险的良好氛围。

美国政府向公众推出了名为“政府食品安全信息门户网站”的食品监督

平台，通过这个平台，公众可以点击进入与食品安全相关的各个网站，即可免费获取到准确、权威、及时的食品安全信息。美国民间自发组织的消费者权益保护团体也是食品安全监管的直接形式，例如 2006 年 6 月，一个美国“公众利益科学中心”的民间团体起诉肯德基在食品生产过程中使用了反式脂肪含量高的烹调油，并获得胜诉及赔偿。①

4. 建立行业大数据库，促进减灾减损。通过建立行业大数据库，对食品安全事故、企业违法等数据进行搜集和分析，提高研发产品的准确性，保险费率与企业诚信情况联动。政府部门要加强食品安全事故的数据收集及分析，并且依法向公众披露信息。保险公司要扩大风险数据库的容量，增加风险维度，逐步成立食品行业之间的信息共享，提升对食品安全风险的管理能力。对于经过加强自身生产经营管理之后，明显降低保险风险的投保企业，可以降低其保险费率或者提高其保险保障范围；而对于生产经营风险一直处于高位的企业，也可提高其保险费率。这样操作的结果，可使保险费与企业风险匹配，还可通过惩罚机制促进企业自身加强经营管理，达到减灾减损的目的。

（四）提升理赔服务质量

1. 严格执行事故报告制度。投保企业发生保险事故后，应当立即执行应急预案进行处置，防止事故损失进一步扩大，并及时向监管部门报告信息，接受主管部门对事故处理的指导。同时，第一时间通知保险公司，协助保险公司开展事故调查和核定损失工作。保险公司在获知保险事故发生后，应第一时间开展事故调查，积极参与事故救助。对于重大事故，应建立重大事故应对机制，及时履行保险责任，实行重大事故预付赔款制度，配合政府部门做好救援及安抚工作。

2. 完善事故鉴定手续。保险公司应向投保企业提前承诺理赔服务全流程和操作规范，对接理赔服务的各具体环节的服务流程和执行规范，建立规范化和标准化的理赔服务。投保企业在索赔时，保险公司应告知“一袋式”理赔资料搜集的要求，精简索赔单证，减少投保企业反复补充理赔资料的情况。

3. 切实提高理赔效率。保险公司要不断优化理赔流程，促使承诺可以落到实处，积极履行保险责任，同时做到不惜赔、不错赔；要不断改善服务形式，在开展上门服务、免费救援等基础上，通过客户回访、满意度调查、交流座谈等形式对服务质量进行自我检查。②

4. 建立理赔监督考核机制。重视客户满意度，将其作为理赔考核的内容，

① 潘振华：“英美等国的食品安全法规”，《观察与思考》，2009 年第 13 期。

② 保监会：《关于开展食品安全责任保险试点工作的指导意见》，2015 年。

杜绝因考核赔付率、压低赔款等行为损害投保企业权益的现象发生。重视现场或非现场的专项质量抽查工作，不仅包含各级下属机构的服务规范性和服务效率指标，还应该单独考核服务改善举措、理赔案件质量、理赔费用列支等方面，要通过制度的约束能力实现对理赔管理和客户服务的监督管理，严格执行对理赔案件的质检考核，避免因人为原因导致的理赔周期长、损失补偿不到位等情况。

（五）设立专项救助基金

在我国现行的公共事件救助体系中，还没有对食品安全事故提供法定的损害弥补机制，目前仍需通过法定的诉讼得到赔偿，过程比较冗长。即使法院判决违法企业作出民事赔偿后，涉事企业又无力支撑经济赔偿时，消费者仍然无法获得合法的赔偿。在这种大环境下，责任保险的经济补偿时效性、赔付广度和深度的优势则显现出来，在保障消费者合法权益、缓解双方矛盾、提供经济补偿等方面可以减轻当地政府的压力。

仿照交强险救助基金，可由地方政府、食品相关行业、保险公司三方联合设立食品安全救助基金，基金日常运转可由第三方管理，一旦发生了安全事故，可以优先使用该救助基金对消费者进行救助或者补偿，遇到比较严重的食品安全事故时，保险公司可提前支付部分赔款，或者动用政府财政的力量，多层次的保障消费者的食品安全，减少对地方经济的影响。

应该提出的是，食品安全救助基金除了应该对购买保险的企业引发的问题进行救助外，对于流动性强，寻找责任主体困难的事故也应该进行一定的救助，以履行保险企业的社会责任，最大程度的发挥食品安全救助基金的社会救助性。

三、食品安全责任险小结

推广食品安全责任保险是维护消费者合法权益、企业维持生产经营、减轻政府财政负担、促进社会公平稳定的需要，面对我国食品安全责任保险推广的现状和困境，如果只依靠市场自身的力量，食品安全责任保险无法得到较好的发展。政府应推动社会多方协作，加大责任保险的宣传力度，对投保的企业予以政策的支持，最终形成有利于食品安全责任保险发展的良好形势。推广食品安全责任险最大的好处就是保险企业在协助政府监管部门处理安全事故、缓解多方矛盾的同时，还可以让受侵害的消费者更加及时得到合法的经济赔偿，一方面直接减轻了政府的财政压力，为政府、食品生产企业和人民群众提供了安全保障，另一方面对重塑消费者信心、维护消费者权益起到积极作用，真正起到了承担部分社会管理的职能。

第九节　银保渠道理财型保险产品销售成本率分析①

保险业的激烈竞争已经无法回避，激烈残酷的竞争最终导致险企综合成本率不断攀升，成本高企势必挤压利润空间，而没有利润支撑的险企是无法生存的；为了生存，险企只能另辟蹊径，常常进入险企并非擅长的非常规传统险领域，目前售卖最为火爆的投资理财型保险就是这一领域典型险种。本文关注险企投资理财产品目前市场行情，尤其关注险企通过银保渠道销售投资理财型保险产品的销售费用率问题。

通过银保渠道销售理财型保险产品的销售成本率主要包括渠道费用率、客户收益率与展业费用率。渠道费用率主要指支付给银行等机构代销理财险的手续费用；客户收益率主要指客户购买理财险时，险企支付给客户的收益率；展业费用率主要指支付给公司业务员展业销售成本费用率。

一、银保保险代销费率平均约为 3.3%，年化平均约为 1.65%

计算准确的销售费率比较复杂。同一家银行对同一家保险公司的手续费协议，因缴费方式不同、险种不同都有区别；一般期缴手续费是趸缴的三倍左右，分红险、万能险、投连险的手续费标准也不尽相同；经常地，同一家银行与不同保险公司签订的合作的手续费率也不一定相同，因此本文测算出来的仅为平均水平。

鉴于上述原因，我们比较了农业银行与招商银行两家上市银行年报数据，从两家银行连续几年的年报数据中可以看到银保渠道平均费率的变化，也可以借此管窥行业的整体水平。从上述银行的披露来看，2014 年银保渠道的平均手续费率在 3.3% 左右。

1. 近三年农行银保代理费用率逐年下降但仍高于 3%。农业银行 2014 年年报显示，该行在银保市场继续保持领先地位，全年代理保险新单保费 1 158.69 亿元，实现代理保险业务收入 38.11 亿元，业务收入市场份额连续五年保持大型商业银行首位。此外，2013 年该行全年代理保险新单保费 953.85 亿元，实现代理保险业务收入 36.31 亿元；2012 年该行全年实现代理新单保费 900.30 亿元，实现代理保险业务收入 38.32 亿元。据此测算，农业银行 2012 年代销保险的平均费率高达 4.25%，2013 年的同一个指标则降至 3.81%，2014 年为 3.29%。也就是说，其平均费率标准有所下降，不过下降

① 作者：黄小云（1975～），中华保险研究所。

后仍高于3%。

2. 近四年招商银行银保代理费用率平均高于3%。据招商银行2011~2014年报披露，2011年招商银行代理保险标准保费达397.18亿元，代理保险收入10.30亿元，同比增长17.98%；2012年，招商银行代理保险标准保费达443.00亿元，同比增长11.58%，代理保险收入14.21亿元，同比增长37.96%；2013年，招商银行代理保险标准保费达515.24亿元，实现代理保险收入18.10亿元；2014年代理标准保费636.00亿元，代理保费收入21.26亿元。可以测算出，招商银行2011年代理保险的平均手续费率约为2.60%，2012年提升至3.20%，2013年平均手续费率为3.51%，2014年平均手续费为3.34%，综合来看招商银行平均费用率仍高于3.00%。

3. 趸交可降低险企银保费用率。根据上述两个上市银行信息披露以及结合其他资料，目前据我们所知银行费率范围为2.5%~7.00%。如果按照趸交核算，则一年期、两年期与三年期最低费用率为2.5%、1.25%与0.81%；最高依次为7.00%、3.50%与2.33%；平均年化费用率依次为3.3%、1.65%与1.1%；如果期交，平均年化费用率为3.3%。

二、费率远高于其他理财产品的银保费率并非绝对劣势

1. 银保销售费率高于银行代理其他理财产品销售费率。招商银行年报显示，2014年该行累计实现个人理财产品销售额48 019亿元，实现代理开放式基金销售6 859亿元，代理保险保费达636亿元，代理信托类产品销售达1 184亿元；实现零售财富管理手续费及佣金收入92.89亿元，同口径比上年增长29.79%，其中：代理基金收入28.42亿元，同比增长70.79%；代理保险收入21.26亿元，同比增长17.46%；受托理财收入20.81亿元，同比增长51.02%；代理信托计划收入20.96亿元，同比小幅下降2.06%；代理贵金属收入1.44亿元。据此我们计算发现，招行代销保险的费率为3.34%，代销基金的费率为0.414%，代销信托的费率为1.77%，销售理财产品的费率为0.043%。也就是说，代理保险产品的手续费率是理财产品的78倍、卖基金的8.07倍、卖信托的1.89倍。

2. 银保销售费率高企不能阻断中小保险选择银保渠道。险企销售投资理财保险销售渠道更侧重银保渠道，主要由于我国金融体制发展不平衡、市场化程度不高导致的。一方面，银行保险不规范竞争市场特性和在竞争中形成的银行资源供给稀缺与过多的保险公司过度需求矛盾。事实上，四大国有银行几乎掌握着银行80%的客户资源，对比之下，保险公司的客户资源就显得相对不足；并且随着保险公司竞争主体的增多，保险公司的庞大需求与银行的有限供给形成突出矛盾，直接导致银行的强势主导地位和保险公司的恶性

竞争，最终导致银保费率高企。另一方面，保险公司银保业务经营方式和利润考核方式助涨银保业务规模。保险公司盈利周期长的特性导致多数公司难以很快产生利润，而股东的需求和保险公司本身的特点导致其对利润追求更加急功近利，表现在对任务规模的高标准追求。释放到各层级形成任务考核压力，特别是各保险公司的任务考核与绩效提奖机制，导致一线业务人员为实现考核和个人收入，一定程度上诱发误导现象发生，同时为了业务指标，被迫采取“潜规则”的违规方式推动业务指标增长。而银保业务属于短期行为，前期投入经营费用短期难以收回成本，但公司又要考核利润，因此保险公司将盈利转向资本市场。通过银保业务短期收入，借助资本市场有限的投资渠道获取盈利。这也是银保业务为何被更多的保险公司青睐的主要原因。

3. 较低的浮动收益率优势增加保险理财的竞争力。一是浮动收益率保险理财产品颇受欢迎。根据中国保险协会网站及 Wind 资讯提供的数据统计显示，目前国内的投资型财险仅存 27 款，分布在四家财险公司。其中，安邦财险 13 款，太保财险 3 款，天安财险 9 款，紫荆财险 2 款。从销售渠道来看，这 27 款产品均将银行渠道作为主要销售渠道，部分产品也在直销等其他渠道销售，并且多数投资型财险为浮动收益率，收益率根据同期中国人民银行定存利率基础上上浮 0.5% ~0.85% 的收益空间。二是银保产品通常采用固定利率 + 浮动价格定价。较低浮动收益率彰显竞争优势。与其他理财产品比较，银保产品主要目标客户是偏保守型客户，其首先关注是资金安全，因此从风险与收益匹配角度分析，银保产品收益率不会太高。目前市场上银保产品价格结构通常采用是固定价格或者保本价格 + 浮动价格，例如，一类产品定价为承诺固定价格，通常有承诺最低收益 3%，外加浮动收益；另一类产品是同期定期存款利率 + 浮动价格，通常是收益率随中国人民银行公布的同期存款基准利率同幅同向联动，联动范围 0.5% ~0.85%，且年期不同，高出的收益率不同。三是较低定价增加银保产品竞争力。按照 2015 年 6 月 25 日当期中国人民银行一年期、两年期与三年期定期存款利率（2.00%、2.60% 与 3.25%）核算，如果按照一年期、两年期与三年期向上分别浮动 0.75%、0.80% 与 0.85%，那么一年期、两年期与三年期保险理财产品收益率分别为 2.75%、3.40% 与 4.05%。而同期基金、信托等高风险理财产品，其最低收益率 7.00%，平均年化率 12.00%，显然银保产品具有收益率较低优势；其他的宝宝类产品，以及银行自营理财产品收益率与银保产品相近，但是银保产品可以附加出险率极低的保险条款，极易打败银行及宝宝类产品。

三、激励费用率平均为 1.50%

我们参照私募股权、P2P、信托计划的销售经理的费用提成比例，发现多数理财产品激励制度规定，对于专门从事融资业务的个人及具有明确融资任务的团队以外的其他部门、团队和个人，从事融资业务，且融资成功的，提成为融资到账总额的1% ~3%，平均为1.5%。

综上所述，险企通过银保渠道获取资金来源，这里产品综合销售成本率包括产品几乎所有成本费用率，由于产品综合销售成本率不仅与产品的期限结构、险企定价权大小以及市场状况有关，还与其他同类理财产品相关，综合考虑以上诸多因素，我们估算其年化平均综合销售成本率为5.8%左右，其中包括三部分（假设平均为2年期）：一是渠道费用3.3%，年化为1.65%；二是投保人收益率3.4%（未考虑出险的理赔成本，下同）；三是客户经理费用1.5%，年化为0.75%。分期限看，一是如果实现趸交，则一年期、两年期与三年期平均年化综合销售成本率依次为7.55%、5.80%与5.65%；二是如果实现期交，则一年期、两年期与三年期平均年化综合销售成本率依次为7.55%、7.45%与7.85%。

事实上，近些年险企的资本运用平均收益率在5%左右，尽管银保产品综合销售成本率高企，但与险企非标资产收益率比较还是可以接受的，并且相对于基金、信托与P2P理财产品，其综合销售成本率并不高。以上这些都要求险企需要具备强大的投资管理与资本运作能力。

后 记

中华联合保险控股股份有限公司是中国大陆成立的第二家保险公司，是中国十大保险集团公司之一。中华联合保险控股股份有限公司研究所是国内第一家保险集团公司研究所，拥有全职、兼职研究员140余人，以提升保险行业研究水平和宣传民族保险业为己任，在战略、经济、管理、金融、保险、投资、企业文化、IT和工程技术等众多领域提供研究、咨询、顾问等专业服务。

本书凝聚了中华保险研究所研究团队的心血与汗水，体现了中华保险系统四万多名员工的实践与思考，也汇聚了国内保险业同仁的智慧结晶，以期对我国保险行业的发展有所贡献。本书的出版得到了中华联合保险控股股份有限公司陈景耀、丁晓燕、李迎春、罗海平、吴国栋、曾涛、刘显龙和王国宝等领导的亲切关怀与指导，在此一并致以诚挚的谢意。

最后，特别感谢中国财政经济出版社对本书给予的大力支持。

2015年12月1日